CLOUD SPREAD TAROT READING

クラウドスプレッド
タロットリーディング

KIYOSHI MATSUMURA

松村　潔

はじめに

　私が提唱する「クラウドスプレッドタロットリーディング（以下、本書では「クウラドスプレッド」と呼びます）」とは、曖昧で、決まり事の少ないタロットの占いの方法です。

　人間の身体は目に見えるところでは肉体があります。この外側には、目に見えないが、磁力として、気配として、雰囲気として感じる「エーテル体」というのがあり、その外側に「オーラ」というのがあります。それは人間の実体で、「生命体」と呼んでもよいものです。

　肉体は生命体に地上の素材が引き寄せられてできたもので、肉体の方が短命ですから、肉体の方を「実体」ということはできません。それは釣り鐘型をしていて、クラウドスプレッドは、この釣り鐘の身体の風景をそのままコピーしようという意図で考案しました。

　タロット占いは、特定の質問があると、その質問のためにスプレッドしますが、このような特定の質問とか懸念や心配、希望などはみな、その人の全体的な生命体である釣り鐘型のクラウドの一部として取り出されるものです。一部は全体との関係を持っていて、この特定の質問などは他と切り離して、単独で考えることはできないのです。

　そのため、クラウドスプレッドは、どんなにたくさん質問しても、新しくスプレッドすることはなく、そのまま連続でカードを開いていくという形式になります。

　私はよくビジョンの中で、この釣り鐘の内部に文字がびっしりと書かれている光景を見るのですが、文字体系は民族霊という大天使が作り出したものだというのがル

ドルフ・シュタイナーの説明です。それならば、私は日本人で生まれたので、この釣り鐘の内部には日本語が書かれていてもよいのですが、実際には、謎の文字で書かれており、おそらく日本語よりももっと根底的なレベルでの文字で埋め尽くされた釣り鐘なのだと思います。

つまり、もう少し歴史の古い日本の層を見ているのだと思います。

耳なし芳一は和尚の指示により、身体の全部にお経を書かれましたが、お経を書き忘れた耳だけは妖怪に持っていかれたと、小泉八雲は物語に書いています。

タロットカードは、大アルカナが22枚あり、これはヘブライ語の22文字に対応するといわれています。オーラの釣り鐘の中に、満遍なくタロットをちりばめると、それは古代文字につながるヘブライ語を配置することに似て、そこから投影されるあらゆる人生の体験に意味が成立します。

妖怪は、こうした意味のあるものに参入することのできない、部分化され、闇の中にある意識の象意です。

そう考えると、耳なし芳一は、妖怪に耳を持っていかれたのではなく、耳の部分が統合化されておらず、暗闇の中に引き込まれてしまったのです。そこだけ偶然性に支配されたと考えてもよいのかもしれません。

クラウドスプレッドは人生のさまざまな意味を読み取っていくことができます。特に質問がはっきりしなくても、何かを引き出すことができるのです。

はじめに …… 2

I クラウドスプレッド …… 11

1 「クラウドスプレッドタロット」とは何か …… 12

〈1〉特定の形に展開しない自由なスプレッド …… 12
〈2〉2セットを使う理由 …… 12
〈3〉生命の樹とタロットの関係性 …… 13
〈4〉色の違う4セットを用意してもよい …… 14
〈5〉価値観にコントラストをつけると均質なものがなくなってくる …… 16
〈6〉タロット占いは肉体的な世界とエーテル界的な世界が交流する場 …… 18
〈7〉カードは裏側でシャッフルする方が正確 …… 19
〈8〉第1のボディは偏見で第2のボディが正答を導き出す …… 20
〈9〉タロットカードのスプレッドは幾何図形 …… 21
〈10〉クラウドスプレッドには定型の配置がない …… 22
〈11〉オーラの外側は解釈する自分が損なわれつつある場所 …… 23

2 クラウドスプレッドの進め方 …… 26

〈1〉ホロスコープスプレッドと比較的似ている …… 26
〈2〉タロットのための人格に名前をつけてみる …… 27
〈3〉タロット占いがしやすくなる状況 …… 28
〈4〉スプレッドする空間を確保する …… 31
〈5〉どのようにスプレッドされたかに注目する …… 32

3 クラウドスプレッドの9区画 …… 35

〈1〉縦の3区分は「精神・感情・感覚」 …… 35
〈2〉横の3区分は自分と他人の関係性 …… 36
　区画1 …… 39　　　　区画2 …… 41
　区画3 …… 43　　　　区画4 …… 45

区画5 …… 47　　区画6 …… 49
区画7 …… 51　　区画8 …… 53
区画9 …… 55

II　タロットーカード概説 …… 57

1　カードの解釈は決まりきっていない …… 58

〈1〉解説者の役割と言葉のない知覚者 …… 58
〈2〉知覚者が受けた印象を薄めて解説者が当てはめる …… 59
〈3〉知覚者が拾ってきた情報をつかまえないと活力は生まれない …… 59

2　知覚者としてカードを読むこと①
　　～「ペンタクルスの5」の場合～ …… 61

〈1〉ターゲットに踏み込まないと曖昧な言い方になってしまう …… 61
〈2〉占い師はエーテル体の知覚を用いてきた …… 62
〈3〉カードに描かれた悲惨なイメージ以外のものもたくさんある …… 62
〈4〉解説者はこれまでの経験と知識で語る …… 65

3　知覚者としてカードを読むこと②～「塔」の場合～ …… 66

〈1〉塔を壊す体験をしなければ占いは正確にならない …… 66
〈2〉「太陽」のカードまでの一連の流れは「塔」のカードから始まる …… 67
〈3〉言葉になる前の衝撃波を受け取る感性がない …… 68

4　日本を見つめるスフィンクスと魂のグループ …… 69

〈1〉1万3000年前にエジプトで死んだものは現代の日本に再生する …… 69
〈2〉ザリガニが上がってくるのに任せるということ …… 70
〈3〉魂のグループは時間の流れの中で2つの方向に分岐する …… 72
〈4〉意識活動とは「ここからあそこ」へと移動すること …… 73

〈5〉分化することでバラエティが生まれ多彩となる …… 74
〈6〉読み手の思想や信念体系によって情報が変換されて伝わる …… 75
〈7〉1つを重視するともう1つは否定的に見えてくる …… 77
〈8〉東に向かう流れと西に向かう流れ …… 78
〈9〉「吊られた男」でビジョンを考える …… 80
〈10〉1つのものが二極化されると互いが互いを攻撃する …… 82
〈11〉人は東に獣は西に …… 83
〈12〉ばらばらの星信仰と1つの太陽神信仰 …… 85
〈13〉タロットカードは歴史の絵と考えてもよい …… 86
〈14〉一部は全体の縮図 …… 87

III タロットカード解説 …… 89

1 タロットカードの構成 …… 90

2 大アルカナ …… 91

0	愚者 …… 92	I	魔術師 …… 94
II	女教皇 …… 96	III	女帝 …… 98
IV	皇帝 …… 100	V	法王 …… 102
VI	恋人 …… 104	VII	戦車 …… 106
VIII	正義 …… 108	IX	隠者 …… 110
X	運命の輪 …… 112	XI	力 …… 114
XII	吊られた男 …… 116	XIII	死に神 …… 118
XIV	節制 …… 120	XV	悪魔 …… 122
XVI	塔 …… 124	XVII	星 …… 126
XVIII	月 …… 128	XIX	太陽 …… 130
XX	審判 …… 132	XXI	世界 …… 134

3 小アルカナ …… 136

ワンドのエース …… 138   ワンドの2 …… 140
ワンドの3 …… 142   ワンドの4 …… 144
ワンドの5 …… 146   ワンドの6 …… 148
ワンドの7 …… 150   ワンドの8 …… 152

ワンドの9 …… 154
ワンド10 …… 156
ワンドのペイジ …… 158
ワンドのナイト …… 160
ワンドのクイーン …… 162
ワンドのキング …… 164

カップのエース …… 166
カップの2 …… 168
カップの3 …… 170
カップの4 …… 172
カップの5 …… 174
カップの6 …… 176
カップの7 …… 178
カップの8 …… 180
カップの9 …… 182
カップの10 …… 184
カップのペイジ …… 186
カップのナイト …… 188
カップのクイーン …… 190
カップのキング …… 192

ソードのエース …… 194
ソードの2 …… 196
ソードの3 …… 198
ソードの4 …… 200
ソードの5 …… 202
ソードの6 …… 204
ソードの7 …… 206
ソードの8 …… 208
ソードの9 …… 210
ソードの10 …… 212
ソードのペイジ …… 214
ソードのナイト …… 216
ソードのクイーン …… 218
ソードのキング …… 220

ペンタクルスのエース …… 222
ペンタクルスの2 …… 224
ペンタクルスの3 …… 226
ペンタクルスの4 …… 228
ペンタクルスの5 …… 230
ペンタクルスの6 …… 232
ペンタクルスの7 …… 234
ペンタクルスの8 …… 236
ペンタクルスの9 …… 238
ペンタクルスの10 …… 240
ペンタクルスのペイジ …… 242
ペンタクルスのナイト …… 244
ペンタクルスのクイーン …… 246
ペンタクルスのキング …… 248

Ⅳ クラウドスプレッドリーディング …… 251

1 リーディングの注意点 …… 252

〈1〉クラウドスプレッドでの正逆の考え方 …… 252
〈2〉過剰のケース〜「女帝」の場合〜 …… 253
〈3〉生命の樹のパスでは「女帝」は「塔」や「力」と似ている …… 254
〈4〉不足のケース〜「吊られた男」の場合〜 …… 255

〈5〉空中配線 …… 256
　　　〈6〉不足とは惑星グリッドからの情報が得られない状態 …… 257

　2　9区画における縦・横・斜めの読み方 …… 259

　　　〈1〉斜めのライン …… 259
　　　　　1－6－8のライン …… 261
　　　　　2－6－7のライン …… 263
　　　　　2－5－8のライン …… 265
　　　　　3－6－9のライン …… 267
　　　　　1－4－7のライン …… 269
　　　　　2－3－1のライン …… 271
　　　　　5－6－4のライン …… 273
　　　　　8－9－7のライン …… 275
　　　〈2〉カードの傾斜角度の読み方 …… 277

　3　補足カードの考え方 …… 279

　　　〈1〉逆位置になった場合に補足のカードを出すという考え方 …… 279
　　　〈2〉分析的精神は実は正常な判断法ではない …… 280
　　　〈3〉タロットで迷ったら、タロットで抜け出す …… 282
　　　〈4〉次元の横移動は解決にならない …… 284

　4　ツーポイント …… 285

　　　〈1〉2点間でエネルギーを作り出す …… 285
　　　〈2〉占星術の四元素と小アルカナの関連づけ …… 285
　　　〈3〉元素の中の元素 …… 286
　　　〈4〉2枚がどのように組み合わさっているか …… 287
　　　　　大アルカナ2枚 …… 290
　　　　　小アルカナ2枚 …… 290
　　　　　同じカードの正位置と逆位置 …… 291
　　　　　同じカードの逆位置と逆位置 …… 292

5 カードをもっと自分のものにするために …… 294

　〈1〉エーテル体と連動すること …… 294
　〈2〉感覚とエーテル体は映像に違いがある …… 295
　〈3〉タロットをエーテル体のセンサーにする …… 297
　〈4〉短期間でなじむためにパスワークを行う …… 299

6 絵を描き、メモを取る …… 300

　〈1〉カードを表にする前にメモを取る …… 300
　〈2〉「太陽」のカードの子供Aと子供B …… 302
　〈3〉子供Bが見るものをもっと明確にする …… 303
　〈4〉バイノーラルビートでイメージをつかまえてから選ぶ …… 304

7 前世リーディング …… 306

　〈1〉ヒプノセラピーとの組合せ …… 306
　〈2〉卵の中にすべての情報がある …… 308
　〈3〉特定とは全体の一部をクローズアップしたにすぎない …… 309
　〈4〉過去の記憶はビナーで未来の記憶はコクマー …… 310

V リーディングケーススタディ …… 313

1 遠隔でのリーディング …… 314

2 ケース1 …… 316

　Q1 出雲にはいつ行ったらよいですか？ …… 316

　Q2 株に興味が出てきたのですが、向いていますか …… 318

　Q3 最近水晶をもらったがすごく気になっています。この水晶との
　　　関係は何かありますか？　また、どう使えばよいのでしょうか？ …… 325

Q4　これから1年間のテーマを教えてください。どのように過ごすことが大事なのでしょうか？ …… 327

　　Q5　小説を書きたいのですが、何から始めたらよいのかわからないので、アドバイスをください。 …… 330

　クラウドスプレッドタロットリーディングのコツ …… 332

3　ケース2 …… 334

　　Q1　今から環境を一新したいという思いがありますが、自分のエネルギーが不足しています。落ち着いて様子を見ていれば、エネルギーは自分の中から湧いてくるでしょうか？　それとも自分の力を過信しないで頼りになる人や機関を見つけた方がよいでしょうか？　今までの仕事が大体終わって、そろそろ切り替えなくてはいけないと感じていますが、どうしたらよいでしょうか？ …… 334

　　Q2　神経質でストレスが原因の体調不良になりやすく、疲労を数日間引きずってしまうことがあるため、会社に行くと具合が悪くなります。共同作業や大勢の人と密着すると疲れやすいため、今は1人でいます。ストレスに強くなる方法を教えてください …… 336

　　Q3　恋愛がスムーズにいかないことが多いのですが、どうしたらよいでしょうか？　また、相手は私のことをどう思っていますか？ …… 339

4　具体的な情報と象徴的なイメージ …… 343

　　〈1〉あらゆる世界の事象に自分自身が投影されている …… 343
　　〈2〉物質と精神は切り離せない …… 344
　　〈3〉私達の個体は暗闇の穴とみなされるのか …… 346
　　〈4〉最終的には宇宙の元に戻る …… 347
　　〈5〉トレーニングとしてクラウドスプレッドには1日1回触れること …… 349

5　アーノルド・ミンデルの方向性のドリームワーク …… 351

　おわりに …… 361

　著者紹介 …… 368

I
クラウドスプレッド

「クラウドスプレッドタロット」とは何か

〈1〉特定の形に展開しない自由なスプレッド

「クラウドスプレッドタロット」というのは、雲の塊のように展開するタロット占いを指しています。「世界の卵タロット」と呼ぶこともあります。かつて「雑踏スプレッド」と呼んでいたこともありました。

タロットカードの大アルカナカードと小アルカナカード合わせて78枚をすべて雲状あるいは卵状に並べます。

ですが最近では、タロットカード2セットを使うこともあり、そうなると合計156枚で展開していきます。

一度展開すると、あらためてシャッフルすることはありません。

いくつかの質問がある場合にも、それまでに表に出したカードをそのままにして、次のカードを選びます。これはすべてが関連していて、1つひとつの質問を切り離せないということもあります。

〈2〉2セットを使う理由

通常のタロット占いでは、タロットカードは1セット78枚を使います。クラウドスプレッドでは、2セットの156枚を使うことが多いのです。

クラウドはオーラの雲であり、この中から意図やビジョン、これから三次元に降りてくる四次元的な情報を拾うのに、カードはできるかぎり多い方がよいと考えます。

絵の具の色数でいえば、少ない数のものを複数合成して新しい色を作る方法よりも、はじめから色数の多い絵の具を用意するということで

す。

　出てきたカードの解釈には規則がなく、曖昧な要素が多く、カードをキーワードにして、リーダーのアカシックリーディング能力を要求しますから、可能性はたくさんあった方がよいといえるのです。

　2倍のカード、つまり2の数字とは、潜在的な可能性を探るという意義です。これは私の癖でもあります。

　占星術では、基本的な要素に12サインがありますが、これは12個です。慣れてくると、この12個だけで説明するには、無理があると感じるようになります。

　1つのサインでも場所によってかなり違いが出てきます。そのため、1つのサインを3つに分けて、全体を36項目にしてみたり、または5度ずつの72個にしてみたりもします。

　サビアンシンボルは1度ずつの意味がありますが、合計で360個になります。シンボルを使わないでも、度数で考えた時にも360個ありますが、このくらいの数があると、サインの特質について説明しやすいと感じます。

　私は十数年前に、中国占いの四柱推命のカウンセリングをしてもらったことがありますが、中国の秘伝のオプションがあるといわれ、私の命式に対しての説明文をもらいましたが、これは300を超える数のテキストが用意されているという話でした。

　数は少ないほど根源的で抽象的な意味を示します。多いほどに、それは低次元化し、その次元に適した内容になってきます。

　大アルカナの22枚は、ヘブライ語とかルーン文字、エノク語などの言葉数に対応していて、それは具体的なイメージに降ろすことは困難です。156枚は、適度にイメージに降ろしやすい数なのです。

〈3〉生命の樹とタロットの関係性

　カバラの生命の樹は、宇宙の構造を示していると考えられています。

それは大きな宇宙から小さな宇宙まで同じ構造です。ルドルフ・シュタイナーは人間の意識は自我⇒アストラル体⇒エーテル体⇒肉体という４つの層でできていると説明しました。ヨガ式にいえば主人⇒御者(ぎょしゃ)⇒馬⇒馬車です。

　カバラでは、この４つの階層を４つの生命の樹で説明します。大きな生命の樹の原木のようなものは内部で４つに分解され、それぞれアツィルトの樹⇒ブリアーの樹⇒イェツィラーの樹⇒アッシャーの樹といいます。

　タロットカードは、この生命の樹の22のパス（小径）が大アルカナです。10個のセフィロトが小アルカナに対応しています。

　しかしこの４つの樹では、それぞれ割り当ての色が違うということがあります。

　例えば、インドのチャクラでいうサハスララチャクラに対応するケテルは、一番下の次元の樹では金色に輝きます。それはエーテル体として下から２番目の樹のアナハタチャクラに対応するから、という意味も含まれます。下から２番目の樹から３番目、４番目と移行するにつれて、この金色が脱色され、白色に、やがては透明な色のないものに変わります。

　タロットカードをそれぞれの４つの階層の色に対応させるには、無色のカードを用意して、それを自分で彩色するのがよいのではないでしょうか。実際に色のついていないウェイト版のカードも販売されています。

〈４〉色の違う４セットを用意してもよい

　このように考えると、実はカードのセットは２セットどころか、色の違うものを４セット用意する方がよいのです。

　蛇足ですが、この４つの階層は、下から上の４つの次元ですが、それが月の下（すなわちアッシャー界）では、４つの元素に反映されます。

つまりアリストテレスのいう、月の上に第五元素があり月の下に４つの元素があるとか、オルフェウス教での世界の卵があり、それが割れて４つに分岐したというものは、縦構造の４つが一番下の四元素の４つに反映されたと考えてもよいのです。

　オルフェウス教では、この４つの元素に分岐する前に、まずは天と地という２つに分かれました。天は風と火に対応しますから、これは小アルカナカードでいえばワンドとソードです。地は水と土に対応しますから、これは小アルカナカードでいえば、カップとペンタクルスです。

　占星術でいえば、とがった性質の奇数のグループとくぼんだ性質の偶数のグループです。あるいは交感神経的なものと副交感神経的なものです。

　タロットカードを４セット用意してシャッフルする前に積んでしまうと、高い塔のようになり使い物になりません。そこで、156枚の２セットはオルフェウス教のように天と地の２種類ということを考えてもよいのではないでしょうか。

　この場合、天は下から数えて２つ目、３つ目、４つ目の生命の樹のグループの総称です。天と地は上３つと下１つの対比であると考えてもよいのです。そして天の３つは、それ全体が下から２番目のエーテルの樹、イェツィラーの樹にのしかかります。

　生命の樹では、下からの２つ、すなわち物質界とエーテル界は、そのまま大アルカナの「太陽」のカードの２人の子供に対応します。１人は肉体を持つ私達自身です。もう１人は古い時代に、天界との入り口に私達が取り残し、記憶喪失した不可視の身体です。

　それは「運命の輪」で、時間のある世界の中に入った時に、「力」のカードに描かれているように、人間と動物に分離し、見えなくなったのであらためて、ずっと後の段階で、このツインのような関係の相手を「太陽」の段階で探し出します。そのため、２人の子供の１人には尻尾があります。つまり、かつて切り離した動物の姿なのです。エーテル

体というのは、たいていの場合、人の形をしていないのです。それが正しいエーテル体です。

〈5〉価値観にコントラストをつけると均質なものがなくなってくる

　肉体とエーテル体は、シュタイナーによると、時間が反対に動いているといいます。過去から未来へ私達は生きています。過去から未来へと時間が動くのは、私達が人生の指向性や方向性、興味のポイントなどを持つからです。
　これから手に入れるものが未来です。
　既に手に入れて興味を持てなくなり、むしろ捨てた方がよいと思うものが過去なのです。
　このように価値観のコントラストをつけると人生の価値が光と闇に分かれていき、均等な性質のものがまだらになってきます。そして時間の方向性が生まれ、肯定的なものと否定的なものが生まれ、個体と他者などが区別されていきます。
　肉体とエーテル体という二極化は太陽を二分割したものなので、時間のない太陽、すなわち恒星としての太陽に戻るには、反対の時間をぶつける必要があります。2人目の子供は未来から過去へと時間が流れ、それは肉体の子供が持つ興味や方向性、指向性を中和、極端な言い方をすると台無しにする傾向があります。
　誰でも何か考えがあり、思想があり、何かを見て、良い／悪いという評価をします。この好みがある、傾向があるということが成り立つためには、特定の狭い範囲の時間・空間の中に生きる必要があったのです。
　非時間・非空間は、濃淡のない、つまりは特定の傾向を持たない存在となるのです。
　私達は死ぬ時に、それまで地上的、三次元的、物質的、時間・空間のあるところでつかんでいた価値観をすべて捨て去ります。時間・空間の制限された存在から手を離すから価値観がなくなるのか、それと

も価値観を捨てるから時間・空間の特定の場所にしかいられない個体から去るのか、そのどちらかなのかはわかりません。

　話は脱線しますが、巫女さんは通常の恋愛とか結婚をしてはならないという決まりがありました。それは神の花嫁にならなくてはいけないから、という意味で説明されることがあります。

　人間の形を失い、より始源的な意識体、例えば、地球を編み目のように取り囲む惑星グリッドの1つのラインのような姿、折口信夫のいう潅木(かんぼく)、筒、ヘビなどになると、人間の形を持ってこそ初めて成立する男女の感情、恋愛、相手に対する興味というものが失われていきます。つまり、特定の異性に関心を持つことに意義を感じなくなるのです。

　永遠性に浸されてしまうと、個性的な異性、他の誰にも似ていない存在というものがこの世にはないことを知ります。

　どんな人もどんな個性もどんな傾向も、あちこちにあり、それは「よくあるタイプ」みたいに見えてきます。特定の誰か、すなわち特定の時間・空間の中にある、今そこにある存在ということの意味が消えていきます。自分も特別でなく、人も特別ではない。特筆するべきものがないということです。

　ポップの歌などに「私は私だけ。他の誰でもない」というようなトーンのものがよく出てきますが、ここにいる私は私だけと考えるには、知覚意識を閉鎖、すなわち肉体の堅い殻に囲まれた「塔」の中に閉じ込めておく必要があり、あたかも唯一無二のように思わなくてはならないのですが、意識が信念体系の塔から解放された人は、どこからどう見ても、私は私だけと思えなくなってくるのです。

　特定の誰かに関心を抱くことで、同時に、自分という存在も同じレベルに限定され、「ここにしかいない私」というものに変わっていきます。

　これは「恋人」のカードのプロセスです。怪物のような存在は、人間の異性に関心を抱くと自分も同サイズの人間に変わります。6の数字や六角形とはそのように関心を抱くことで関心を抱いた世界のサイズになり、その中に入り込んでいきます。

I　クラウドスプレッド

〈6〉タロット占いは肉体的な世界とエーテル界的な世界が交流する場

　拡大された意識とともに生きているような巫女は、その意識状態によって、もう人間の異性ということに興味を持つことが困難で、一時的に関わったにしても、長期間関わるだけの忍耐力を発揮できません。新鮮さや個性というものを感じられないのです。どこにでもあり、いつの時代にもあるというものに夢中になれないのです。どこのコンビニにも売っている商品に思い入れはできないことと似ています。
　したがって、巫女は地上の異性関係に興味を持たないように努力する、という必要はなく、自由に生きていても、そもそも特別な関心として入ってこないという傾向があります。一個人に関心を持つことが困難なのです。
　これは限られた存在性を美化するのがなかなか難しいということでもあります。ある種の幻想が打破されてしまうので、リーディング内容にも思い入れというものが消えていくので、前世リーディングをしても、そこに理想化とか美化作用が働かなくなります。しかし理解力はもちろん広く公平なものとなります。肉体とエーテル体の二極化は、男女に二極化することにどこか似ています。
　物質界とエーテル界（あるいはその上の次元すべての受け皿として機能する階層）の両方を二重的に表現することは、地上に閉じ込められて、地上的な価値観だけがすべてだと思い、また個人に閉じ込められて、人のことも理解できなくなり、敵をたくさん持つということから解放されるでしょう。
　「太陽」のカードのように肉体とエーテル体を両方生かして生きようとすると、やがては「世界」のカードのように二分化されていない両性具有的な存在に変わり、それにつれて広い範囲の時間・空間を認識するようになりますが、タロット占いは、肉体的な世界とエーテル界的な世界が交流するものと考えると2セット使うのは面白いのではないかと思います。

もしここで2枚、同じカードが出てきた時には、それは物質界とエーテル界で、複製が起きたとみなします。それはそう頻繁ではありません。しかし理想的には、物質界とエーテル界は同じ構造を持たなくてはならないといえます。

　丹波哲郎は「霊界と地上界は地続きである」と言いましたが、今の段階では、私達はまだそこまで至っていません。

　共鳴すれば、夢の中に存在するものが物質界にも存在するようになるのです。ごく稀に、物質でもそこにエーテル体という複製を持っているものがあります。それは「魔力を持つ」ものだと考えられています。

　しかし2枚の同じカードが登場すると、ここでは影響が転送されているのです。そのカードの作用は特別な「抜け穴」であり「坂」になります。それはいわば虹が地上に接するところの、金の壺が置かれた場所です。

　なお、同一カードのセットについては290ページで説明をします。

〈7〉カードは裏側でシャッフルする方が正確

　これまでのタロット占いの基本としては、カードを裏側のままシャッフルし、ある特定のフォーマットにカードを配置します。

　カードを裏側のまま展開することに大きな意味があります。私達の身体は2種類あると考えられていたのは昔の話です。

　2つ目のエーテル体としての身体は、目に見えないし、また肉体とは時間の流れが反対ですが、肉体に重なっています。2つの身体があるので、「エーテル複体」というふうに呼ぶこともあります。

　目に見える身体は、感覚器官でとらえるもので、すると目で見て、また鼻で嗅いだり触ったりすることで対象を認識します。もう1つの身体は、この感覚器官で判断するというものと違い、認識の仕方はもっとずっと超感覚的です。

　この第2のボディは時間と空間の制約を、肉体ほどには受けない傾

向があり、カードが裏側になっていても第2のボディからすると何のカードを選んだかはっきりわかっているため、正確にカードを選ぶことになります。

　この場合、裏側にしたまま選ぶことには大きなメリットがあります。

　というのも、私達の日常的な感覚を伴う第1のボディは、私達の好みとか人格に沿って、知覚意識に特有の歪みがあります。町を歩いても、また考え事をしても、ごく一部のものだけを認識し、物事をありのまま公平に見ることはないのです。これはある種の偏見と言ってもよいのですが、それがあるとは思っていません。いつもそうならば、その知覚の歪みを意識することはできないのです。

〈8〉第1のボディは偏見で第2のボディが正答を導き出す

　カードを表にしたままでタロット占いに取り組むとすると、この第1のボディの思い込みや作為が大幅に入り、正確にリーディングすることができません。

　アメリカで開発されたリモートビューイングでも同様ですが、カードを裏側にして占ったり、また封筒の中に書かれた質問が何の内容なのかわからないといった状態だと、第1のボディには事情がつかめません。

　ですが、第2の不可視のボディはすべてがはっきりとわかっています。このようにすると、第1のボディが持つ偏見や連想、知覚の歪みに振り回されることなく、第2のボディは正しい解答を引き出すことが可能となるのです。

　どうして第1のボディは知覚の歪みがあるのかというと、それは「私」という個人がそこにあるからです。

　エーテル体としての第2のボディは、非個人的なものへの架け橋ですが、感覚組織としての第1のボディは、純粋に「いま・ここ」にいて、他のところには決して存在しない「私」を表しています。

　ビルの裏側も見えない、明日も明日にならないとわからない。

それは私達が「いま・ここ」に強烈に集中して、他のものが見えないように生きているからです。

私達が言う「現実的」あるいは「現実」というのは、この制限され、なおかつ特定のものを強調した夢想状態の中でものを考えている状態を表しています。

カードが裏側でも、第2のボディからははっきりとわかります。タロット占いは、このようなテクニックを使って裏側のまま展開することでカードが正確に現れるのです。

タロットカードをしている人達は、カードが驚くほど正確に出てくることに驚くことも多いでしょう。たまたま偶然このようなカードが出てくることはなく、第2のボディが見えないところではっきりと操作しているからということになります。

このことに自信を持つとよいと思います。慣れない間は、懐疑精神によって、まさかと思うことは多いのですが、タロットを使えば使うほど、この第2のボディが操作するタロット占いの正確さに驚くことになり、次第にタロット占いに本気で取り組むようになる人も多いでしょう。

〈9〉タロットカードのスプレッドは幾何図形

タロット占いの特質のもう1つは、カードを裏側のまま特定のスプレッド法に配置することです。これは、伝統芸のようにある程度定型化していて、決まった枚数で決まった図形を描くのです。

こういった展開の形、すなわち幾何図形や結晶のような形を描くことは、タロット占いの意味を組み立てる時にとても重要です。

鉱物やさまざまな物質には、その根底に結晶としての分子構造の幾何図形があり、それを基に物質の性質が決まっていきます。

タロット占いの場合も、スプレッドの枚数や形によって、占いの仕方や傾向が決まってきます。ある分野に強いスプレッドがあるということです。これは決まった場所には、決まった意味があるので、リーディ

ングの助けになりますが、同時にそれが大きな制限ももたらします。

　クラウドスプレッドは、これらの形式のスプレッドとは全く異なる発想から生まれています。結晶とか幾何図形になる前の「曖昧な雲」から、だんだんとメッセージが現れてくるという印象で考えてみるとよいでしょう。

　図形的な意味は、出てきたタロットカードの組み合わせによって、後から自然的に出来上がるとみなすとよいのです。つまり、結果としての図形です。

〈10〉クラウドスプレッドには定型の配置がない

　クラウドスプレッドは、すべてのカードを使って卵型に並べます。

　卵型は人間のオーラを表しています。これは身体の周囲に卵型ないしは釣り鐘型に広がる雲のようなものです。

　太陽系の外側には、「オールトの雲」と呼ばれるものがあるという仮説があります。これは太陽の重力が他の恒星とか銀河系の重力と同程度になると考えられる1.58光年の区間に、球殻の形として存在するとみなされていますが、今のところ仮説を否定する証拠もない状態です。

　太陽系ができる時に、木星以遠に存在していた小天体群が海王星軌道の外側に分散して長楕円軌道の形になったという説です。

　人体と地球、太陽系などはみなサイズが違うだけで同じ構造だと思われますから、人間の身体の外に存在するオーラは、太陽系のオールトの雲と相似形ではないかと思います。

　また「太陽の重力が他の恒星とか銀河系の重力と同程度になると考えられる1.58光年の区間」がオールトの雲の境界線ですが、人間のオーラも、当人に所属する意識と、当人のものといえず、それは明らかに外にある影響力であるという境界線が、オーラの境界線になります。

　身体に近いほどに個人の反映が強まり、外に行くほど、本人の意識から離れていきますが、そのすれすれの加減が、内と外の力が均衡を取

る場所だということです。

　このオーラの境界線は、人によってサイズが違います。本人の力が強いと、その分、外に拡大したところで、内と外の境界線が作られ、本人の力が弱いと、その分、均衡点は身体に近くなり、オーラは小さくなります。また、それだけでなく、周囲の人にたえず振り回され、自分の太陽系的な軌道がふらつく人の場合、本人の力が強くないにもかかわらず、オーラの範囲は大きくなりますが、オーラの濃さは減ってきます。

　このオーラよりももっと身体に近いところに、より濃密なエネルギーの境界線があるのですが、これは先ほど説明した第2のボディに関係しています。

　人間の肉体の形は実体ではなく、どちらかというと第2のボディの卵型が引き寄せた素材でできた、より重いカラダと考えた方がよいでしょう。実際には、第2のボディの方が第1のボディである肉体よりも、はるかに長生きします。

　先ほど説明したある程度の時間や空間といった枠を超えることができる力を持っていることとも関係します。肉体は一瞬にして分解しますが、エーテル体はもっと長生きします。それは前世と前世をつなぐゼリー状の物体だと考えるとよいでしょう。個人的ではあるが、今の個人ではない別の個人の性質（前世）も関連しているのです。

〈11〉オーラの外側は解釈する自分が損なわれつつある場所

　人生のいろいろな出来事は、卵の中の内側に映像を見るかのようにホログラフィ的に投影されてきます。

　つまり、人生のさまざまなことはここにすべて現れるのです。

　先ほど説明しましたが、オールトの雲は、太陽系の磁場と外の恒星や銀河系の影響力の均衡点が境界線です。内側に行くほど、それは外界とは無関係になるという点では、人間のオーラもその構造と類似して、

社会生活とか外面との交流で生じる印象というものが弱まります。

その一方で、外に行くほどに、外の影響力に振り回されることになり、自分の集中力、すなわち「自分から見た意味」が剥奪されていきます。

例えば、恋愛のことを考えた時に、相手がわがますぎて、自分が振り回されているだけという時には、この恋愛はどちらかというとオーラの内側よりも外側に重心があるものだともいえます。

また、フランスの哲学者シモーヌ・ヴェイユは、「真に不幸な人は、不幸を自覚できないでいる人だ」と言いました。

不幸と感じるのは、自分のエゴや集中力、生きる意味などと、外からやってくる意に反した影響との関わり合いの中で感じる摩擦の印象です。しかし外に振り回されすぎて、自分の生きる意味や集中力を獲得できない人は、不幸を感じることはありません。

犬や猫の頭を叩いた時、その瞬間は怒りますが、その直後に忘れてしまいます。印象や記憶が長く続くのは、自分という意識を維持する自我の力があることを物語りますが、犬や猫は、そうした自我の力がそんなに強くなく、もっと自然に委ねて生きており、種同士で意思疎通もしています。自我の力よりも、種の集団意識の方が力を握っています。

オーラの境界線の外側に近づくほど、不幸や幸福を感じにくくなる場所、つまり、解釈する自分が損なわれつつある場所です。そしてまた身体に近すぎる場所は、もう外界の対象を意識できない眠りの中に入ります。

この「外界の対象や出来事、体験を意識できない眠り」とは、すなわち肉体そのものです。肉体は印象を受け止める作用が柔軟性を失い硬直した、いわば死骸のようなものですが、その外側の曖昧な磁場の場所では、私達はたくさんの印象やイメージ、感情などを受け取るのです。

外に向かうほどに、自分の意思ではどうにもできない、純粋に自分から離れた外界的なものに接近し、オーラの内と外の境界線の外に出ると、それは自分にはもう関わりのないもの、関わるには自我の力が及ばない

ものと考えるのです。

　タロットカードは78枚、ないし156枚が、この1.58光年的な境界線の内側にちりばめられています。タロットカードをこのクラウドの卵型に配置することで、その人のオーラが再現されます。この中には、個人的な強いものや外に奪われそうになったもの、駆け引き、運動など、人生のさまざまなものが現れてくるのです。

　オーラの中に現れた特質は、具体的な人生の中での細かい事柄などにはまだ落とされておらず、それは象徴的な色や形、何かの特色として表現されています。それが後に、人生の中で具体的な事柄に反映されていくのですが、1つの特質は1つの出来事に対応せず、むしろオーラの中の何かの特徴は、そのまま人生の中では複数の出来事に分岐して表現されることが多いでしょう。

　例えば、占星術では、惑星1つが何か具体的な1つのことに対応することはありません。むしろ、惑星1つはたくさんのものに反映されていくのです。それと似ていて、このクラウドスプレッドは質問のたびに、何度も展開するのではなく、一度出したら、その配置のまま、複数の質問に答えることができるのです。

クラウドスプレッドの進め方

〈1〉ホロスコープスプレッドと比較的似ている

　タロット占いで「ホロスコープスプレッド」と呼ばれるものがありますが、スプレッドの中ではこのクラウドスプレッドに一番近いかもしれません。

　なぜなら、ホロスコープスプレッドは円形に配置するからで、世界の卵、すなわちクラウドスプレッドの楕円形に似ています。それにホロスコープスプレッドでは、12の区画に何度もカードを重ねて、78枚全部を使ってしまう場合があります。

　どのような質問も、一度スプレッドした後に、あらためてスプレッドすることはなく、いろいろな場所の組み合わせで読むということでは、ホロスコープスプレッドとクラウドスプレッドは似ています。

　しかし、クラウドスプレッドは固定的な位置が決まっていません。

　固定的な位置が決まっていないため、読み手の応用能力やリーディング能力がかなり求められます。しかし、固定的なカードの展開で、図形的にはっきり意味が決まったところから出すよりは、もっと柔軟なかたちで情報を引き出すことができる点が大きな特徴です。

　本書はこのクラウドスプレッドだけについて説明している本です。この本を読んで、みなさんも自分でクラウドスプレッドを試してみてください。

〈2〉タロットのための人格に名前をつけてみる

　人間のカラダには見える第1のボディと、目には見えない第2のボディがあることは既に説明しました。
　この第2のボディがタロットカードを正確に出すかどうかの鍵になっています。
　既に説明したように、これはタロットカードの大アルカナ、「太陽」のカードの2人目の子供のことを表しています。アステカではこの2人を「双頭の蛇」といいます。
　マルセイユ版では、「太陽」のカードには2人の子供が描かれ、1人はいつもの私達です。もう1人は分身的な人格です。この第2のボディに名前をつけてみるとよいでしょう。
　タロット占いは、この目に見えない2人目の子供が采配しているのです。「太陽」のカードは、絵柄としては、上に太陽が描かれ、その下に2人の子供が配置された、三角形構造になっています。
　これは太陽が2人の子供に分割されたことを示しており、肉体を持つ私達だけでは、この太陽の意識には到達できず、失われたもう1人の子供を連れてくる必要があることを説明します。
　さらに、太陽の分割というのは、タロットでは、黄色い丸の周囲にいくつかの矢を描きます。これはプリズムの白い光が7つの光線に分かれるように、太陽がより小さな意識に分割される、すなわち「大きな自己は、複数の小さな自己に分散する」ことを意味していますが、この太陽の黄色の矢は、外界に飛び出す筒として、映画『スパイダーマン』の主人公が繰り出す糸のように、外界にあちこち飛んでいきます。
　この太陽の矢は、シンボルとして、白い馬に象徴化されることがあり、そうなるとマルセイユ版の「太陽」のカードではなく、ウェイト版の「太陽」のカードの図柄に変わります。
　ヒマワリも太陽のシンボルで、花びらがこの太陽の矢にたとえられています。今の私達は、この不可視のもう1人の子供と、太陽の矢の

ような筒でつながれています。それは私達の肉体がある「いま・ここ」とは違う場所から引き寄せられます。たいていの場合、古い時代に取り残された身体です。

　ギリシャ時代以後、すなわち太陽神信仰が強まった時代以後、つまり今の私達は、この肉体的な存在以外には分身などいないと考えるようになりました。そのため分身はその時代以前の古い時代に取り残されています。そしてそれは人間の形をしていない場合もあります。しかし動物というわけでもありません。

　その子供に名前をつけてみましょう。「雨の日の折り畳み傘」というような名前でもよいのです。

　タロットカードは、その２番目の名前の存在がカードを引いていると想像してやってみるとよいのです。日常的な意識の状態で、何も考えずにタロットカード占いをするよりは、この第２のボディがカードを選びやすい条件を作ってあげるとよりスムーズになるでしょう。

　「今からタロット占いをします。○○さん、お願いします」と宣言をするとよいでしょう。

〈3〉タロット占いがしやすくなる状況

　タロット占いをしやすくなる状態、すなわち第２のボディにスイッチが入りやすい２つの方法があります。

　１つ目は、脳派を θ（シータ）波あるいは α（アルファ）波の深い意識レベル、リラックスした眠りの直前に近い状態に保つことです。脳波は通常の β（ベータ）波が個人として閉じた意識を表します。

　α波は地球の集合無意識に同調することになります。そうすると、地球全土といったより広いところからの情報が入ってくることになるのです。

　θ波になると、個の意識が成立する以前の状況になり、他人のことも、違う空間のことも、また違う時間、違う時代のことも、そのままなだれ

込んでくるような、閉じない意識になります。

　今日、α波は、政治的な誘導目的で無意識誘導に使われていることが多いので、そこから自由になり、なおかつ情報を取り出すには、θ波が理想的です。これは深くリラックスしていくことで実現できますが、バイノーラルビートの装置などを使うと、比較的早いようです。ボイジャーエクセルやマインドスパなどが使いやすい面があります。

　もう1つは、タロットカードを0.3秒以内に瞬間的に選ぶことで、自律神経の反応を通じて占いをする方法です。自律神経を使って回答を引き出すというのは、オーリングテストや最近ではキネシオロジーなどでも知られています。

　リモートビューイングでも、この0.3秒以内の自律神経の反応を使います。私はこれを「虫を使う」という言い方をします。

　タロット占いの場合、カードを選ぶ時の素早い動きにあらかじめ使われていると考えてもよいでしょう。裏側にしてカードを選んでいるので、情報取得の邪魔をする目覚めた意識の監視を潜り抜けるということでは、そもそも0.3秒以内という素早さをそんなに極端に重視する必要はないのかもしれません。

　バイノーラルビートの信号ですが、これは慣れない間は、θ波になるのに数十分程度はかかるかもしれません。しかし慣れてくれば3分とか5分程度で一気に深いトランス状態に入るのは難しくありません。

　タロット占いをしている最中やクライアントにそれをしてもらうというのは、不自然に見られますから、占いをする前に、そういう信号で精神を調整しておくというのも、何もしないことに比較するとはるかに効果的です。何か考え事に取り憑かれているという状況からはすぐに自由になり、タロット占いをするのに適した状態になれます。

　精神状態が重要であるということを忘れずにタロット占いに取り組むことです。そして、自分の定番的なやり方を1つ決めておくのがよいでしょう。ある種、そこに儀式的な要素を入れてもよいのです。

　例えば、アロマの香りは大脳辺縁系を刺激します。これも第2のボ

Ⅰ　クラウドスプレッド

ディを活性化するのに役立ちます。

【場所】

　　土地には地球のエーテルのエネルギーが流れている場所、つまりより太陽の力が強く入り込んでくる場所があり、古来から、それはより拡大された意識、あるいは異次元との接点としては有効な場所だと考えられていました。

　　レイラインとかパワースポットがそれに当たります。

　　また中沢新一が『アースダイバー』（講談社）で指摘しているように縄文時代に海だった場所と陸地の境界線の場所は、霊感やタロット占いをするのにとても適しています。

　　一方で、高台だった場所は社会生活にも適しており、また豊かで幸福な暮らしをするのに向いていますが、霊感やタロットを使うには閉鎖的すぎる傾向があります。それは自我の守りとなるからです。

　　こうしたことを調査して、あなたの「力の場所」を見つけ出すと、それはタロットにはとても適しています。

【時間】

　　空間と同じく、時間の中にもより強い力、非個的な力が介在しやすい時間があります。それは切り替えの時間帯で、つなぎ目というのは常に脆弱（ぜいじゃく）ですが、その分、より高次な力が働きやすいのです。

　　最もわかりやすいのは、①日の出、②太陽が南中する時、③日没、④深夜です。

　　また、朝の4時過ぎに、時間が止まるような微妙な瞬間、私がいう「アカーシャのタットワ」が活性化する時間があります。

　　比較的使いやすいのは、夕暮れ時かもしれません。日の出と正午は基本的に自己主張が強まることも多く、タロットで何かを探査するには深入りしにくいかもしれません。あなたが一番向いた時間を探してみましょう。

〈4〉スプレッドする空間を確保する

　実際にクラウドスプレッドをする場合には、ある程度広い空間が必要です。

　78枚あるいは156枚ものカードを出すので狭いテーブルの上ではカードが落ちてしまうこともあります。むしろ、床の上でカードを広げた方がよいかもしれません。

　大きめの布を用意して、その上でスプレッドします。

　私はこのクラウドスプレッドのためだけに、直径が160cmの丸テーブルでカリモクというメーカー製のものを取り寄せました。

　配置としては、北に向けて畳ほどのサイズの布を敷き、自分は南側に座り、北に向かってスプレッドすることになります。

　自分の質問を占うのではなく、質問者がいて占う場合には、質問者に南に座ってもらい、そして北に向いてもらい、質問者の気が済むまでシャッフルしてもらうとよいでしょう。

まず、質問者に「気の済むまでシャッフルしてください」と説明します。人によって、じっくりシャッフルしたい人もいるでしょうし、すぐに終わってしまう人もいるでしょう。
　このあたりだろうと本人が納得できるまでスプレッドしてもらいます。
　その際に、シャッフルしたカードをまとめてしまう人もいるので、「カードは広げたままにしておいてください」と説明しましょう。

〈5〉どのようにスプレッドされたかに注目する

　カードを卵型に大きく広げる人もいれば、小さくまとめる人もいます。

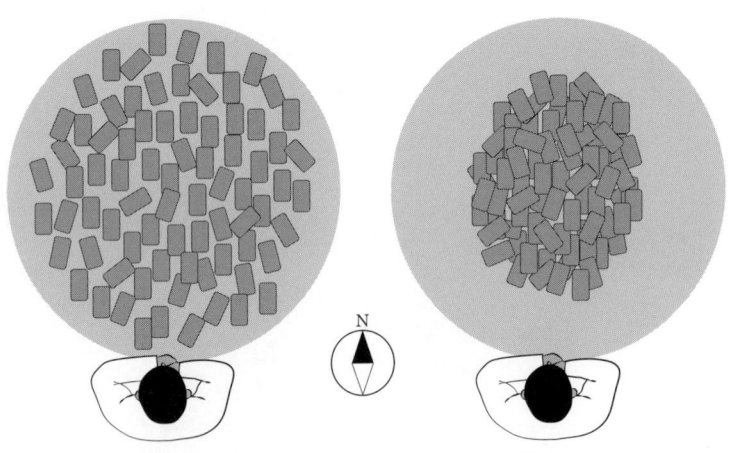

　「楕円の形、卵の形に広げてください」と伝えて、布いっぱいぎりぎりまで広げてしまう人というのは、1つは外に対して自分の影響力が広がっている、簡単にいえばオーラが広がっている人といえるでしょう。
　つまり、その分だけ大きなエネルギーが必要で、エネルギーが足りない場合、環境に自分が引っ張られたまま、関わりの中で生きていかなくてはいけないということになります。すると、自主性が奪われたり、

自分の思いにならないものがたくさんあったり、相手次第で自分の状況が変わってしまうかたちになりやすい面もあるでしょう。

　ごく稀に強力なパワーがあり、そのオーラのエネルギーやパワーを、人間よりも自然界や宇宙から引き込んでいる場合があります。そうした場合、その人はその人の個性的な力強い人生を歩みつつ人に対して影響力を持つことになります。

　しかし、こういった人はわりと少数でしょう。大抵は、エネルギーが不足している状態であることが多く、なおかつ広げてしまうと、関わりの中に自分の人生が引き裂かれてしまう状態になりやすいのです。

　それを防ぐために卵（オーラ）をある程度小さくする人もいます。この場合には、自分のエネルギーを温存することになりますが、当然、外との関わりは少なめになり、多少自閉的になったり、人生がこじんまりしたりしてきます。

　また、チャレンジ傾向が少なくもなりやすいでしょう。状況によって、この大きかったり、小さかったりというのは変わります。

　例えば、自分が１つの仕事に取り組んでいて他に振り回されたくないという時は、この卵は小さくなるケースがあります。

　もう１つ見るポイントとして、縦に長いのか、横に長いのか、楕円なのか丸なのか、全体の形が挙げられます。

　上下の関係とは上の次元、下の次元という階層性を表します。

　縦に長い場合、このような縦割り構造、精神性のダイナミズムや変化を重視することになるでしょう。世間との接触や広がりは横広がりが関係します。そのため、細く縦に長い場合、行動面がおとなしく、精神面が活発で激しいということになるでしょう。

　横に広い場合、世間や環境との関わりが多くなりますが、それは言ってみれば、目的に向かって真っすぐ進まずに脇道に入りながら紆余曲折することを意味しますから、人生はドラマチックになりやすいでしょうが、余分なことに手を出して無駄の多い傾向も出てくるでしょう。

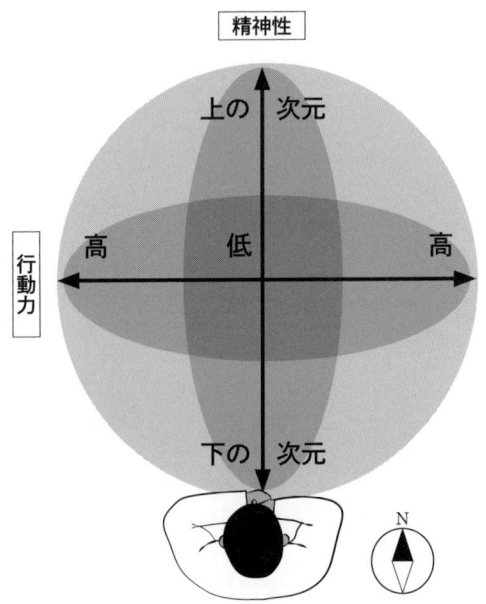

　1つのことを集中的に取り組み、他のことに手を出さない人といろいろなことに関心を向ける人という縦型と横型があるのです。
　このようにクラウドのスプレッド全体の形を判断して、そこからどのような印象を感じるかというものを、まずリーディングすることが大枠として必要になります。
　しかし、時期によって変わるので、固定的に読まない方がよいといえます。一部がくぼんだり、真ん中が空白になったりすることもあります。これらはみな、絵を描く時と同じです。真ん中が空白な時には、自分の目標がはっきりしない人です。また外側が強すぎるのは、やはり細かいことに興味が行きすぎで、統合性が弱まります。

3
クラウドスプレッドの9区画

〈1〉縦の3区分は「精神・感情・感覚」

　クラウドスプレッドの卵からタロット占いをするには、2種類の分析法があります。

　1つ目は卵を横に3つ縦に3つ合計9つの区画に分ける方法です。この方法は、絵画分析として私は20年以上活用しています。

　また、この分析法ですが、これはもともと、カバラの生命の樹の簡略版と考えてもよい面がありますので、より克明に分析するためには、生命の樹を使ってもよいでしょう。これが2番目の読み方です。

　スプレッドした卵の読み方に関しては、①9区画と②生命の樹の2種類を知っておくとよいのです。

　人間のカラダは、各部において縦に3つ横に3つの形で考えられる部分が多く、例えば、耳の形は脳の縮図であるといわれています。

　自我の強い人の場合、耳の内側の中央部分が飛び出しています。これは、その人の主張の強さや頑固さを表しています。また、お金持ちや生活が豊かな人は、下側の耳たぶが大きくなります。下側は実生活や物質面を意味しているのです。そうすると、3つに区切った一番上の部分は、知性やアンテナを表すため、この部分が発達している人は知的ですが、同時に臆病だともいわれます。

　このように縦の3つを分けた時、精神・感情・感覚（物質的な面）に対応します。

　「天地人」という言葉がありますが、それでいうとこの場合、1番上が天、1番下が地、その間をつなぐ人が真ん中に入ってきます。つま

り順番として、上から「天人地」となり、生け花でもこのような発想が取り入れられていると思います。

　クラウドスプレッドにおいては、この縦の3つという区画は、はっきり結果として出てきます。

　何か質問された時、「その質問に関係したカードを1枚選んでください」と質問者に伝えて、そのカードを出してもらいましょう。その時、そのカードがどの区画から取り出されたかによって、その質問者がどのようなことを狙っているのかを推理できるのです。

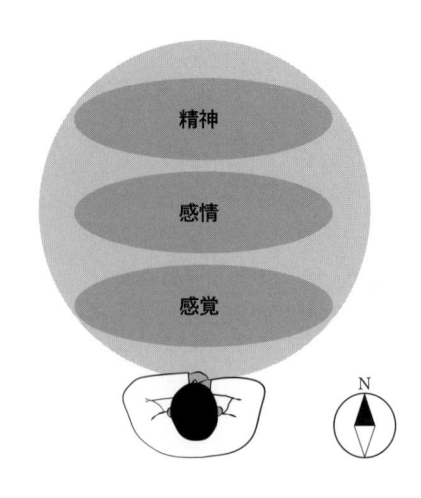

〈2〉横の3区分は自分と他人の関係性

　次に左右です。世界の卵は、その人のオーラ、第2のボディをそのまま写し取ったような形ですが、鏡のように向かい合っているのではなく、むしろ背中に背負ったような形になります。

　ですから、右と左が逆転します。つまり、体の右側は世界の卵スプレッドの左側、体の左側というのは、世界の卵スプレッドの右側に該当します。

　この場合、人間が自分から何かする、発信側になる場合は右手から出すことになりますから、それは世界の卵スプレッドで左側となります。

　また、外からの受容性は体の左側で受け止めることが多いのですが、それはスプレッドにおいて右側です。

　これが、生命の樹の正常な配置です。ただし、子供の絵を分析する場合は、実際にはこの反対です。子供の絵について、そのまま鏡のよ

うに写し取られるといった読み方を浅利篤はしています。しかし、これは子供時代にだけいえることで、大人になってくると、ここが逆転していくのではないかと私は思います。

　つまり、自分を中心に見ている子供の場合は、世界を自分の視点から見ていき、人のことも自分のことに置き換える形で考える応用性を大人になって発達させるため、大人になると生命の樹を背中に背負ったような左右配置になるのです。

　横に3区分した場合の真ん中は、立ち位置を表します。

　この中央の柱は、本人は意識することがないゼロポイントです。その人が他人から見て、強く特徴的な人生を歩んだ場合、そこにカラーや個性がはっきりあったとしても、その人にとってそれは無の状態であり、バランス点となります。

　そのように、中心というのはその人にとって無の状態、真っすぐ立った状態を指していて、真っすぐ立った基準がなければ、人生は歪んだ方向、おかしな方向に向かっているように見えるでしょう。

　自分が他人に影響されすぎて、自身の方向が見えなくなってしまったという場合、この真ん中の柱は左に傾斜します。この左というのは、カードのスプレッドでは右側が強くなりすぎているという状態です。

　その反対に、自分がやりたいことに集中しすぎて、他人を全く受けつけず孤立している場合、自分自身に閉じている状態もあります。バランスが壊れてきて外からのエネルギーを吸収できなくなると、生き方も退屈になる傾向があります。それは、ゼロポイントである中央の柱が右側に歪んでいる状態で、世界の卵ス

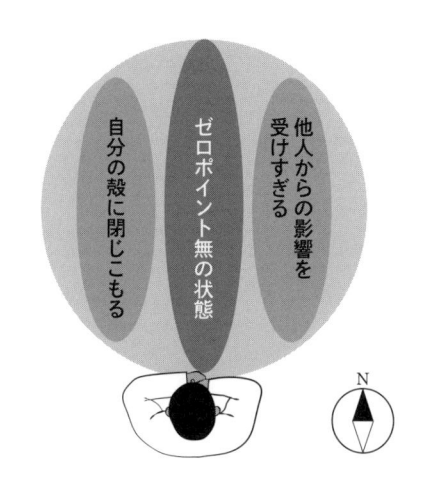

プレッドでは左側が強く出すぎたかたちで現れることになります。

　真ん中に真っすぐ立っている時が、その人にとって一番バランスの取れた状態です。世の中の動きや、さまざまな生命活動は、陰陽活動といった右⇒左⇒右⇒左と波形が揺れている状態です。この揺れが大きいほど、振り回される率は高くなりますし、世界の卵スプレッドが横に大きい状態になります。そして、揺れが少ないほど横幅の振れがなくバランスは取りやすいのですが、刺激が少なく変化のない生活になっていくでしょう。

　重要な真ん中の立ち位置、そして、外からの影響を受けてエネルギーを取り込む左側、そして、自分から働きかける右側は、縦の３つと組み合わせることで９つの区画になります。

　次項からは、わかりやすいようにこれをマトリックスの配置として番号をつけて説明していきます。

2	3	1
5	6	4
8	9	7

区画 1

非物質的精神性、無意識領域の豊かさ

1番目の区画は体の左の上側に当たり、左耳の横付近を表しています。

外を受けつける左側の部分と上の次元との接点の非物質的精神性を表します。目に見えない精神的なものを受信する領域です。

占星術でいえば、海王星に対応しています。

夢で見たり、ビジョンを見たり、ハイヤーセルフとの接点と考えることができ、自分を霊的により解放する領域と考えるとよいでしょう。

質問者がこの区画からカードを引き出してきた場合、超意識との関係やハイヤーセルフやガイド、霊的なもの、そのようなところからのメッセージや指示を受けている、または、その部分が何かを伝えようとしてきていると考えることができます。

例えば、「お店を開きたいが、どうしたらよいか?」といった質問で、質問者がクラウドスプレッドのこの1番の区画からカードを1枚引いた場合、それはこの人のより大きな自己からの指示やメッセージがあり、それがお店を開くという動機に関係していると考えられるのです。

1番の区画から取り出されるということは、無意識領域の豊かさを表すことになるため、夢や非物質的なことを重視する必要があるでしょう。目の前の小さなことに集中していると、このような非物質的な部分からのメッセージはほとんどわからなくなってきます。

よりリラックスして意識を広げ、細かいことにこだわらない状態の中でやってくる信号、そのようなものをキャッチすることが大切になります。密かな信号や無意識の奥からやってくる情報は、トラックやオートバイが走る交差点にいた時に隣の人の声が聞き取れないように、細かな考え事に没頭しているとそのようなメッセージは届きにくいのです。

そういう意味では、耳をすませ、静かにして、そこからやってくるもの

に注意深くなることが重要です。

　ここでやってくる情報とか信号は、実生活の中で、あるいは物質的なもので証拠とか裏書きするものを持ちません。つまり直接、直感的にやってくるものであり、より上位の次元から持ち込まれるものだと考えてもよいのです。

　例えば、毎日夢日記をつけていたりすると、夢の記憶はきれぎれではなく、次第に明確になってきます。夢は身体のストレスから来るという説がありますが、そういう時もあれば、神智学でいうアストラル界から来るものもあるのです。その場合、物質的な面での照合物なしにやってきますから、それを解釈するには、具体的なイメージをもとに考える習慣の人はなかなか難しいものがあります。

　また、この区画は、下に降りてくる影響ではなく、反対に、上に上がる性質があるので、実生活から離れようとする傾向があります。俗世的な要素が少なくなり、非日常的な面が強い区画だといえます。

　守り神などがある人は、ここに出やすくなります。

　神様からのメッセージ、そういうふうに考える人もいます。束縛されているものからその人を救い解放できる要素なので、基本的には、緊張感とかストレスを持たない領域です。

　イメージとしては大きな鳥というものが一番出やすいともいえます。元素としてはそれは風なので、小アルカナでは、ソードやワンドに親近性が高いともいえます。カップやペンタクルスはより物質的になるので、それはより下の方に出てきた方がナチュラルですが、しかし上の次元から降りてきたものという意味では、上の次元からすれば、カップやペンタクルスともみなされるので、そのあたりは柔軟に応用的に読んでみましょう。

　決まった守護者がいる人は、頻繁に同じカードが出たりします。

区画 2

根源的な創造性、作り出す力、形成力

　左上に当たる2番目の区画は、体でいうと右側の上の方になります。

　区画1と区画2は、インドのヨガではアジナチャクラに対応し、その人の想像力に関係する部分です。特に2番は下に向かう想像力で、具象的な形を作っていくことに関係します。

　実際に形にはなっていないのですが、ビジョンを持っていて、これから形にしていこうとする種類のものです。ですから、計画性や狙い、開かれたところから限定したところに向かっていく流れを表しています。

　生命の樹では、この2番目の枠は母親に関係する場所に当たり、子供を産み、作っていく意味を持ちます。

　自分の世界を作るという人生を狭めていく行為でもあります。どのようなものであれイメージが形になることは、それ自身が狭く固まることです。

　質問者が区画2からカードを出してきた場合、これから形にしていきたいものがある、具体化・物質化していくことを表すでしょう。このプロセスは、開放とは逆の流れです。

　その人の潜在的な欲求、本人が気づいていない欲求という場合もあるでしょう。つまり、この区画2は根源的な創造性、作り出す力、形成力に関係していることになります。

　身体において右、マトリックスでは左に現れる部分はすべて自分から発信するとか仕切る、決断するなどを表します。この上のマトリックスである区画1とか区画2は、人間を霊・魂・身体とみなした時には、霊に該当する部分になります。またより小さな範囲では、精神・感情・身体（感覚）ですから、精神性に当たります。

　この部分は人によってはまだあまり発達していないか、あるいは意

識の表面に出てない場合があります。

　この上下3つの区分は、時には超意識・日常意識・下意識の3つだからです。そのため、タロット占いをして、ここに何か強い特徴が出たり、あるいはその人がここを選んだりした時には、自分では気がつかないままにメッセージを拾ってきたということもあるのです。

　いずれにしても、下に向かって、つまりより物質的な領域へ、何かを生み出そうとしたり、作り出そうとしたりしていることは明らかですが、それがずっと後になって、やっと本人が自覚する場合もあるのです。

　また自分をこのマトリクスのどこに置いているかということも重要です。

　もし、その人が自分をもっぱら真ん中の層である区画5－6－4に置いている場合には、あるいはさらに区画8－9－7に置いている場合（たいていはこの2種類がほとんどだと思いますが）、そして上位の区画2－3－1を自分とみなしていない場合には、これは外部に投影されますから、区画2は母的なもの、区画1は父的、区画3は社会の中での権威者とか尊敬する人というイメージに置き換わる場合もあります。

　すると、区画2に強制的なカードが出てくると、何か計画を押しつけられているというケースも考えられることになります。

　区画1は解放者ですが、たいてい区画2は拘束、強制、狭いところへ向かうという傾向があります。

　また区画1が山の上だとすると、区画2は洞窟、暗い穴、また時には人よりもサイズの大きな動物などとして現れるイメージでもあります。

　何かのしかかっているとか、遠隔で、知らない間に、その縛りにあっているということも考えられないわけではありません。執着心はこの区画2から始まります。区画1とのバランスが良くないと、この執着心から解放できなくなります。執着心の始まりという点で、ここから深くずぶずぶとこだわっていくものが生まれてくるということもあります。

　いずれにしても良い面もあれば悪い面もあります。これはどこの区画もそういえます。

区画3

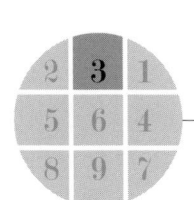

達成していきたい未来、引き寄せたいもの

　上の層の左右で真ん中の３番目に当たる区画、中心部分は、その人の立ち位置を表しています。そして、精神的霊的な意味での目的意識や、宇宙の中でのその人の位置を表す場所です。

　より大きな次元とつながっていく状態なのですが、１番目の区画のようなハイヤーセルフとのつながりやメッセージがやってくるという性質はありません。なぜならば、その人の立ち位置に関係があるため、その人から見ると意識化されることがなく、その人にとってはゼロの状態を感じる地点なので、メッセージは意識化されないのです。

　他の人から見ると個性がはっきりしていたとしても、本人にはわからないという部分になるでしょう。上の次元にぶら下がっている光景です。

　その人の究極の目標という意味と、下の世界においての頂点という社会的立場を表す２つの意味が含まれています。社会的な地位の高さや、社会的なステータスは３番の下側の部分に現れてきます。

　上の部分においては、向こう側にある大きな宇宙にぶらさがっているものを表します。メッセージを受けるのは１番目になりますが、自分がどこから来たのか、どういう目的を持って生まれてきたのかは、この３番の場所が重要になってきます。

　タロット占いをしていると、「自分は何のために生きているのか？」といった質問をされることが頻繁にあります。毎回タロット占いでそれを聞かれるのもどうかと疑問に感じることもあります。他人から言葉で聞かされるものは真実ではないからです。

　人にはいろいろな考え方があるので、他人が説明するものは、他人の解釈体系、世界像、信念体系に基づいたもので、それは決して本人にストレートに受け取られるべきものではないのです。

3番は、まだ達成していない未来の状況を表していて、下の方の位置は過去の状況を表します。つまり、真ん中に当たる6番は現在の自分を表し、上の3番は未来、下の9番は過去という対応になるのです。

　3番に出るカードは、これから達成していきたい未来、まだ達成されていない未来、引き寄せたいものがここに現れてくるのです。

　そこで、この真ん中の区画3－6－9を、未来・現在・過去という読み方で出してみるのも可能です。

　タロット占いで有名なスプレッドにケルト十字というのがあります。真ん中にテーマカードがあり、上を理想、下を地盤、あるいは現在。右を過去、左を近い未来と読むこともあります。この場合、時間の流れとしては、横方向に右から左に移動しているように配置されています。

　これに比較して、上から中、下へという縦の流れは、滝の水が下に落ちるように、より高次な意識が物質世界へと降りてくるという性質です。本来、物質的なものの創造の流れはそのような動きをしています。また反対に下から上へは進化の流れです。

　過去・現在・未来という時間の流れがただ物事の流れとして考えた時には、横向きに3枚で読むこともなるのですが、目的があり、それが達成されるかどうか、つまり明確な目的性がある場合には、上⇒中⇒下の方向に時間の流れを追跡する方がよいのです。

　おそらくケルト十字ではどちらでも読めるようになっていると思いますが、このマトリクスの場合にも、このケルト十字の左側に配置する6枚と同じような読み方をすることも可能です。

　シュタイナーは、身体の左の方へ肉体の勢力があり、身体の右の方へエーテル体が圧力を持って押しつけられてくると説明します。

　ケルト十字的に選ぶ場合、区画3－4－5－6－9が作る十字の位置から選びましょう。

区画 4
社会性、発展力

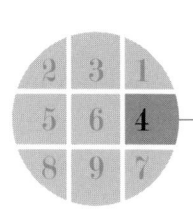

　真ん中の段の右側の4番目の区画は、体でいうと中央の胸の左側の場所です。この枠は主に社会性に関係があります。

　集団社会やその人の住んでいる環境との関係を表します。仕事や会社、多くの人との関わりといった意味も出てきます。

　絵画分析で絵を描いてもらうと、会社の社長さんはこの4にたくさん絵を描く傾向があります。それは、取引先がたくさんあることや社交的な性質を指しています。

　また、集団的なものを受け入れるという意味もあるでしょう。

　現世的な社会においてのその人の社会的な発展力を表します。閉鎖的にならない、開かれた寛容なキャラクター、楽しい人、そういった状態がこの4番の区画に関係するのです。

　占星術でいうと、惑星は木星に対応します。つまり、この区画は木星の発展力に関わっているため、仕事関係の質問でこの区画4からカードを出してきた場合、区画5とは異なり自分の好みを押し出すことがなく、関係性の中で要求されたことをこなすでしょう。

　本人が何かをしたいというよりは、むしろいろいろな人が要求することを受け入れることで大きな世界に開かれる様子を表しています。

　基本的にこの区画4は、明るく希望を持った場所と考えるとよいでしょう。リラックスや開放感、そして少しボケたところでもあります。

　細かいことを言ったり、厳密すぎたりすると、その人の社会的な広がりはどんどん減ってきます。多くの人を受けつけ、共存する姿勢とは、個人的にはいいかげんになったり、曖昧さを許すということも含まれます。

　この区画4はアバウトで、細かくない、寛容な性質を持つ場所でもあります。これは例えば、占星術では、木星がハードアスペクトの時

に現れる性質でもあるでしょう。公私混同が起きて、侵入したりされたりするのです。

インドの独立の父であるマハトマ・ガンジーは、月が木星と180度で、これは個人的な閉鎖をしないで、全部に開けっぴろげになったということです。これは個人の能力としては、ほとんどの人ができることではありません。私生活というものがなくなったりします。たとえば、それは鍵のかからない家に住んでいるようなものです。

この区画4の位置は極端な場合にはそういうこともあり、また普通は、明るく開放的、そして集団社会を受け入れているということです。

仕事のチャンスが近づいている、誰かがやってくる、未来の展望が開ける。こういう時には、区画4に兆候が出るはずです。ただし恋愛などの個人的なものは、一番下の層に出ることが多いでしょう。もっぱら区画7などに特徴が出ると思います。

私はこの9つの区画を「ライフシンボル」と名づけて、複数のメソッドを展開していたことがありますが、最も単純なのは色を配置することです。

しばしばカードをスプレッドした後、どれかを選んでもらった後、表にするよりも、まず裏のまま「このカードはどんな色ですか？」と質問することもあります。これはカードの彩色の話ではなく、カードの意味を色にたとえることです。その色と、表に出したカードの意味を比較したり、複合したりする読み方をしてもよいでしょう。

自分の意志でコントロールしようとすると、むしろ区画5の位置の意味に変わりますから、区画4では人や集団に合わせて、その求めに応じて、何かするということもあり、自分で決められないことも多くなります。

相手のある質問で、相手がどう考えているか、どう思っているかなどは、区画4−7などに現れることが多いでしょう。

自分個人の意志を放棄した時に、この区画4の力は強く出やすいので、他力本願的な場合もあります。

区画5が強く、その働きに依存している人は、知らず知らずのうちにこの区画4を弱めます。

区画 5

個人的な意欲、周囲への押しつけ、目標

　真ん中の左側の5番目の区画は、体の真ん中の胸の右側の場所です。体の右側は発信側を表していて、自分の方から外に意志を主張していきます。

　自分を分割して外に出していく太陽の「光の矢の射出」に当たるため、自分の環境の中で野心的に実現したいものを表します。

　ここでは、受容的なものはなく、好みを押し出すため、他の人のことを無作為に受けつけることがありません。自分のやりたいことがあり、他の人には従って欲しいということが多いので、ある意味でわがままな場所といえるでしょう。

　当然、個人的な意欲があることを表しますから、質問者がこの区画5からカードを出してきた場合、本人のやってみたいことや狙いがはっきりあり、それに関してははっきりと確認しておいた方がよいでしょう。

　恋愛問題の質問で、質問者がこの区画からカードを引いた場合、自分の意図を相手に受け入れて欲しい、相手に従って欲しい、言うことを聞いて欲しいと考えていることになるのです。

　恋愛問題で区画4からカードを選ぶ場合、相手を受け入れますといった意味になり、相手がいろいろなことをいっても受容するかたちになります。しかし、この区画5になると「こうしてくれなくては困る」と仕切りたい欲求が出てくるのです。ただし、恋愛では既に説明したように区画7や区画8で現れやすいでしょう。

　親が子供についての質問でこの区画5からカードを引くと、コントロールマニア的な押しつけの傾向です。

　この場所が空白状態で弱いと、意欲がなくなって周囲にお任せになってしまいます。生きていて何をしたいのか目標がはっきりしないのです。

Ⅰ　クラウドスプレッド

言われるとやるが、自分の方から何か働きかけるビジョンがはっきりしなくなります。

　最近、私がカウンセリングをする中で「自分が何をしたいのかわからない」という人が結構たくさんいます。それは悪いことではなく、自主的に自分から何かやりたいと思わなくてはと考える必要もなく、そのような生き方もありかなと私は思いますが、そのような人はこの区画5が弱めになるのでしょう。

　お絵描きをした後、このマトリクスで分析するというライフシンボル講座をしていた時、この区画5に建物などを描く場合には、複雑な構築物とか体系化とか、系統だった連続的な意欲、目的などを表すことになります。

　瞬発的で短期的なものか、長期的なものかは、カードの種類によって判断しましょう。

　もし広い空間があれば、このクラウドスプレッドの卵を2つ横に展開し、質問者の区画5と、ターゲットとなる相手の卵の区画4を比較してみるのもよいでしょう。この場合には、1つの卵に78枚使います。合計で156枚です。

　2人の人が並んで歩く時、左側で歩く人は、右に歩く人を仕切る傾向があり、ノーアイデアで相手にお任せしたい時には、その人の右に行くとよいのです。発信は区画5で、それを受けつけるのは、右にいる人の区画4です。あるいはもっと感覚的なものだとすると、発信は区画8で受信は区画7です。

　自分の意志が明確なのに、それを口に出したがらない、隠している場合には、ただ恥ずかしいというだけの場合もあります。

　逆位置のカードは、過剰か不足かということで読み、カードの意味そのものはあまり変わりません。調整されたら、そのまま正位置として表現されます。区画5で逆位置が出た場合、こだわりすぎて上手くいかない場合もあれば、おとなしすぎることもあるかもしれません。

区画 6
人生のメインテーマ、統合化

　上下の真ん中、左右の真ん中である中心の 6 番目の枠は、体では胸の部分に関係し、惑星では太陽に対応します。その人の中心的な場所、すべてのものをそこに統合化しまとめていく場所、磁力のある場所と考えてもよいでしょう。

　実生活や精神性のすべてを含めて、その人の一番大きな目標や、生き方そのものに関係します。

　例えば、質問者の質問が仕事に関わることでこの 6 番目の枠からカードを出した場合、仕事やお金儲けだけではなく、その人の生きる目標そのものに関係したところで仕事に取り組もうとしていることになります。

　この中心は人生のメインテーマを意味するため、ここが否定的だったり弱かったりする場合、その人は生きる目標を見失っている状態です。目標を見失うと可能性を引き寄せる磁力が働かなくなるため、人生はばらばらになってしまいます。

　ぎゅっと中心に引き寄せる重心や、磁力のセンターですから、ここははっきりさせておいた方がよいのです。

　このあたりを、カードの出方次第で判断することになります。

　人はさまざまな判断をする際に、考えて判断するのではなく、その人の直感的な判断をすることは多いでしょう。

　何かを見て「これは良いね」「これは良くないね」と思う時、その人の価値観や目的によって白黒判断をするのです。根本的な中心的価値観がこの 6 番の区画に出てくると考えるとよいでしょう。

　対人関係の質問の場合に質問者がこの中心の区画 6 からカードを出してきた場合、その人の生き方に重要な関わりがある人と考えてもよ

いことになります。

　また、その相手に強い自己同一化をしており、自分の価値観と切り離せなくなっています。周辺が強く真ん中が弱いと状況に振り回されやすくなりますし、中心が強く外側が弱い場合、周りのことを構っておらず自分自身の目的に集中している意味になります。

　クラウドスプレッドがどのような形になるのか、真ん中を詰めた形でスプレッドする人と、真ん中が空白な状態で外側に広げていく人もいるでしょう。スプレッド全体を見た時に、中心や周辺がどのような状態かを考えることも大切です。

　仏教曼荼羅では、この場所は大日如来であり、それはすべての中心です。

　シュタイナーは、太陽を中心にして、その外側の火星、木星、土星を「マクロコスモス」、内側の金星、水星、月を「ミクロコスモス」と定義しています。

　このマトリクスでは、区画6を交点にして、上がマクロコスモスに、下がミクロコスモスに対応することになります。もちろんここでの太陽とは太陽系の中心の本当の意味での太陽ではなく、1年で1周する地球のことで、地球サイズに縮小された太陽のこと、つまり個人サイズになった太陽です。

　区画6はその人の生きる目的であり、その目的に沿って赴くマクロコスモスとミクロコモスモスが違うのだということです。

　またマクロコスモスとミクロコスモスを結びつけている場所とも考えられます。つまり、区画6の位置がはっきりしないと、この大と小の世界に関連づけが起きにくくなり、個人と社会との関係がばらばらになるということもあります。

　マトリクスで区画6の位置に当たるあたりから、1枚選んでもらうというのもよいかもしれません。質問がない場合に、そのようにしてリーディングしてみるのもよいでしょう。

区画 7

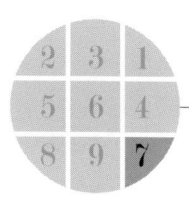

実生活上においての楽しいこと、恋愛、期待

　右側の下に当たる 7 番目の枠は、体では左の下側です。

　この場所は金星に対応しており、実生活上においての楽しいことや恋愛に一番関わりやすいといえます。

　好きなものや好みのもの、センス、快楽的なものに関係していて、外界に対する期待感を表します。期待感というのは、「あれが欲しい」「これが欲しい」という、例えばお買い物したい様子を考えてもよいでしょう。

　質問した時にこの区画 7 から出してくる場合、夢が多くて、期待感が強いことを意味します。

　また、ここはタロットカードの小アルカナの 7 番に関係する場所です。小アルカナは 4 つの元素から成るため、7 番が 4 種類に分かれていることになります。

　ある程度感覚的で物質的なものであるため、見えないものや精神性というよりは、具体的で「もっとお金が欲しい」「楽しみが欲しい」「美味しいものが食べたい」といったことです。

　質問が精神的な内容にもかかわらず、ここの区画からカードを出してきた場合、外の人や環境に期待していると考えることができるでしょう。つまり、「苦痛なことは嫌だ」「苦労するのは嫌だ」というかたちで出やすいのです。

　区画 7 は華があり、実生活に楽しみを広げて期待する場所になるので、ここが乏しいと全体に生活が精彩に欠けたような退屈な状態となるでしょう。このあたりは、精神的すぎないで、ある程度範囲の狭い、個人的なものなので、扱いはお手頃な感じと考えてもよいようです。

　チャクラではマニプラのおへそのチャクラを陰陽に分けた陽の部分

に当たります。おへその積極的で受容的で弾力的な意味を持ちます。陽といった時に、飛び出すようなイメージがあるかもしれませんが、実は反対で、飛び出す力は右側で、体の左側は外から吸い込む意味になります。

期待感というのも吸い込んでいく意味です。受容性が高いため、外界依存や外の影響を受けやすいことにもなるでしょう。

金星はシュタイナー説では、その人をミクロコスモスに誘う天体です。

人は夜眠る時にマクロコスモスに赴き、朝起きる時に、感覚的な領域、すなわちミクロコスモスに降りる。この時の案内者が金星ということになるのです。

感覚は見たり聞いたり触ったりということで、そこに接続するのが金星ということになると、具体的で感覚的な生活や楽しみのすべてを、この区画7が誘いかけていることになります。

ミクロコスモスは、大きな社会などに関係しませんから、個人的な楽しみ、ささやかなもの、例えば、あまり人に迷惑をかけないで、私的に楽しむことが増えてきます。

オタクの定義は、人に迷惑をかけず、自分の範囲で楽しみを確保するということらしいので、男性でオタク的な人は、この区画7の部分で室内的なものに向かうことになるのかもしれません。

社会的な野心は区画5ですが、この区画7はそのように大それたことは考えないというのが特徴かもしれません。

しかし、お金とか豊かさには関係します。お金が増えるのは区画4と区画7の連動です。生殖は区画5が種つけ、区画7がそれを受け取るということになると、行為の結果として儲かるというのは区画7になります。区画4はあたかも天から降ってくるような、という意味にもなります。

クライアントがはっきりとした質問のない時は、区画7のあたりから何か選んでもらうのもよいでしょう。それはその人の楽しみ事を表すからです。

区画8

能力、仕事、知識

　左下の8番目の枠は、体の右下を表します。

　惑星対応は水星です。水星は知識を意味します。知識の溜め込みや、溜め込んで世界観を作る、繰り返し体験することによって、その人の信念体系や暗黙の了解であるものの見方が出来上がっていくことを指しています。

　精神の傾向が固まった場所と考えるとよいでしょう。

　区画8は、技術や知性、訓練によって蓄積されたものが多く、その人の能力や仕事の才能を表します。発展力は区画4ですが、その人が持っている能力は区画8に当たるのです。

　柔軟な理解力には欠けていくため、タロットカードの大アルカナの「塔」はこの8番の硬さが打ち壊されることを示します。

　学歴や技術、勉強して身につけたもの、習慣を続けたことで確立されたものはすべて区画8に当たります。その人の安定感や継続していく形あるものを表します。

　区画2がイメージの形成力に関係すると説明しましたが、その結論として作られたものが、区画8になるのです。質問者が区画8からカードを選んだ場合、安定感や保持する・持ち続けることに関係するでしょう。

　区画8は自分の手元で所有するものを表すため、他者とは共有することができないものでもありますし、保守的だったり変化を恐れたりする意味も出てきます。

　全般に体の左側に当たる区画1－4－7は柔軟性があり、固まらないものを表し、区画2－5－8は個人として固まっていく理性的な部分を表すことになってきます。

その中で最も物質的な形、あるいは硬いものが区画8になるのです。人と共有できないということは、対人関係や恋愛関係の質問で、この区画8から出してきた場合、柔軟性がなく変化することに抵抗する、自分の思った枠の中に閉じこもることを意味しますから、心を閉じていると考えてもよいでしょう。ただ、質問が受験勉強についてや能力についてなどなら、区画8は強力な場所となります。

　積み上げて学習していくものは区画8に出てきますが、それがやがて蓄積されていくと、高い塔のように区画5に届くことになり、これが社会的な野心を作り出します。そしてそれがさらに強くなり、権威的になったりすると、それはさらに区画2に届くものになります。

　絵を描く場合、この区画2－5－8に、高い樹を描いたりすると、それはその人の一本筋の通った専門的なものだったり立場だったりすることになります。しかし決してその人の存在の立ち位置という意味ではありません。立ち位置はあくまで区画3－6－9です。

　英語を勉強するというようなものは区画8に出てきます。具体的な訓練は、小アルカナでは、よく「ペンタクルスの8」で出ると思うのですが、それは実際的な土の元素に対応するからです。

　水の、すなわち情感の集中は「カップの8」となり、これは内側にこもっていきますので、外交的ではないのですが、しかし研究するとか、熱中するとなるとこの「カップの8」の意義が出てきます。

　決して悪いカードではありませんし、悪いイメージになってしまうのはウェイト版の作者の偏見から来ています。

　区画8は社会的な野心などを表さず、区画5の目的や野心に応じ、それに必要なものを区画8が蓄積するということで、英語を学習する時も、それで仕事にしたいというのは区画5、実際に英語を勉強している行為は区画8になるということになります。

区画9

個人の基礎・土台、衣食住

　一番下の段の真ん中の9番目の枠は、体では腰に関係があります。

　その人の実生活の立ち位置、その人のバランス点ですが、一番下の部分は具体的な部分で「どのような家に住んでいるか」「どのような生活をしているか」「どのようなものを食べているか」など衣食住に最も関わる場所です。

　生命体としての個人の基礎や土台を表すため、この場所が豊かさを持っていると、私生活や人生が安定感を持っている意味になります。

　顔も全般にこの卵の投影であると考えるので、区画9はあごに対応します。人相では、あごががっしりしている人は晩年まで安定した生活ができることを指しています。つまり、建物の基礎を表すのです。ここが開かれているか、閉じているかなどが、カードでいろいろ出てくるでしょうが、他人が自分の家に入っても構わなかったり、人を盛んに招待したりする人は区画9が開放的になるでしょう。

　また、私生活は他の人とは一緒にしない、公的な場面では一緒になっても私生活は混同しないといった場合、この区画9は閉鎖的なカードが出やすいでしょう。

　引越ししたいといった場合、この位置は重要になります。つまり、この区画9の場所が変化することが、引越しに当たるからです。

　惑星でいうと、この区画9は月に対応します。月は蟹座の支配星であり、シンボルは風呂、池、湖などサイズに応じて変化します。タロットカードの大アルカナで池が出てきた時は、この場所を描いています。「星」のカードは、身体の左、外に開かれた区画7で力を吸い込み、この区画9の位置にその力を蓄積します。それが水差しのような器で、池に流し込む光景として描かれています。「星」のカードは区画7と区

画9をつなぐパスに該当しているのです。

　気のエネルギーは、この区画9の位置に蓄積されます。ここは占星術の月に対応すると書きましたが、一生の間で多くの人が体験する、器が壊れる時期というのは、月と冥王星が90度になった時です。それ以外の天体のどれも、このような深刻な事態を引き起こすことはありません。

　中には生まれつき、出生図でこの月と冥王星が90度の人もいると思います。

　溜め込んだ力が、一気に流れ出て、ひどい脱力とか希望のない状態になることもあります。こういう時に、反対に月の執着心から手を離すと、冥王星はより深い鉱脈から、力をチャージしてきます。

　つまり、今までつかんでいたその人の「分」が月ですから、その人なりの範囲にとどまるかぎりは、大きな力は入ってこないし、また冥王星によって壊されると、ただ否定的になるだけなのです。

　より前進するには卵を割らなくてはならないという点では、月の表す日常の分を、この壊れるきっかけを活用して、器を大きくすることに振り向けるのが理想なのです。ただその時に、それまで抱いていた幸福感や満足感というものが一度失われることになるので、どこに安心を求めてよいのかわからなくなってきます。普通の人や普通の暮らし。こういうことだけを求めている人には、この影響は深刻すぎるし、また手に負えないものになりがちです。

　月に対するさまざまなアスペクトは、こうした気の蓄積器に、チヤージしたりまた外に流れたり、さまざまな変化をもたらします。天体からではなく、人から、食べ物から、モノから、というのもあります。

　タロットカード占いでは、この区画9の位置に具体的なさまざまな細かいことが満載されていますから、ここから複数枚出してみるのもよいでしょう。

　占星術を参考にする時は、ここは月に該当します。

II
タロットカード概説

1
カードの解釈は決まりきっていない

〈1〉解説者の役割と言葉のない知覚者

　タロットカードの意味はいろいろな本で解説されています。しかしタロット占いをする時に、それをそのまま使うことはできません。
　私達の脳の働きとして、既存の知識を使って考える部分を「解説者」、実際の外界の情報を取ってくるのを「知覚者」と呼んでみたいと思います。これはブルース・モーエンの分類法ですが、私はそういう言い方に慣れてきたので、そのまま使ってみます。
　本などで、カードの意味を覚えると、それは今までのあなたの知識や考え方、思想などに組み込まれていき、連想イメージが働くと、そこで自動的にもっぱら解説者としての働きに委ねることになります。
　表に出したカードを見て、解説者は、そこで記憶に基づいて自動的に解説を始めます。しかし解説者は、実際の外界の情報を見ていることはほとんどありません。
　解説者の特徴とは、新しいことには関心がないということです。連想イメージで、自動的に出てきた記憶を述べ続け、現実がどうあれ、現実には無関心に語り続けます。あるいは過去の経験でこうだったという場合にも、そのままそれを語り続けます。つまり、「これは知っている」⇒「これはこういう意味だ」⇒「これはあの時にそっくりのケースだ」⇒「だからあの時と同じ意味に違いない」という流れなのです。

〈2〉知覚者が受けた印象を薄めて解説者が当てはめる

　カード占いをする時には、相談者の質問に正しく答えるには、外界の情報を正確にとらえる知覚者が登場しなくてはならないのですが、知覚者はまずは言葉を使うことがありません。

　というのも、言葉を使うことのできない明文化されていない未知のものを探索するのが知覚者だからです。言葉を使う段階で、私達は知覚者の知覚をねじ曲げ、類似した人工物を当てはめます。

　例えば、目の前に椅子に似たものがある時にはそれを「椅子」と呼び、椅子に関する記憶を連想して、それ以外のことからは目を閉じます。ですが、目の前にあるものは椅子ではなく、椅子に似ているが全く違う新しい品物である可能性もあります。

　知覚者はそれに気がつきますが、それを表現する言葉がないのです。一番近いのは椅子という言葉でした。解説者は、これは椅子でありそれ以外の何ものでもないと断言します。

　このように、言語で丸めて形骸化する以前の段階で働く知覚者は、言葉が使えないので、知覚者は瞬間的で、連続的な知覚を持ちません。一瞬の閃光のようなものです。

　その後、すぐに解説者が主導権を握り、ごく瞬間的な知覚者の印象を百倍に薄めて、解説者がそれに似たものや過去の記憶、連想などを当てはめます。

〈3〉知覚者が拾ってきた情報をつかまえないと活力は生まれない

　たいていタロット占いでは知覚者が正確な情報を手に入れます。そして解説者は、その正確な「新しい情報」には無関心です。

　この解説者と知覚者の違いを考え、出てきたカードは、1つのきっかけであるとみなし、それをもとにして、知覚者が働く瞬間を静かに注意深くつかまえましょう。

しばしばプロの占い者でも、知覚者をそっちのけで解説者のみで語り、自閉症的に自分の経験や知識だけで話すこともあります。「これは見たことがある」、そう感じた瞬間に、記憶のパターンに閉じ込めてしまうのです。その場合には、タロット占いは退屈なものになります。
　これは連想イメージで説明した結果、解説者はいるが、知覚者は不在となったのです。こういう占いをすると、たいてい後味が悪いものです。
　というのも、全く新しい体験がないので、その人に進歩も改善も見られないからです。
　タロット占いをする都度、その後、楽しくなったり充実したり、気力が出たりするのは、知覚者が拾ってきた情報を何とかつかまえることができた時です。こうして、新しい活力が生まれるのです。

2
知覚者としてカードを読むこと①
―「ペンタクルスの5」の場合―

〈1〉ターゲットに踏み込まないと曖昧な言い方になってしまう

　頭で読み始めると、カードはどのような解釈もできるはずです。

　頭で読み始めると、タロット占いは単調で、変化に乏しいいつも似た回答が頻出して真実性のないものになります。

　「このカードはこうも言えるし、ああも言える」「いろいろなケースがある」「だから、何もここでは決められない」

　これは占い者がターゲットに踏み込まないで、自分を守ろうとした時に陥るパターンですが、「太陽」のカードの2人目のエーテル体の子供が、機能しなくなった段階です。

　もう1つの日常的な肉体の子供は輪郭が明確で、つまりこれまでのパターンを守り、そこから前には踏み込みません。

　エーテル体は常に「今までの感覚の境界線を突き破って、踏み込んだ時」にのみ、スイッチが働くという性質があります。肉体はエーテル体が繰り返された挙句、形骸化したエーテル体の死体のようなもので、それは境界線から外に踏み出すことはないということに生存の特質があります。

　エーテル体は常に輪郭の外へ外へと拡大します。外に出るたびに、感覚の肉体が処理できない、つまり、まだパターン化されていない何か、Xの知覚が発生します。

　例えば、私は自分のイメージで、身体の外に放射状に拡大する矢印を思い浮かべることがよくあります。身体の輪郭から外に出るのです。

　実際に、意識が身体から外に出た瞬間、私の意識は日常意識を失い、

ある種の変性意識に切り替わります。日常意識はいつも繰り返されているもので、それは肉体の輪郭の内側にあります。しかし肉体の外に出ると、それは慣れ親しんではいない異界であり、そこではいつもの感覚が通用しないので、いつもの自分を維持できなくなるのです。

〈2〉占い師はエーテル体の知覚を用いてきた

エーテル体感覚は、シュタイナーによると、「奈落の底に落ちたような感覚」と表現されていますが、このエーテル体にスイッチが入った状態を思うと、極めて魅力的で、力に満ち、ですが何か危険な印象もあります。

古来より、シャーマンや預言者、霊能者、占い師は、このエーテル体の知覚を頻繁に使ってきました。

感覚的な身体は安定し繰り返されるパターンの中に安住するのですが、エーテル体は生命力に満ちて、そこに接することに、毎回慣れることができないという要素があります。その都度、大きな労力を要求されるのです。

タロット占いで、この「太陽」のカードのもう1人の子供、エーテル体の身体にスイッチが入った状態に入るのが理想的です。

繰り返されたものは感覚になるので、もうそこに何か新しい真実はなく、さらに外に踏み出し、未知のものを知覚した時に、エーテル体が機能します。エーテル体が繰り返されて死骸になったものが肉体や感覚であると考えると、いつも見知っている自分がタロット占いをするとしたら、それは何か間違っているということがわかると思います。

〈3〉カードに描かれた悲惨なイメージ以外のものもたくさんある

カードの読み方の例について挙げてみます。

私は、「離婚した夫がときどきやってくる。どういう関係であればい

いのか」という相談を受けました。

　夫はまるでホームレスみたいなもので、よく警察にホームレスだと間違えられるそうです。そういうイメージ通りに、相談者は「ペンタクルスの5」を取り出しました。

　ウェイト版では、これは冬に外を歩いている2人の男女のホームレスのような絵柄で、物乞いや貧しさ、先細りの運命とも見えます。これが「連想イメージ」です。

　パメラ・コールマン・スミスは、彼女の解説者によって、この土の元素、数字の5という情報を、そのように決めつけたのです。

　土の元素は有限資源ですから、それを放出する5の数字では、ただ放出して後は残らないというものです。しかしその意味そのものには、カードに描かれた悲惨なイメージ以外のものもたくさんあります。

　いろいろなカードにこうした決めつけをしたために、その結果、彼女の人生もそのようになったと思います。失望と孤独の中で死んだのは、彼女の信念体系や偏見がおおいに関係しています。

　占いを依頼してきたケースでは、連想イメージで考えると、夫はこのように寒い冬に外を歩いて寝床を探すような人で、そんな元夫とは関係はやめた方がよいと読めます。お金を借りにくるとか、困った時には依存してくるなど弊害が出るかもしれないからです。

　しかし、この土の元素、5というカードは、有限の持ち物を放出してカラになってしまい、もう守るものがないというすっきり感もあります。

　実は、私はこのカードが好きです。

　ここでは土の元素が持つ本性である「メリットの確保」ができません。つまり、社会的な保障がないのです。

　愛情問題で考えると、結婚という社会の中で作られた人工的な制度に依存することで、本物の愛情はごまかされる傾向があります。社会的に守られることの方が主眼になり、本心は知らず知らずのうちに怠慢になることもあります。土の元素が優位にある人に等しく備わる性質でもあります。そして人生が後ろ向きになるのです。

実際には相手に興味もないのに、ずっと結婚生活を続けている人はたくさんいます。それは生活のため、土の元素のためです。
　「ペンタクルスの5」はこうしたメリット意識としての土の元素を放出しきったので、ごまかしのない裸の状態で、愛情という点では、純粋な気持ちを意味します。
　実際に絵柄では、2人だけが守られることなく歩いています。
　例えば、死の瀬戸際のようなぎりぎりのところで結びついた関係というのはなかなか切れません。そのため、法律的には夫ではないが、だからこそ、純粋に関係が保てる、それは嘘も飾りもなくてよいのではないかと解釈することもできるのです。
　生活者としてはあまり好ましくない。しかし愛情という点では、むしろ理想的かもしれないのです。
　私は、「これは良い関係であり、期待しないで続けましょう」というふうに読みました。注意していただきたいのは、いつもそう読むわけではありません。あくまでも、このケースにおいては、ということです。
　ただし、この読み方には私の「解説者」の傾向も入っています。
　土の元素は占星術では牡牛座、乙女座、山羊座です。これらは社会的な枠組によって個人の利益を守ります。
　5は放出で、土の元素を放出「しすぎる」人というのは、たいてい土の元素を嫌うという点では、風か火を重視している人です。つまり小アルカナでは、ワンドかソードのタイプです。
　意識のリアリティ、実感、興奮、精神作用、これらを重視しているので、土の元素の「実感的に感じないで、感覚的に感じることを重視する、精神性という点では怠慢な」ことを虚偽のものとみなす傾向があります。いわば、昔の実存主義のようなものです。
　それに反して、土の元素を重視する人は中身ではなく、外殻を大切にするので、有名無実であれ立場を守ろうとします。風ないし火、特に火の元素はそれを毛嫌いします。自分の活動力や新鮮な生命力、精神性が硬直してしまうからです。

作家の荒俣宏は、小説の『帝都物語』が売れて１億円以上の印税が入った時に怒りを感じ、早くそれをなくさなくてはと思い、オークションで高額な本を買ったそうです。それは火ないし風の元素を重視する人の感情です。

〈4〉解説者はこれまでの経験と知識で語る

　土の元素は自分を守り、メリットを選ぶ結果、精神的な充実とか高揚感を失います。そのため「ペンタクルスの５」は、その持ち物を失うことで、精神の充実を取り戻そうとします。

　例えば、物書きがホテルに缶詰になるのも、部屋の中には何もないために書くしかなく、それは集中力を発揮するのに良い条件だからです。これは土の元素の豊かさがなくなってしまい、気が散らないということです。

　部屋を掃除していらないものを捨ててしまうと、すっきりします。ここにも少しばかり「ペンタクルスの５」の性質が混じっています。

　私のこの読み方に私の解説者が入っているのは、私がこのように放出すること、つまり何もなくなることですっきりしたという経験を何度もしているからです。

　私の知り合いのある女性は、整体師ですが、治療に来た主婦に誰かれとなく離婚を勧めています。なぜなら、その人は離婚してから運が開けたからです。それがその人の解説者に組み込まれています。

　解説者は、これまでの経験と知識により語ります。そのため、解説者１人が暴走すると、ただ自分の体験だけを話し続け、占いの相手がどのような人であれ、それはどうでもよいことになってしまうのです。

3
知覚者としてカードを読むこと②
―「塔」の場合―

〈1〉塔を壊す体験をしなければ占いは正確にならない

　タロットをリーディングするプロセスを、タロットカードそのもので説明してみましょう。やや大げさな説明ですが、おおまかには、タロットカードの連続で説明できる過程が進みます。

　私達はいつも個人としての自分を守っています。

　自我を守ることや自分の信念体系・知識体系で固めるのは、タロットカードでは、大アルカナである「塔」のカードに描かれた塔の壁に囲まれていることです。この段階ではまだ塔は壊れていないのです。すると、知覚者は締め出され、解説者のみが登場します。

　この機械のように繰り返す知能の働きの壁を壊す「塔」の体験は、タロットリーディングでは必要不可欠です。

　生命の樹のパスでは、「塔」のカードは、ネツァクとホドの関係を示しています。9区画法であれば、区画7の位置がネツァクで区画8の位置がホドに当たります。

　外界からの情報を受け取るのはネツァクです。ホドは壁を作り出すことで自分を守る解説者です。

　ネツァクからの雷は、塔を崩します。この「塔」の状況そのものを、タロット占いの時に実現することで、タロット占いは正確になります。

　正しく「塔」のカードの体験をすると、次の「星」のカードになり、これまで塔の壁が見えなくさせていた星から光を受け取り、それを池に流します。

　池は蟹座のシンボルで、支配星の月はエーテル物質を示していて、

自分の腰にあるイエソドの中枢に蓄積されます。チャクラでいえば、この腰のエーテル的な力の蓄積をする場所は、スワディスタナチャクラです。

それは言葉にならない「気」ですが、新しい言語化へと向かうことになります。

〈2〉「太陽」のカードまでの一連の流れは「塔」のカードから始まる

池から上がってくる情報は、「月」のカードのザリガニでもあり、それがだんだんと育ち、マルセイユ版の「太陽」のカードに描かれているような2人目の子供に成長するのです。

生命の樹では、「太陽」のカードは、イエソドと知性のホドをつなぐパスですから、それは言葉にならないイエソドの無意識の情報を、ホドという水星に関わる知性の中枢が言語化します。

この「太陽」のカードは、ウェイト版のタロットカードならば、太陽（全体的な大きな自己）から分割された光の矢が白い馬になり、そこに陽神としての子供が育ちます。

エーテル物質で子供を作ることは、チベットの精神世界などでも古来からよく知られている用法でもあり、これを「月の子供」という言い方をすることもあります。これが新しい情報です。

日本古来の手法であるタマフリでは、エーテル的な気の身体の一部を分割して、「太陽」のカードが意味するパス（イエソドとホド）で外に取り出し、外界の何かにそれを封入します。そしてタマフリ儀式なので、力を拡大した後に、あらためて「星」のカードが意味するパス（ネツァクとイエソドのパス）で吸い込みます。

「星」⇒「月」⇒「太陽」のカードという一連の連続するプロセスは、「塔」の、自我の閉鎖を打開することから始まるのです。

池をベースにして、つまりイエソド、チャクラではスワディスタナチャクラを基礎にして、そこに育つ新しい知識が存在します。

〈3〉言葉になる前の衝撃波を受け取る感性がない

　「月」のカードは、人の脳である新皮質・旧皮質・古皮質の３つを絵柄で表現しています。

　人の脳としての新皮質は眠って監視をしなくなり、旧皮質は吠える犬として描かれ、上昇してくるザリガニを古皮質として表現しています。

　いつもは新皮質の知性が、「塔」の城壁として、この古皮質の無意識の情報が上がってくることを禁止しており、私達はこの知覚者が引き出してくるものを見ることができないのです。

　この一連のタロットカードの進展・進化の正常な手続きが進まなくなるとしたら、まずは塔が壊れない場合でしょう。

　タロット占いでは、塔が壊れない時には、目の前に置かれたカードを、ただこれまでの記憶で説明するだけです。すると、実際の占いを依頼する人、あるいは占いの質問を無視したまま、カードに関する記憶だけが空回りしながら説明が続くことになります。

　言葉になる前の衝撃波を「真実の意図」と呼びますが、私達はこれをキャッチする感性を失っていることが多く、その代わりに言葉を受け取ってしまうのです。

　そもそも言葉は意図を表現するためにあったのに、言葉が優先され、意図が忘れられることが多いのです。それをタロットカードの「塔」から「太陽」までで訂正する必要があるのです。

4

日本を見つめるスフィンクスと魂のグループ

〈1〉1万3000年前にエジプトで死んだものは現代の日本に再生する

　私はJR新宿駅の新南口出口から歩いて5分程度のところに、新しい事務所を借りました。それは5坪しかないスペースです。
　それから夢を見ました。
　それはエジプトのスフィンクスが日本を見ているというフランスの学者の意見をもとにしたものです。スフィンクスはプラトン年でいう獅子座の時代に作られ、今は水瓶座の時代で、地球の歳差運動でいえば、獅子座から水瓶は12星座の半分なので1万3000年あり、1万3000年前にエジプトで死んだものは、現代の日本に再生するというものです。
　それは私の「解説者」が既に知っていたことですが、このエジプトの古い時代に死に、その後浮遊するものが、この新宿の新事務所を接点にすると比較的流れ込みやすい状況が作り出されるという夢です。
　たくさんの実体が日本に流れ込んでくるのですが、この作用に、あるいはキャンペーンに、新宿の事務所も協賛するという印象です。
　私はたった5坪の事務所がそういう接点の1つになりやすいとはとうてい想像できません。しかし、夢では、私の個人の自我が溶解して知覚が広がり、この知覚の広がりがいわば川のようになり、つまり私という身体が、川・龍・蛇・筒のようになった時に、そのままこのエジプトから日本へと流れ込んできたものが、そのままストレートに現実のものとして感じられることになりました。
　知覚を閉鎖しないのならそれはリアルに現実と感じます。ですが、知覚を閉鎖して、「肉体を持つ個人として見ると」、まさかそんな馬鹿

なものはないと思います。

　なぜなら、たった5坪の小さな店舗なのです。

　夢の中では、この人格的な形が溶けて違う知覚になった時、それはリアルな、疑いようのないかたちとして受け止めたので、それを間違いとみなすことができません。そのものを直接理解したからです。

　それが真実かどうか検証するというのは、肉体的な個人としての知覚に落とし込んでいくと、情報が間接的になり、その真偽を実感できなくなるので、わからなくなった挙げ句の果てに、点検するということです。

　ですが、ここではこの情報そのものを、そのように個体化された知覚で点検すること自体が無意味というか、間違いになってきます。

　個体化された意識には、こうした歳差の中で移動するということそのものが無縁なものだからです。

　私達の肉体の寿命は数十年なので、この肉体に同一化して、個人名を持つ生き方の中では、このような長いスパンの意識そのものを考えること自体が無縁で、それよりも死ぬまでの期間に何をするかという方がはるかに真実に見えてきます。

〈2〉ザリガニが上がってくるのに任せるということ

　知覚者は、解説者の作り出したレールをあてにして働きます。

　私の自我が割れて、外界の星を見た時、つまり「星」のカードになった時、流れ込んできた情報は予想を裏切るものですが、それは確かに私の知識、スフィンクスは、歳差のサイクルで生きている意識が、ある意図を持ってわざと作り出したものであり、そのレベルにふさわしい知識を持つものならば、それが印であることを認識します。

　そしてこの意識は2万6000年を1日とみなすような意識であり、2万6000年を1日と認識するような状況の中では、いわば数時間すると日本で目覚めるのです。

そのように予定しているので、これは2万6000年意識からすると、日常の意識であり、未来の予言でもなく、目覚ましをかけて寝たようなもので、私は人格意識（72年型意識）が溶けて、筒になった時（例えば、それは300年型意識にたとえられる）、それを直接的に受け止めたのです。

私は千駄ヶ谷に事務所を借りていて、その前は原宿にいて、その前は目黒にいましたが、これは中沢新一が『アースダイバー』で説明しているような地下の縄文の川の流れる方向のままに新宿方向に流されているコースを引越ししてきたのです。

そのため、事務所が千駄ヶ谷三丁目から五丁目に移動したのも、直前まで借りていた場所から、爆心地に近いところに移動したというわけです。その方がエジプトから来たものの「川」の流れの渦中に接近しやすいのです。

部屋は5坪しかないのですが、その部屋が重要だということではなさそうなので、狭くても広くてもそれは構わない話です。

タロット占いをしていると、ときどきカードを見ても「何も思い浮かばない」、「どう答えていいかわからない」という状態になる経験をすると思います。

実際には、私達は既に真実の情報を受け止めています。しかし、解説者としての塔が閉じてしまい、解説者が新規の印象を隠蔽（いんぺい）したのです。

受け取ったものに該当する言語化ができなくなってしまったという時には、「月」のサーチで、ザリガニが上がってくることに任せる必要があります。なぜなら、星の光は池に流し込まれ、やがてそれに導かれて、ザリガニは上がってくるのです。

こういう時には、リラックスして、何も考えないようにした方が出てきやすいのです。そしてこの「月」のカードでは、監視をする知性を示す新皮質は眠り込んでいます。監視しない間に、こっそりとザリガニが上がってきます。哺乳（ほにゅう）動物脳である旧皮質の犬はざわざわと不安を感じて吠えていますが、新皮質は眠り込んでいるので、犬の吠え声

には気がつきません。

　新皮質の脳の監視をすり抜けるために、注意をよそに逸らすというのもよいかもしれません。じっと見ていると、萎縮してザリガニは上がってこないからです。

〈3〉魂のグループは時間の流れの中で2つの方向に分岐する

　タロットカードの大アルカナの「運命の輪」は絵柄から見て、時間の輪、運命の輪をスフィンクスが支配しています。

　その意味では、この運命の輪の回転は基本的には歳差の2万6000年のサイクルで回転しているものです。この長大なサイクルの中で、下に降りるものとまた上がるものがあります。円は回転すれば、上昇する半分と下降する半分に分かれるのです。

　これは1プラトン年ですが、それを1日とみなすような意識からすると、1日の中に夜もあれば、昼もあり、これから眠るものとこれから目覚めるものがあります。

　一時、「アセンション」という言葉が流行りました。

　2012年に人類は目覚めるというものです。そういう魂のクラスターは、この時期に目覚めるのです。

　しかし違うグループもあります。この時期に眠り始めるものもいるのです。

　今、アセンションするグループというのは、歳差のサイクルの半分の1万3000年前にエジプトで死ぬか、あるいは眠りにつきました。ギリシャ以後優勢になる太陽神信仰によって、信じるものは唯一のものでなくてはならないという自我の画一性が要求され、それ以前にエジプトに存在していた星信仰、すなわち複数の考え方や哲学、思想を容認する流派は地球上に分散してしまったのです。

　今の時代は、この分散することで力を失ったものが再生し、マルセイユ版の「太陽」のカードに表現されているようなもう1人の子が再生

する時期なのかもしれません。

　眠るとは半身を失うことです。

　もともと1つのものとして完全だったものは、二分化することで、本来の自分を失い眠ります。二分化することで本来の能力は失われ、つまり退化することになるのです。

〈4〉意識活動とは「ここからあそこ」へと移動すること

　運命の輪は時間サイクルを表しますが、時間が動く世界の中では、円は片方が上がり、片方が下がります。そのため、半分は深く眠り込み、その存在が失われ、もう半分は優勢になり、活発化するのです。

　全体的な元の意識とは、円の回転が止まり、全体を同時に意識できることです。ですが意識は射出することで成り立ちます。「ここからあそこ」というふうに移動しないことには、意識活動ができません。

　この静止した円をたくさんの中の一部とみなしていた上位の次元では、確かに意識は働いていたのですが、この円1つというサイクルの中で、あらためて意識が働くようにするには、円は回転し、あるものが優勢になり、あるものは隠れていくという動きが作られなくてはならないのです。

　タロットカードが魂のグループの体験を描いた絵巻物ならば、「運命の輪」でこれから意識は半分に分割され、片方のグループは記憶喪失を起こすという計画が描かれ、そのプロセスは次の「力」のカードに表現されるはずです。

　本来の正確な情報を伝えている古典版のマルセイユ版では、「運命の輪」の次は、「力」のカードなのです。ウェイト版では改ざんが行われたので、11番目は「正義」のカードになってしまいましたが、これは明らかに誤りではないかと思います。

　「力」のカードでは、人とライオンが描かれています。これが運命の輪で二分されたものを意味します。

「運命の輪」にはスフィンクスが描かれています。スフィンクスは顔が人で身体がライオンです。これがタロットカードを作り出した魂のグループ、2万6000年を1日とみなしてしまうようなロングカウントの意識を持つ存在のもともとの姿だとすると、彼は「運命の輪」で、特定の時間単位を持つ世界の中に入ることを決意し、次の「力」のカードで、自分を分けていき、その結果、人とライオンが分離しました。

そうすると、この人とライオンの関係性には、いろいろなバリエーションが出てきます。

それは心身分離のようなものです。もともと1つの身体だった存在は上半身と下半身とか、頭と身体とか、精神と肉体などという分離をしていきます。

人を重視してライオンを殺すもの。これがエジプトで星信仰と太陽神信仰の二流派の対立があり、太陽神信仰が優勢になったギリシャ以後の西欧人の姿勢を意味します。人を意識の主役にして、ライオンは地位を奪われたのです。

もう1つは魔術師のアレイスタ・クロウリーが考えたように、人間は神的なライオンがより重要であり、人はそれに従属しなくてはならないという考えです。彼は自分のことを「大いなる獣」と呼びました。

〈5〉分化することでバラエティが生まれ多彩となる

日本では動物は人間よりも下位にいるわけではなく、共存しようという姿勢がありました。狼は「大神さま」といわれ大切にされていました。西欧文明のように動物は滅ぼすべきだとは考えていなかったのです。

もともとこれは1つだったものが、「運命の輪」⇒「力」で二極化した時、地球においての文化の流れや民族の移動も相反するものが出てきたと考えるとよいでしょう。

人とライオンの関係性の解釈の違いによって、異なる流れがたくさんできたのです。二分化するとバラエティがたくさん出てきて、多彩

になります。

　私はスフィンクスが象徴するような人と動物の一体化した姿を、シリウス的な存在とみなします。

　マリー・ホープによると、古代エジプトにおいては、このような存在は当たり前でもあったのです。

　人間はここからすると、片割れ的な、人の脳の部分が増大したもので、それが完全体ではないのですが、今の私達はみな人の形をしていますから、それが完全な姿なのだと思い込む傾向があります。

　古代エジプトには、シリウス的な半人半獣の像がたくさんあります。「眠れる預言者」と呼ばれたエドガー・ケイシーは、古代文明としてのアトランティス時代の末期、人類は堕落して、その結果、半人半獣の存在が生まれてきたといいます。それを反省して、エジプトの初期には、犠牲の神殿でこの人々を手術して、人の姿に変えたと述べています。そして技芸や知能を磨くために、もう1つ美の神殿ができたということです。

　しかし、これはケイシーの偏見が作り出した幻像に見えます。

　ケイシーはキリスト者ですから、ギリシャ以後の、人中心主義、太陽神信仰の人として、そのような信念体系で判断します。すると、半人半獣は人の堕落した姿だと見えるのです。

　むしろ反対に本来は半人半獣が元の姿で、これを二分化した結果、人と動物に分かれて、そして半分のみを取り出したのが人の姿だと見てもよいのです。

　ギリシャ以後の世界像か、古代エジプトの世界像から見るかによって、反対になってしまうのです。

〈6〉読み手の思想や信念体系によって情報が変換されて伝わる

　ケイシーはアカシックリーディングをしたことで有名ですが、アカシックリーディングとは、「読み手の思想や信念体系によって情報が変

換されて伝わる」ものです。つまり、読み取り機は人の脳だからです。

　現代のアカシックリーディングで有名な人々も例外なく、まずは信念体系としての解説者が存在し、それをもとにして知覚者が働きますから、まずは世界像があり、それを脚色するかたちでリーディングしていく結果、偏見としか思えないようなリーディング内容が出てきます。

　これを脱却できる人は存在しえません。個人という存在そのものが偏りだからです。

　シリウスは人と獣の一体化したもの。

　プレアデス人は龍の形をしたもの。

　オリオンは最も人の形に近い。

　琴座のベガから始まった宇宙種族は、千手観音のような形をしていて、それはおおまかにいうと虫の形。

　このように存在を想像してみましょう。ケイシーのいう人の形への修正は、むしろその時代に人の形をそこで新しく創造したとみなしてもよいのです。これはそんなに古くない時代でもあります。

　また、人の形にした後に、今度は人の二極化をしていきます。つまり、はじめは人とライオンの一体化したものを二分化して人を作り、さらにこの構造を人の形の中に復元したというものです。これが男女という違いです。

　男女の二極化も、それは意図的に作られたものだと考えます。

　肉体の形の祖形は集団的な形態場、つまり設計図のあるエーテル界にあり、ここでそのスタイルが決定されると、次々と同じ型の製品が量産されます。

　不思議に見えるかもしれませんが、エーテルレベルのものは時間と空間の外にあり、つまりはある種の永遠性ですから、それが時間や空間のある三次元へ細かく分岐した時には、基本的には形態場の祖形をコピーしたものが、あちこちに多数散らばることになります。

　1つの型があって、そこから多数のお札が印刷されるようなものです。

〈7〉 1つを重視するともう1つは否定的に見えてくる

　子供はみな同じ形の手足をして生まれてきます。これは今日のネットで配布されるアプリケーションのようなものです。1つ作っておくと、世界中で次々とダウンロードされ、みなが同じアプリケーションを使うわけです。

　エーテル界というのは、この元の設計図が置かれています。

　科学分野で、生物は行き当たりばったりに、進化し形態を変えていくと考えることもありますが、根本に意図があり、この意図に沿って形が変わっていくとしたら、この意図を今の私達が認識することができないために、行き先も決めずに旅行しているのが生物なのだと思ってしまうことになります。

　意図は運命の輪のような2万6000年スパンの意識だとすると、私達個体はそれを知覚できません。

　いずれにしても、今のように人の形が安定する前には、まだ変則的な形質の人間がたくさん残っていて、男女の両方の生殖器を持ち、1人で生殖活動をしていた存在もいた、が、それらはやがては淘汰されたと考えることができます。

　西欧の文化は、人を重視して、獣を下位にあるものとみなす傾向があります。獣というと、何かよからぬ衝動的なものに見えます。

　しかし、それは作られたイメージです。つまり、人は理性的であり、それは獣的なものを抑えていると考えることで、そのような見方が作られたのです。するとそれは真実に見えてきます。それを証明するようなものがたくさん見つかるのです。

　獣を抑えなくてはならないのは、人と獣を分離した結果、獣は人とは違うスタイルで生きることになったからです。獣を重視してしまうと、人の存在意義がはっきりしなくなります。二極化させ、1つのものだけを重視すると、もう1つは否定的に見えてくるのです。

　モンロー研究所では、意識の段階をフォーカス番号で分類します。

人間的な世界の頂点は「フォーカス27」と呼びます。さらにその上の次元として、太陽系の太陽や同列に並ぶ恒星に匹敵するものを「フォーカス35」と呼びます。

　太陽神信仰は、この同格の恒星を無視して、太陽系の太陽のみが中心原理であるとみなすことで、フォーカス27を天国とみなす世界観です。

　太陽系の太陽から最も近い恒星はケンタウルスです。それは人の頭、馬の身体に象徴化された存在状態です。私はこれを「ヤコブの梯子（はしご）」と呼びます。ヤコブの梯子は神への階段ですが、はじめの1段目の横木はケンタウルスにあり、5段目あたりにシリウスがあります。これらはフォーカス35です。

　人中心の世界観では、フォーカス27までは行けても、そこからフォーカス35に行くことはできなくなります。なぜなら人の形にこだわるからです。

　ケン・ウィルバーは、意識の進化の入り口はまず、ケンタロルス意識になることだといいます。それは人と馬の一体化した存在です。このヤコブの梯子の入り口は、宮沢賢治の『銀河鉄道の夜』では、南十字星の駅の近くにあると書かれています。

〈8〉東に向かう流れと西に向かう流れ

　西欧的な人の姿の歴史が始まって、本来のスフィンクス的な存在は、1万3000年の眠りにつきます。半身の人は目覚め、動物を殺してしまいます。

　エジプトの時代の後、ギリシャが始まる時に、人はツイン化して、半身を眠らせることで、ヤコブの梯子の入り口が見つからなくなります。

　エジプトからギリシャ、西欧に文化が発展した時に、この意識が取りこぼしたもう1つの流れがあります。それは自分達ではないのだから、見る価値のないもので、自分達の意識に上がってきません。

　カフナの研究家、マックス・F・ロングによると、1万4000年前に

エジプトでピラミッド文化を作った優れた知性の人々は、やがてエジプトに暗黒の時代がやってくることを予見して、エジプトから逃げ出すことを計画しました。彼らは東方に移動し、日本にも立ち寄り、最後にハワイに到着したというのです。

　これは民族が東に移動する流れです。出エジプトしたユダヤの人々も、十二氏族に分かれ、これらは東に移動しました。つまりカフナの移動経路のコピーです。彼らはシナイ半島に移住し、その後ゆっくりと東に向かったのです。牛の頭、あるいは猫の頭のハトホル神は、シナイ半島に移住した民族のご神体でした。

　反対の流れを想像すると、これは人が動物を抑圧する流派でなく、動物が優位になり、人がむしろ抑制される流派です。それは西に向かい、エジプトからアメリカに向かったような方向だと考えてみるとよいでしょう。

　スフィンクスは日本を見ている。つまり人が半身の獣を抑圧するのでなく、両立させるという「元のスタイル」を日本で復元することで、また元の故郷への戻り道の階段、つまりヤコブの梯子を思い出すようになります。

　ケンタウルスから始まるシリウスへの道は、太陽系の外のフォーカス35の通路ですが、この通路の入り口は、太陽系内部では、土星と天王星の間にあるケンタウロス族が通路ともなります。有名なものはカイロンです。

　タロットカードの「塔」の硬い建物は土星に象徴化されますが、この土星は29年サイクルです。天王星は84年サイクルで、ケンタウロス族の意識へのシフトとは、人間の社会内部での価値観、すなわち合意的現実という塔を固める意識から、塔を壊し、次に72年型意識としての人の姿から自由になるきっかけを手に入れることです。

　天王星は84年の公転周期を持ち、72年型意識よりも少しだけ長いのです。しかし、少しだけ長いというのは、はみ出すきっかけです。

　そのまま冥王星260年という公転周期の意識は、人の形を大きく溶

解して4人分くらいを結合した「筒の身体」となります。それは人でも動物でもないような姿です。

　冥王星の記号は「♇」なので、それはヘビ（巳）の意味だと、東洋占術家が冗談でいいました。

　私は夢の中でこのエジプトから日本へと来る川を見る時に、人の姿として見ることはできず、川そのものの知覚として、つまり川のような筒を私として認識するしかなかったのです。そういうレベルならば、古代エジプトから現代の日本という時代の流れを半日とみなしたような意識の在り方を理解できたのです。

〈9〉「吊られた男」でビジョンを考える

　「運命の輪」では、上がるものと下がるものに二分化され、1つはアヌビス、1つはテュフォンが描かれています。あるいはウェイト版であれば、アヌビス（ジャッカル。日本では稲荷狐へと変化）と蛇です。ゲオルギイ・グルジエフのエニアグラムという円の図形では一番上に外宇宙との扉である9があり、これが右下の3と左下の6に分かれます。

　二極化されたものの1つを自分とみなすと、まずその考え方を、自身の中で反芻します。「力」のカードで、二極化されたものが人とライオンになると、その後、人は上空から来たもの、ライオンは大地から来るものとに分けます。

　『ナグ・ハマディ文書』では、人は神の下にあって神によって作られ、創造神が作り出した世界に降りてきます。世界は1つの家で、そこに人が降りてくる姿は、タロットの「魔術師」で描かれてもいます。

　天からぶらさがり下に向かっている姿は、「力」のカードの次の「吊られた男」に描かれています。この上から降りてきた姿勢によって作られた世界の仕組みは、そのまま地上を作り変えるビジョンになります。

　例えば、今でも都市計画によって都市はどんどん作り変えられます。東急グループは渋谷の町をどう設計するか考え、8年計画で渋谷ヒカ

リエを作って、東急東横線渋谷駅を地下化しました。これも上空からぶら下がった吊られた男がまずは頭の中でビジョンを考え、その設計図を基にして、地上を解体します。つまり「死に神」のステップに入ったのです。

そして解体した地上に、あらためて吊られた男が持っているビジョンを降ろします。つまり「節制」で、上にあるものと似た形を下に流し込みます。上の器から下の器に影響が持ち込まれ、ビジョンは具体的な町の形になるのです。

この上から下へ支配する形は、やがて行きすぎると強い支配欲となり、「悪魔」へと変化します。結果的にそれは「塔」を壊します。つまり渋谷の町に作られた渋谷ヒカリエのような建物は、「塔」で壊れてしまいますが、「節制」の段階では、まだおとなしく作られていたのに、その内的な力、天からやってくるパワーがその後も連続的に続くことで、小さな塔は自己崩壊します。

これは精神から考えるものはやがて破綻(はたん)する真実を表します。なぜなら、精神は物質という狭い枠には収まらないものだからです。もともとは精神と物質は、人とライオンのように1つの姿でした。これを二分化させて、敵対するドラマのようなものを作ったので、人の方がもう片方の陣営に一方的に働きかけすぎてしまうと、やがて自身も崩壊現象を引き起こします。

ですが、これはある意味で救いです。つまり、片割れ的なものが全世界を支配することはできないという意味だからです。

しかし、だからといって反対の流れである大地から、物質から、身体から考えるものもやはり破綻します。上から降りたもの、下から上がるもの両方が、それぞれの都合で一方的に考えた時には、最終的には上手くいきません。どちらも矛盾しています。それらはそもそも二極化されたものでしかないからです。どちらも完全ではないのです。

〈10〉1つのものが二極化されると互いが互いを攻撃する

　カフナの先祖は、1万4000年前にエジプトから逃げ出し、東に移動して、最後にハワイへ着きました。その時にエジプトに取り残された人々がいます。

　エジプトから逃げ出したのは、やがて暗黒の知性の時代がやってくるという予感からです。ということは取り残された人々は、この暗黒の知性に支配されてしまうのを回避できません。

　彼らの心理の奥底には見捨てられたという感情が残っています。彼らはずいぶん後になってカフナの先祖達のコースを追跡しました。やがて、逃げ出したカフナ達がたどり着いたハワイを占領しました。

　明治時代に、ハワイの王は、自分の王国がアメリカに占領されそうだという危機感を抱いて、先祖達が立ち寄った日本に来て日本を兄弟と呼び、日本の天皇に同盟を依頼しました。しかし明治天皇は断わりました。その直後に、ハワイはアメリカに奪われましたが、後になって、日本はハワイに攻撃をしかけました。追撃する流派は、日本に原爆まで落としました。

　もともと1つのものが二極化されると、互いが互いを攻撃しますが、しかし二極化は完全性ではないので、どちらが勝ってもどちらが負けても、そのことに深い意義を得られません。一体化させれば、より有意義なものが生まれるでしょう。

　エジプトで二分されて東に移動したドラマの中に、西欧文化と日本の関わりなどが推理できますが、しかし反対の流れはわかりにくいのです。なぜなら、私達は一方向に動く時間しか知覚できない、二極化された存在だからです。

　大きな時計の動きは、小さな時計に反映されます。例えば、発見する、思い出す、意識するという目覚めに向かう意識は、時計の中で、だんだんと日の出が近づくことを表します。この時、反対に動く時間とは、どんどん忘却の方向に向かう流れです。

実は、この反対に流れる時間の両方を同時に手に入れることは、「審判」のカードに到達することです。「力」のカードでは、11は足すと2（＝1＋1）で、人と動物に分離することでした。「審判」のカードも足すと2（＝2＋0）ですが、これは人と動物、反対に流れる時間を融合することです。
　「太陽」のカードでは、まだまだ人の意識ともう1つの別のものは、影の意識として、非物質のガイドとしてしか認識されません。どちらかが主役という意味での「太陽」のカードの10（現実の子）と9（精神のビジョンとして現れる子）の関わりは両方が対等であり、どちらも主役というわけではなく、平均化された段階で、10と10を足した20になるのです。

〈11〉人は東に獣は西に

　人は東へ移動します。ということは、反対に、獣は西に移動します。
　北大西洋を移動して、アメリカに向かう流れということを考えた時に、多くの人が思い出す例としては、アフリカで集められた奴隷達です。
　エジプトで、カフナの先祖達が逃げ出した後、エジプトは突然原始時代に戻ったといわれています。ツタンカーメンの時代などは、この原始時代とそう違いがない文明です。
　ヨーロッパの人々は自分達の始まりはギリシャであり、決してエジプトではないと考えます。なぜなら、エジプトはアフリカに属していて、黒い人達が走り回っていて、あまり文化的ではないと思われているからです。つまり、西欧的な自我は、アフリカにいる人々を自分達ではないとみなしていますから、ここで分裂しています。
　カフナの先祖に取り残されたエジプトの人々は、アフリカの部族などと似ていると考えます。それは獣を絶滅していない人々です。
　アメリカが作られた後、アフリカの人々は、アメリカに奴隷として連れて行かれました。アフリカの西端のセネガルなどから、カリブ海

の近くに連れて行かれました。カリブ海地域はアンデス地域と違って、先住民は絶滅していたため、黒人奴隷をプランテーションの労働力として移入しやすかったのです。

　やがて奴隷貿易や奴隷制が禁止されていきますが、キューバにはまだかなり残っていました。1860年にアメリカには395万人の黒人奴隷がいましたが、米国内には黒人比率は2割弱で、キューバではまだ6割近くを占めていました。

　私はアフリカのミュージシャンであるサリフ・ケイタが好きですが、彼は裕福な貴族の家に生まれ、古代マリ帝国王家の直系の子孫に当たっています。アルビノなので、とてもアフリカ人には見えないのですが、逆に独特の雰囲気を醸し出しています。

　マリは、アフリカの西の奴隷輸出地域であるセネガルにも近いのですが、マリも奴隷狩りで多くの人々が新大陸へと連れ去られました。

　アメリカではマリの奴隷は、頑強な体格が評判で、労働力のサラブレッドとして重視されていました。これについては、映画『マンディンゴ』などにも描かれています。

　労働力として重視されていたというのは、人と獣を分離した時に、獣の側にいた人々だとみなされていたことです。そして、頭だけが分離して、身体を卑下する片割れ人間としての西欧人は、こうした屈強な身体の人々を、自分達よりも低い奴隷とみなしたのです。なぜなら、人の方が重要だと考える信念体系を持っていたから、そのようにしか思えなかったのです。

　もし、人が獣を下位に見ないのならば、つまり二極化された後に、自分が同一化しているのが人でなく人と獣両方ならば、もちろんアフリカの黒人を奴隷化する発想もなかったでしょう。人を重視しても、また獣を優先しても、その一体化のシリウス意識には到達しません。

〈12〉ばらばらの星信仰と１つの太陽神信仰

　私のイメージとしては、人の頭はエジプトからヨーロッパを通じて日本にやってきました。それはスフィンクスが見ている方向に、ということです。そして下半身は、アフリカから北大西洋への流れで運ばれたアメリカから、日本にやってくるとみなします。

　千駄ヶ谷の事務所で、ヘミシンク会をしていた時、ある参加者に向かって、エジプトから男性がやってきて、参加者の肩に蛇のように噛みつく映像をみました。その時、本人は、ある存在を背負って走るという映像を見たそうです。つまり、その参加者は身体であり、その上に乗った頭脳的なものが、エジプトから日本に来たのです。背負って走った参加者は、アメリカから日本へという流れを担っていることになります。

　その直後に、私はエジプトから来た男性が、フォーカス27の広場から、フォーカス35の階段を駆け足で軽快に上がる光景を見ました。つまり、ここで、フォーカス35へ、ケンタウロスからシリウスのヤコブの梯子が出来上がったのです。

　私は、これはマカバの形の下の正四面体の、北緯30度近辺の三角形のプレートの３つの点に関わると考えます。エジプト・日本・メキシコ湾近辺の３点です。

　エジプトから頭がやってくる。

　メキシコ近くから身体がやってくる。それは遠い昔、エジプトで取り残された身体が移動してきたものです。そしてこの頭と身体は日本でくっつきます。深く考える必要のない単純な図式です。

　アフリカの黒人達は、獣中心の人々として、屈強にもかかわらず、どうして奴隷になったのか。アフリカは他民族で、集団化していなかったので、集団の力に負けてしまったのです。

　奴隷狩りや奴隷売買の過程で、小さくは存在していた集団や家族も解体され、さまざまな異なる言語や文化を持つアフリカ人が農業奴隷

として1つの農園に集められた時には、互いに意思疎通ができず、また先祖から継承する文化も習得していないので無力です。2世、3世の世代になって農場主の簡単な日常英語が奴隷達の中に広まってから、奴隷制度に反対の意思表示をし始めることができるようになりました。

星信仰というものはばらばらです。太陽神信仰は1つの宗教によって支配することで、容易に集団化できるので、集団の力が得られるのです。

マリの近くに、シリウスを重視するドゴン族が住む場所があります。実はこのドゴン族やマリの種族は、アフリカの多数の民族のルーツに関わり、アフリカの多数の民族は、そこから派生したのです。そういう点では、エジプトというよりアフリカ全域が、共通点を持っていることになります。

〈13〉タロットカードは歴史の絵と考えてもよい

もともと日本は奴隷というものになじんでいました。

ウィキペディアを参照としますが、これは古来より、戦場では戦利品の一部として男女を拉致していく習慣（「人取り」または「乱妨取り」）があり、卑弥呼の時代には毎年朝鮮半島を襲撃して、千人単位の奴隷を連れ帰ったといいます。

ヨーロッパ商人や中国人商人は、日本人領主から戦利品としての日本人を買い取り、東南アジアなどに連れ出しました。

1560年代に、イエズス会の宣教師は、日本にキリスト教を広めようとしたのですが、その頃は、ポルトガル商人が日本人奴隷を買いつけに来ていたのです。宣教師の布教活動も、実は、奴隷売買の目的ではないかと思われる可能性があることを危惧して、宣教師の代表は日本人貧民の海外売買禁止の勅令を出すことをセバスティアン1世に要求しました。しかし、それでも奴隷貿易がなくなることはなかったそうです。

結果的に、豊臣秀吉はイエズス会の布教責任者であった宣教師ガスパール・コエリョに、人身売買と宣教師の関係について追求し、その後バテレン追放令を発布しています。
　タロットカードはこのように歴史の絵と考えてもよい面もあり、「太陽」のカードで２人の子供は出会いますが、これは「運命の輪」で、時間の経験の中に入った時に、分裂したもともとは１つのものが、後の時代に一体化したとみなすとよいのです。
　大アルカナのⅠからⅨまでは、一桁の数字でこれは時間の中にある体験というよりは、十進数の９つのパーツ、さらに０を足したものとして、普遍的な発達状態を表しています。
　「隠者」まで発達してきた魂は、具体的な場・時間の体験をするために、地球環境に入っていき、そこで自己を分岐させたのです。この二極化は、「太陽」のカードで出会い、「審判」で元に回復します。すると魂は時間のない世界に戻ります。

〈14〉一部は全体の縮図

　タロットカードはこのように続き絵になっていて、カードはそれぞれ大きな書物のそれぞれのページのようなものです。この全体の解釈の仕方によって１枚ずつの意味も変わります。
　これまでの通説としてのタロットカードの解釈には、この全体像としての意味を考えるということが比較的少なかったと思います。すると、断片をそれぞれ関連なく読むことになり、それではやはりちゃんとリーディングできないと思います。
　また、タロット占いの小さなこまごまとした占いは、この大きな構造としてのカードの意味を縮小させる必要があります。構造は同じです。つまり、大なるものの中での配置は小さなものの中での配置と似ています。
　「愚者」は宇宙に飛び出すことですが、新宿区から渋谷区に転出する

ことも、小さな愚者です。

　この大なる構造と小さな構造が関連づけられない場合には、タロットカードは応用的に活用できません。

　それはその人の中で、この大なるものと小さなもの、精神性と物質性などが関連づいておらず、ばらばらに働いている時には、もちろん、カードを読む時にも、大なる意味を小さなものに応用的に変換できないことになります。つまり、自分の構造がそのままカード読みの技術に反映されます。

　カード読みだけが上手という人はいません。その人の思想や生き方、信念体系がそのまま投影されます。この信念体系は知覚の歪みですが、ゼロにすることはできません。人によっては、判断は客観的でありたいと思うでしょう。できるかぎり、冷静に、自分のカラーを出さないで読み取ろうとするでしょう。

　しかし、客観的で個人のカラーのない情報そのものが、この世界や宇宙には存在しません。

　例えば、原子というものは存在していないのですが、しかし原子を想定すると、あたかもすべてはその原子があるかのように見えてきて、それを証明する証拠はたくさん出てきます。

　信念体系はそういうふうにものの見方であり、見る側と見られるターゲット両方がそれに染まっています。

III
タロットカード解説

1 タロットカードの構成

　タロットカードは、大アルカナが22枚、小アルカナが56枚で、合計78枚です。
　小アルカナカードは4つの元素に対応する4つのスートでそれぞれ14枚ずつ、14×4で56枚です。
　大アルカナは四元素には分かれていませんが、四元素をすべて統合化したところの第五元素に対応すると考えると、小アルカナとの位置関係がわかりやすくなります。
　もともと四元素は世界を火と風と水と土の4つに分けて、すべての物事がこの四元素のうちのどれかに対応すると解釈しますが、それを分割する前の元の源流が第五元素です。
　第五元素は時間や空間の中にはそれほど強く存在しないように見えますが、この第五元素を4つに分割することで、現象の中にはっきりと現れ認識されます。
　大アルカナのカードが占いで出てきた時は、具体的なことというより、象徴的な意味そのものが強く表現されます。
　それに対して小アルカナカードは、目に見える具体的な分野や方向、テーマがはっきりしています。小アルカナは具体的な物事としてわかりやすく現れますが、大アルカナはシンボリックで解釈が難しいこともあるでしょう。大アルカナは実際的な印象を指していないことも多いのです。
　数字としては、大アルカナも小アルカナも共通点があるため、数字の知識が重視されます。
　タロットカードは何種類もありますが、今回は最もポピュラーに使わ

れている版、アーサー・エドワード・ウェイトが考案しパメラ・コールマン・スミスが描いたウェイト版を使います。

2 大アルカナ

　大アルカナカードははじめが「愚者」で、数字の対応としてはゼロです。その後、「魔術師」の1から世界の21まで合計22枚です。
　この大アルカナカードはストーリーのようになっていて、それぞれが意味あるつながりを持っています。
　ウェイト版と古典的で本来のタロットカードであるマルセイユ版の違いは8と11が入れ替わっている点です。本来は8が「正義」のカードで11が「力」のカードですが、ウェイト版では反対になっています。この入れ替わりは、ウェイト版においてカバラの生命の樹に帳尻を合わせるために、このように数字を入れ替えています。しかし、そもそもタロットカードはカバラのためのものではないので、本来的にはウェイト版ではなくマルセイユ版の方が正しいと考えるべきでしょう。
　次項から1枚ごとのカード解説をしていきます。

0
愚者
THE FOOL

「愚者」のカードというのは、ゼロを意味し、なおかつ崖の前に立っている姿を表しています。

ゼロとは特定の世界の枠であり、その境界線を示しています。

世界の内部にある時にはこの境界線を意識できません。この世界の枠の外に飛び出す意味があります。

私達は、特定のある狭い範囲の枠の中に住んでいて、この枠は自分よりも大きな範囲のものは目に見えず、自分よりも小さな範囲のものは目に見えて認識しやすくなります。

大きな枠は、あたかも存在しないかのように思えるのです。そういった制限の中で私達は生きていて、この「愚者」のカードはそのような制限されたところから、1つ範囲の大きな世界へ飛び出すことを表しています。

1つの世界が7つに分岐し、この7つのうちの1つがまた内部的に7つに分岐するという連鎖で考えると、特定の世界から大きな世界へ飛び出すとは、7つのうちの1つから、この7つをまとめている源流の1つの世界の範囲に飛び出すことです。それは今までの小さな世界の足場を失うことにもなります。

いろいろな価値観や信念体系は特定の世界の中にいることで成り立ちます。そこでの意味や意義を全部無化する結果になります。

占いでこのカードが出てきた場合、脱出する、今までのものを無化する意味を持ちます。これまでの世界から見れば、役に立たない人ということにもなります。

ヘミシンクなどで宇宙旅行するには、この「愚者」のカードを通じて、崖の向こうに飛び出すことになります。

　占星術の場合、この愚者が今までの世界からより一段大きな世界へ飛び出すことができる穴とは、春分点、すなわち牡羊座の０度の場所です。唯一そこだけが、12サインの世界よりも大きな範囲のものに飛び出すことができるのですが、しかし、もちろんこれまでの世界で使えていた法則が通じない領域です。またあらゆるものが巨大に見える領域かもしれません。

　私達の日常では、この上にあるコスモスは絶対に見えないようになっています。私達自身がそのふたをしているとみなしてもよいのです。そして私達は、この今の世界にとどまるために、無意識にたくさんの絆を持っていて、それは意識に上がってきません。

　「愚者」のカードのように、外の宇宙に飛び出す段階になって、初めて、この絆、いわば船を泊めている綱のようなものが見えてきます。この絆を保ったまま愚者の行為によって飛び出すと、脱出できない部分とできる部分の間で裂けてしまいます。

　そのため、強い警戒心や限界意識、恐怖心などが、出て行こうとする直前に強まってくるともいえるでしょう。

　愚者が上の次元の円（ゼロの輪）に入ると、上の次元からすると、下の領域から何やら侵入してきたように見えてきます。これはそこから見れば、「月」のカードの、下からわいてくるザリガニのようなものに見えます。

　またシュタイナーは運動について言及しているところで、自分がＡからＢに移動する時に、実際にはその反対の意図の流れがあるといいます。つまりＢからＡへ意図がやってくる。それに引っ張られて、運動していくのだというのです。

　自力で、自分よりも上の次元に上がれる人はいませんから、結局のところ愚者が飛び出したのは、愚者を呼び出す力が外宇宙から働いたと見てもよいでしょう。呼ばれていても、それは自分の意識の範囲よりも大きな範囲の意識なので、自覚に上がってこないともいえます。

Ⅲ　タロットカード解説　大アルカナ

I

魔術師
THE MAGICIAN

「魔術師」のカードは、「愚者」のカードとは正反対で、愚者が「出て行く」のに対し、魔術師は「入って」きます。

よその大きな宇宙から、ある狭い範囲に入ってくることを表します。

家の中に入るといった意味もあり、マレビト的存在が、越境してある狭い世界に入ってきて、その新しい環境で新たな試みを始めるのです。

タロット占いでこのカードが出てきた場合、必ず新しいことを始める、新しい環境の中に入って今まで慣れ親しんでいないような新規の試みをすることになるでしょう。

異質な場所から何かを持ってくる、より大きな世界から何かを持ち運んでくるというというのは、商売にも関係します。メルクリウスに関係するといわれますが、メルクリウスとか日本の猿田彦は、越境する、辻の神様だからです。

机に置かれた四元素は現地調達で、自分が持ち運んでくるものではありません。自分で持ち運ぶと、新しい世界に入ることはできないからです。つまり、世界とは、この四元素の組み合わされたものそのものだからです。机は実験場で、そこでこれから四元素をあれこれと扱い、次第にその場にしかない四元素の特有性に慣れてきます。慣れない間は、魔術師はこの自分が入った世界から抜け出すことができません。

この物質の次元から、上位の次元に行った時に、その境域に、境域の小守護霊が存在するといいます。この小守護霊は、4つの元素に対応するような4つの性質でできていて、「世界」のカードでは、これが

カードの4つの角の牛・獅子・鷲・天使に対応しています。地上は四元素でできていますが、この四元素の元にあるものが、この境域の4つのエレメントであると考えてもよいでしょう。

　魔術師は今まで自分がよく知らなかった新しい世界や新しい体験領域に入ってきます。そこには自分が慣れていない、その場所にある四元素があります。

　タロットの物語の最終段階である「世界」のカードでは、この四元素が境域の4つのエレメントと上手くバランス良く共鳴するのですが、魔術師が赴いた新しい世界では、魔術師はその使い方に全く慣れていません。体験しないことには、その特徴も癖もわからないのです。

　占星術のサインは4つの元素で作られており、魔術師は机の前にある四元素を対象化して見ているように描かれていますが、占星術を参考にすればわかるように、人は、この4つの元素のどれかに自分を同一化し、見ているというよりも、それと一体化して生きるのです。そして1つが終わると、次の元素に移ります。

　『ナグ・ハマディ文書』を参考にすると、人は造物主が創造した世界の中を見たいと思った。その意志によって人は世界の中に飲み込まれ、それからは脱出の方法がわからなくなったのです。あとは世界を知り抜くこと、すなわち四元素を1つひとつ体験して、そして統合化して「世界」のカードのように、真ん中の、本来の第五の場所に戻るしかないのです。

　愚者が上の未知なるものによって呼び出されたように、魔術師は上の世界から、追放された存在と見てもよいでしょう。

II
女教皇
THE HIGH PRIESTESS

　魔術師が新しい環境で何かを始めようとした時に、今後の展開のために材料や潜在的可能性をサーチする必要があります。そのような時、この「女教皇」のカードはそれぞれの環境やそれぞれの有機体が持つ潜在的資質を保持している要素を意味します。

　例えば、占星術において2の数字は牡牛座を表しています。牡牛座は過去の資産を表現していますから、当然このようなものの中にはDNAのような要素があるでしょう。そのような資質は使われていない状態のまま保存されていることを、このカードは示しています。牡牛座は身体の中にある可能性ですが、それまで牡羊座にいた意識が入ってこない間は、これは点火されないのです。

　魔術師が新しい世界に入ってくることで、「女教皇」の可能性を掘り出していき、いろいろな展開がなされるのです。

　しかし、人物像としては、勉強や研究している人、一般的に見ると活動的には見えない人といった解釈になりやすいでしょう。

　外部から何らかの刺激をかけないかぎり、女教皇が何かを進んですることはないのです。

　女教皇が持っている本は、種々のサイズが想定され、集団意識においては集団的な蓄積庫、個人においてはもっと小さな範囲としての遺伝的な情報です。

　この本をアカシックレコードというふうに考えてもよいでしょう。

　魔術師はむやみやたらに自由に取り組むのではなく、このようなそ

れぞれの環境が持つ古い記録なり可能性を発掘し、そのどれかにアクセスして活性化することになります。魔術師は何か新しいものを作ることはありません。むしろ潜在的な資質のどれかをクローズアップして、それを活性化するのです。

　ウェイト版のカードは、ウェイトがカバラの思想を基にして図柄を再設計しました。ここには生命の樹の思想が反映され、「女教皇」の図像は生命の樹そのものを描いたものとなっています。

　女教皇は中央の柱に存在し、このカードのパスはケテルとティファレトの間ですから、そのまま真ん中の上から下に女教皇が座っています。足下の月のマークとひだのついた布の図柄は、濃密な気を示し、イエソドだと考えますが、「女教皇」のパスからイエソドまで降りるには、「節制」のカードの力も借りなくてはなりません。いずれにしても、女教皇は物質的な環境に立ってはおらず、濃密な気のレベルまでなのです。そして左右の陰陽の柱には接触していませんから、つまりは非活動です。

　もともとタロットカードはカバラの生命の樹にはあまり関係していないのですが、しかしウェイト版がカバラに基づいて再設計したカードである以上は、生命の樹を無視することはできません。

　歴史的に、タロットの発祥に、カバラとか生命の樹は関係していないので根拠は薄いと考えるのは、時間は過去から未来へ流れるという一方性を重視した考え方です。シュタイナーのいう、行為は過去から未来へ向かうという時に、意図は未来から過去へ流れ込んでくるという双方向性とか、また物理学者のリチャード・P・ファインマンのいう、自由電子が最小の可能性の中で、未来から過去へとパイロット波として情報を運んでくるという考えも参考にしてみると、タロットは未来に完成地点があり、発祥の時代よりも、ウェイト版の時代の方がまだ本来のタロットに近くなっているという考え方もありえます。

　生命の樹において「女教皇」は、存在のリファレンスのようなもので、重要な根底的なルールをずっと保持し続けており、それは私達の身体の奥に眠っています。

III
女帝
THE EMPRESS

「女教皇」が不毛な状態、まだ可能性が発芽していないものだとすると、「女帝」はどれかの可能性が発芽を始めて、創造的な膨らみが開始されたことを意味します。

不毛な「女教皇」と、生産性の高い「女帝」という対比が出てきます。これは、魔術師が入ってくることで、資質のどれか1つが開かれていき、どんどんその可能性が大きくなってくるのです。

3の数字は生産性や創造性を表します。生産性とは、育成とは意味が異なります。「女帝」には育成する力はないと考えてもよいでしょう。つまり、育成するには創造をストップしなくてはならないからです。

その停止の段階は次の4の数字で起こり、生産性が止まります。創造して、可能性が膨らんでいくというのは、実は大きく膨らんでいくように見えますが、見ている主体が小さくなることを表します。

部屋が一定の大きさである場合、この中で自由にのびのびと活動するには自分が小さくなればよい、つまりチワワのような小さな犬なら外を散歩しなくても部屋が大きく見えるので、そこで十分に走り回れます。

創造的な行為がたくさん行われているというのは、私達一人ひとりがどんどん小さくなり矮小化していることも意味します。どうでもよいような小さなものに熱意を傾けて工夫する。すべてが意識の体験であるとすると、大小はあまり重要ではありません。それよりも多角的に、生産的・創造的行為が進むのが楽しいといえます。

愚者と魔術師が同じ人物の反対の方向性、活動性を表しているのと

同様に、女教皇と女帝も同じ人物で1つは開花していないもの、もう1つは開花した後に生産性に向かっている状態と考えることができます。

生命の樹のパスでは、「女帝」は陰陽の柱に横に関わるパスで、中心軸に関わらないので、あらゆるものが相対的になり、初心を忘れ歪曲とかデフォルメが盛んに続くので、立脚点を見失う可能性がたくさん潜んでいます。その時に明確な立脚点は「女教皇」が提供します。

いずれにしても「女帝」のカードは、豊穣な生産性を表しますから、それを念頭において読むとよいでしょう。

この場合、物質的な生産性ということもあれば、生命の樹では、このパスが額のアジナチャクラに相応する位置にあることからして、アイデアとかイメージがたくさん生まれてくるという精神作用の領域である場合もあります。

そのため、精神・感情・物質このどれにでも、この生産性が発揮される場合には、「女帝」のカードに対応することになります。

また生命の樹では、この陰陽の交流という左右の柱の横のパスは、他に「力」のカードと「塔」のカードなどがあり、それらはみな共通点があります。ことに「塔」のカードは外からの雷によって塔が壊れることを表しますが、「女帝」のカードの場合には、内側に入り込んだ陽原理によって、内側から外に向かって膨らみ、時には、破裂するということになります。陰原理は常に収縮する性質があり、それに対して、中心に入った陽原理は、外側に拡大することを意味します。

収縮するものに対して、中心からの陽原理が拡大していく時、陰陽の均衡は、静止です。陽原理が少し強くなると、外側に膨らむことになり、これが妊娠した姿、お腹が大きくなるというような光景に見えてきます。

カードが逆位置になった場合には、不足か過剰かという意味になりますから、陰陽のバランスのどちらかが強いことになります。陽が強すぎると膨らみはやがて破裂し、陰が強すぎると収縮力が強すぎて、生産が起こりません。

正位置の場合には、正常なかたちで膨らみ、生み出されるのです。

IV

皇帝

THE EMPEROR

　「皇帝」のカードは4の数字に当たります。3が生産性の三角形を表し、それに対してその生産性を停止する時に4の数字になります。

　4の数字そのものを広げていくことが、普及という意味になるのです。

　3と4の違いをはっきり見極めておくことが重要になります。

　「女帝」は新しくいろいろ生み出しますが、新しく生み出すことを続けた場合、同じパターンの鋳型の範囲を大きく普及させることはできません。

　方針が決まった後、その方針を広くさまざまな場所に拡大させることが4の数字です。ここで気をつけておきたいのが、4の数字は新しく何かを考えることはないということです。4の数字はできたものを広げる力のみを持つのです。

　ブランド品は、新しく作るとそれを変更せず、同じパターンを世界中に広げます。それが4の数字の意味になるのです。

　「皇帝」はどんどん領地を広げていく性質があります。この4の数字は十字の形も想定しやすく、縦軸と横軸、ある種の対立した要素を縁り合わせるという意味が出てきます。

　抵抗を克服して広げる意味がありますから、そういう意味で内部に葛藤や対立を含んでいる、それを消化しながら広げていくのです。違和感のあるものを消化して、均等なものにするのです。

　ある種の葛藤状態が「皇帝」のカードには必ずついてまわると考えるとよいでしょう。指導力や支配力、均等化、父親的な要素、例外を

許さないなどの特徴です。

　なお、4の数字は占星術では蟹座ですが、これも個人の個性を消去して、均等に大きく拡大していく性質です。

　地上は4の数字が支配しています。

　これは春夏秋冬とか、東西南北などに現れています。縦糸と横糸が組み合わされたグリッドを想像するとよいと思いますが、同じサイズの正方形はどこまでも拡大していくことができます。

　この場合、ピースの1つひとつはみな同じ規格です。蟹座もそうですが、誰もが同じ形にならないと、それは数も増えないし、普及もしません。ここに統一、異物を飲み込んで拡大するというような意味が働きます。

　アメリカが世界の警察になり、世界をグローバリズムで支配するというような気配があった時代がありました。アメリカは4番目のサインである蟹座の国ですが、こうした拡大力は「皇帝」のカードを考える時に、参考になるのではないでしょうか。

　3の「女帝」は常に違う形のもの、違う品物を生産します。同じ型を続けることは少ないのです。一方で、「皇帝」は、一度生産性とか試行錯誤を終了し、同じ型のものをどんどん広げて拡大し、異物を飲み込んで増殖するので、気がつくと、どこの町でも、同じお店があったりするというような状況にも似てきます。東京でも大阪でも名古屋でも、それどころかマレーシアでも、町はみな同じで、似たような形のビルがあり、その中には、同じブランドが並んでいる。これが4の数字の拡大力です。

V 法王
THE HIEROPHANT

　「皇帝」のカードが政治的な拡大力を持つとすると、「法王」のカードは絵柄からも宗教的な意味を持つという違いが出てきます。

　法王と枢機卿の2人が上と下で三角形のような配置になり、地位の上下関係という意味が含まれています。与える側と受け取る側の落差があるのです。

　宗教的な意味で恩恵を与える、教えが広がっていく、ある種の精神性という意味もあります。

　5の数字は五角形の図形を想像する人が多いと思いますが、五角形の一辺は1対0.618という区切りが入り、黄金比率が含まれています。黄金比率というのは、自然界の中にあり、元の形を変えることのないまま渦が拡大するのが黄金螺旋です。

　4の数字が十字で、網目のように横に直線状に広がっていくとしたら、「法王」のカードは渦巻き状に、そして上下に隆起する性質です。つまり、環境に張りつけにならず、生活に支配されるわけでもなく、メンタルな人間の可能性を拡張していきます。

　より影響力の強い人、より主張の強い人、優位性などが現れてきます。

　崇拝されるものや恩恵を与えるもの、またスター的なもの、カリスマ的なものも考えられます。

　枢機卿を足代わりに立っているような絵柄は、人を踏み台にして、より上に上がるという意味も出てきます。キリストは神の代理人。その定義が生まれた段階で、神⇒仲介者⇒人という社会階層が出来上がり、

これがより優れた立場、さらに優れた立場というような縦位相を作り出したので、宗教に限らず、商業・経済の分野であれ、上下関係のあるところにはより力のある法王が必ず存在するのです。

生命の樹の場合には、9区画のマトリクス式にいえば、2と4の区画をつなぐラインに該当し、より開かれた霊性が、社会集団としての区画4に恩恵と拡大感を与えます。それは個人に与えられるわけではありません。

しかし個人はこの集団の中にありますから、結果的に恩寵(おんちょう)を受けることになります。これは純粋に左の柱なので、拡大する意識として、個人の野心とか目的には対立しているように見えます。つまり広く受け入れるという性質で、そこでは個人の思惑を捨てなくてはならないからです。

一方で5の数字は、ホロスコープの5ハウス、獅子座などでもわかるように、個人的な思いなどを強調していく性質です。そのため「法王」というカードのイメージと、5の数字の間には越えられないギャップとか違和感があるように思っていたのですが、それは黄金率を考えた時に、上手く結びつくように思えます。

元の形を変えないまま、黄金螺旋に拡大していく性質は、「皇帝」のカードの4が大地を這って横に果てしなく拡大していくことに比較して、地図の上でのあたかも等高線のように、横に広がらず、縦に山を作って行きます。そして人によってか、地位によってか、影響力によってか、高いところに持ち上げられた人は、その場所で、より多くの集団に働きかけるような高所ないし高次な力を取り込むことができるのです。

古い時代の出雲大社は、神官が109メートルもの高さを持つ巨大な階段（引橋）を上がって、神に接触しようとしました。

より大きな集団、非個人的なところに働きかける力と、純粋に個人的な個性や能力というものは互いに助け合うという考えもあります。

個性を発達させた時、その人は、普遍性を持つことができるということです。したがって宗教的なものでなくても、芸術分野でも、この法王のような状態は存在します。

VI
恋人
THE LOVERS

　「恋人」のカードは六角形に関連していて、三角形と三角形が結びつく意味を持ちます。

　自分の創造的な意図に対して、環境の中からそれに呼応するものが現れることによって、環境との密接な関係が作られることを表します。「LOVERS（ラバーズ）＝恋人」というと男女関係を連想しますが、必ずしも人とは限らず、状況すべてを表します。

　このカードが出てくると、自分でも気づかなかったような潜在的な可能性が、環境や相手との関係によって引き出されます。それによって実生活上で生き生きとした充実感がやってくるとともに、その環境や相手との関わりに縛られ依存することになり、もうその関係の上でしか考えられなくなるような状態も作り出されます。

　また、このカードは選択を表しません。その人の本性に沿ったかたちでの関係ですから、実際には意図的に選ぶことはできません。ですから、マルセイユ版のタロットカードでは上の方から天使が矢を射ており、それは天の采配ということになります。

　「法王」は、環境との深い結びつきはあまりなく、むしろ環境からは遊離して自由な状態です。そこから見ると、6の数字は、関わりの中に入っていくことで未来を作るのです。5の数字には環境や相手に合わせる気がないので、誇大妄想的に拡大するものがありますが、数字が6になると、相手に合わせるため、律儀でこじんまりとした存在にもなります。

「恋人」が出てきた時は、上手く噛み合うような相手の登場、それによって、その後の人生コースが限定され、方向づけられる状態になるでしょう。

生命の樹では、この「恋人」のカードは、母親的なビナーという右の上のセフィロトと、胸の真ん中のティファレトのパスに該当し、限定的で個性的な道筋、すなわち運命の道に関係するといわれています。

人間の生き方としては、限定的で個性的な方向と、今度は反対に解放される方向の両方が必要で、この一方だけでは決して満足できません。「恋人」のカードは、その人だけが体験するような、限られた人生の方向性を示し、またこの限定された性質は、もちろんその人固有の環境、仲間、恋人との関わりを作り出す結果になります。

例えば、個人の性質が男女ということに限定されていないのなら、その人には男女関係は成立しません。そのため、限定されればされるほど、そこに欠けたものがあり、欠けたものを補うような人や環境が、外部からやってくるのです。その人の中に動物がいないのなら、その人は外部に動物を求め、動物を飼うことにもなるでしょう。

それはその人が選ぶというよりは、その人の本性に沿って、自然的に現れてくる相手ということになります。そうした結びつき方にはそれぞれいろいろなパターンがあり、個人の意思も関与した上で、その人の固有の関係性が作られていき、その人の特有の人生が生まれてきます。

より細かい四元素に分岐した上でのこの６の関係性は、小アルカナの４枚の６の数字のカードにも表現されているのではないでしょうか。

VII
戦車
THE CHARIOT

　7の数字は落差のある2点の間に、宇宙法則としての7つの音階、7色、そういった7の法則が成立することを指しています。2点の間に落差があり、落差があると、そこに強いエネルギーが駆け抜けていくのです。落差はどのようなものでもよく、いかなるものでも2点の間に差があれば、その間の交流としてこの7つの法則が成り立つことになります。

　このように、どんどん駆け抜けていく様子が「戦車」のカードには描かれます。

　人間が活動する、何かに向かって運動していくといった場合、この「戦車」のカードが働くことになります。テンションを上げて目標に向かってどんどん走っていく状態です。そのため、達成に向かって走っていきますが、なかなか目標にはたどり着かないという意味でもあります。なぜなら、目的にたどり着いてしまえば、「戦車」は成立しなくなるからです。

　「戦車」のカードは人間の構造も表しています。馬・馬車・御者は人間の肉体と感情・知性、それ全体を支配している自我である主人という構造を暗示します。それぞれの間でのバランスの問題を考えましょうといった指摘も、このカードに潜んでいます。

　戦車の馬は2頭います。この2頭の馬は対立した方向、逆の方向に走っていく性質が見られます。これは7の法則は降りていくものと上がっていくものの2種類があることを示します。

正義の定義はこの2種類では正反対にもなります。もともと、この2つは両立しなくてはいけないものですが、「戦車」のカードの段階ではそれは解決されていません。行動意欲というのは、そういう単純さがないと成り立ちません。成就や達成に向けて積極的に推進していく力です。

　2つの価値観があり、そのうち1つは無意識化されているというのは、存在としての偏りを表します。1つは光で、1つは闇。しかし世界はこの2つの二極化されたものの間で成立しています。

　にもかかわらず、戦車の人は、この片方だけを重視して、それを善とみなして活動しています。つまり天国は地獄がないことには成立しないのに、天国に行こうとして地獄を否定するという考え方になっています。

　この闇になって無意識化されているものが、ほとんどすべての人を支配しているというふうに見てもよいところがあります。この部分が闇になっているかぎり、二極化された2点で作られた世界から、その人は自由になることもないし、瓶の中のハエのように、狭い枠の中をぐるぐると動き回ります。

　ただ、この2点対立、そして一方が無意識化されたという状態でないと、そもそも活動は存在しません。方向性を作るには、このコントラストが作り出されなくてはならないのです。そして陰影が強いほど、「戦車」の行動力は強力になってきます。そこには強い緊張感とか興奮も生じますが、それは存在が限定されていることの証拠です。

　「恋人」のカードで特定の関わり、特定の環境を選び、すると、そこでの行為が始まります。「恋人」のカードの6で、走る方向が選ばれたと考えてもよいでしょう。そしてそれは8のカードで、対立が克服され、意識的な判断力が生まれてきます。この意識的という姿勢は「戦車」のカードには存在しません。

VIII
正義
JUSTICE

　8番目のタロットカードは、ウェイト版では「力」のカードです。「力」のカードと「正義」のカードが、古典のマルセイユ版とウェイト版では入れ替わっています。そのため、数字だけに従えば、8は「正義」のカードとしなくてはいけないのですが、ウェイト版では「力」のカードになります。

　混乱しやすいので、この8と11に関しては、数字ではなく絵柄だけで考えた方がよいかもしれません。

　どちらが正しいかというと、もちろん古典版です。

　8番は、「戦車」のカードのすぐ次に当たります。「戦車」のカードの2頭の馬は「正義」の女性が持つ2つの天秤のお皿へと変わっていきます。

　「戦車」の7の数字は、特定の方向にむやみに走っていく性質です。どこからどこへ走っているのか、大きな範囲のものか小さな範囲のものか全然わかっていないのですが、8の数字になると、音律にたとえられる7つの音の、下のドの音と上のドの音の両端をつかむことになります。両方のドがあるとこれで音は8つです。

　落差のあるものの間を走っていく、「戦車」のカードの重大な欠陥は、この2点間の片方、もう一方が無意識化されて、認識の闇に沈んでしまうことです。

　例えば、理想に向かって走る場合、この理想や正義は2点間の落差によって作られていることに無自覚です。片方に悪いものがあり、片

方には良いものがある。すると良い方向に走ろうとするのは当然です。

　良い悪いを決めるのは、「正義」のカードです。戦車はこの手の内で走らされるのです。常に2点のうち1つだけを見ています。もう1つは暗闇の中に沈みます。

　この落差に関して「正義」のカードは冷静に考えており、「戦車」のカードが正しいと思った方向や必要な目標、そこに向かって走っていった場合にその目標なり欲求そのものがどのようなものをもたらすか、そういったことを「正義」のカードは意識的に把握できるのです。

　「正義」の女性は左手に天秤を持って見比べているように見えますが、実際は2つを見比べているのではなく、2つを統合化している意味になります。つまり、見比べること事態が2つを統合化しているのです。「戦車」のカードの場合は、この2つは見比べることはできず、片方だけを認識します。天秤にかけるくらいだったらもう「戦車」ではないのです。「正義」のカードは両方を比較して、対立したものをある程度克服していきます。その上で、女性が持つ剣は意志決定をします。

　「正義」のカードは説得力のある力強いカードで、当然タロット占いで出てきた場合は、この2つの価値を冷静に見極めましょう、「戦車」になるのはやめましょうということになります。

　11の数字も8と似たところがあります。11は1+1=2で、今までの価値を相対化する、妄信しない性質だからです。

　会社では営業に走る人は「戦車」で、それに仕事を与えるのは「正義」のカードの人です。

　感覚論を論じているアルバート・ズスマンという人は、動物は静止できないので、自分がどこの位置にいるのかわかっていないといいます。それは環境の中で環境と一体化してうろうろと動いているだけだ、と。「正義」のカードは静止できるのです。それは自分の位置を認識することにも通じますが、「戦車」は静止できません。

IX
隠者
THE HERMIT

「隠者」は暗いところをランプを頼りに旅をしているイメージの絵柄です。隠者を「処女性の男根」といった言い方をするのは、いろいろな欲求や余分なものに誘惑されることなく、純粋な自分の求道的な目標に本能的に走っていくからです。

世の中に住んでいると、さまざまな誘惑や欲求、外から植えつけられてくる欲望がたくさん出てきます。隠者は、そのような道草をしないのです。

それは純粋性からというよりも、もう既に世の中の体験のあらかたを終えた人だから、自分の根本的な願いを追及すること以外に乗り気がしないのです。

「正義」のカードはある程度社会的地位や立場がありますが、「隠者」のカードは旅する9の数字なので、特定の立場のところにじっとしていなくては手に入らない権力やパワーに興味がありません。

そういう意味では、社会的立場を重視することがなく、そこを超えたところに生きています。定年退職をした人や年を取った老人のようなイメージもあるでしょう。

賢者には老人のようなイメージが多いと思いますが、それは世俗的な欲求に引き寄せられていないということの暗喩です。

例えば、タロット占いの質問が恋愛問題でこの「隠者」のカードが出てきた場合、相手との関係に振り回されて、自分の本来のものを見失うより、その関係から離れましょうという意味も出てきたりするで

しょう。最も重要な目的は何なのか、それを見極めて、脇目も振らず、そこに向かっていくのです。見極めていれば難しく考えることもなく、本能的に行動しても正しいところに行きます。

同時に9の数字ということで、占星術の9番目のサインは射手座ですから、哲学や思想、旅行に関わります。

生命の樹では、胸の中心と、左の中枢であるマトリクスの4の位置の間のパスに対応しています。決して「ノー」と言わず、肯定的に、広い意識を受け入れていて、つまり自分で考える必要はないのです。

実際、処女性の男根というのは本能的なもので、その都度、考え選択しながら行動するものではありません。世の中は陰陽でできていて、その人の抱く価値観によって、旅の途中で、自分が反応するものがあれば、その関係性に捕獲されて、旅は止まります。他の人はつかまるが、また違う人はそれにつかまらない。

そのため、反対にいえば自己探求する時に、自由な旅と放浪を続けていると、自分がつかまってしまう価値観が発見できるのです。その価値観につかまると、この中で、何を目標にしたらよいかは自動的に決まってきます。

このつかまえられた価値観が、「運命の輪」ともいえます。それはさまざまなサイズの輪です。この輪のサイズにより達成の時間の長さも変わります。

9は、必ず10という具体的な場・世界に落ち着くのですが、9にとどまれば、いつまでもどこにも行き着かずに放浪することもできます。

9の種族は砂漠を旅し続け、10の種族はどこかに落ち着いて、都市を作り、子孫を生むのです。

X
運命の輪
WHEEL of FORTUNE

　10の数字は具体的な場においての展開とかスタートを表します。それまでの1から9までのタロットカードには、具体的な場所性ということが意識されていませんでした。しかし成功するためには、具体的な場が必要です。

　「運命の輪」ということ自体に、チャンスが巡ってきたという意味があります。漠然的で精神的なものが形になっていくのです。

　カードの絵柄では輪が回っていますが、この輪にはいろいろな異なる長さのサイクルがあります。1年で1回転する季節の巡りを考えてみると、潜伏期があり、達成する時期があり、種を撒き、成長し、刈り取ります。

　この構造は、1日、1年、12年、84年、300年、2200年、2万6000年など多数ありますが、構造は似ています。

　「運命の輪」が出てきたら、このどのサイクルの動きなのかを考えることも重要です。

　人の一生は72年のサイクルにたとえられます。すると上昇する36年、下降する36年などに区分できます。

　占星術では運が巡ってくるという意味に、よく木星を使います。この場合、デビューして頂点に至るまでの円の4分の1の区分は3年です。こんな早い速度の木星の動きではとうてい達成できないような目標もあります。

　例えば、霊的な目的という意味では、海王星や冥王星などが参考に

なりますが、達成には、1人の一生では足りず、3代も4代もかけなくてはならないケースもあります。そのような目的の人の場合、木星のチャンスが巡ってきても、それはあまり食指の動かない軽い状況であり、それに乗らないこともあります。その人には木星の効力がないのです。

「運命の輪」はこうしたさまざまなサイクルの輪が回っていて、そこに乗るか／乗らないかということにも関係します。乗ればその時計の中で生きなくてはなりません。するとその価値観の中で上昇と下降を体験します。正位置で出れば、たいていは上昇です。

ある人は小さなことに夢中になっているかもしれません。その人にはその人のふさわしいサイズとサイクルがあり、この中で、一喜一憂しながら生きています。そしてその人には、より大きな輪の価値観というものは視野に入っていないし、理解できないかもしれません。

子供に、29年サイクルである土星の周期のような価値観は理解できません。その人が自分の目的にフィットしたようなサイクルに、「隠者」の探求を経て到達し、その中に入り込んだ時、それに応じたエネルギーがあり、それに応じた楽しみと苦痛があります。

大きなサイクルの中で生きている時、より小さなサイクルのものはそんなに重大なものに見えてこないので、どうしてそこに夢中になるのか理解できないということにもなるでしょう。

民族の意志というものになるとこれは数千年のサイクルで生きています。日本民族の悲願達成という話になると、そういうスパンで考える運命の輪になります。

個人は非常に多くの多層的な運命の輪を同時に体験していますが、それでも、重心となる中心的な価値観の輪が1つ存在しています。そこから見て、それ以外の輪が、大きい／小さいという判断ができるのです。

運命の輪は1つだけではないことに目を向けましょう。たんに運が向いてきたという場合も、「どの輪で（運が向いてきたのか）？」ということが問題です。

XI
力
STRENGTH

「力」のカードはもともとのマルセイユ版であれば11の数字ですが、ウェイト版では8の数字になります。

ライオンとその口を押さえている女性の姿が描かれ、動物と人との関係を表現しています。この関係性は、時代によって少しずつ変化しています。動物的なものは人間的な理性に比べて劣っており、人間よりも動物を低く見ていた時代がありました。

現代でいえば、動物は有害というよりも、母性などに関係します。子供を育てる力は人間の性質というよりも哺乳動物など生命すべてに普遍的なものと考えるのです。

私はタロットの絵を描いてもらう講座をしていましたが、動物を小さく描く人もいれば、人間を小さく描く人もいます。

例えば、日本の豊川稲荷では狐の上に女性が乗っています。ナイトのカードのように動物に運ばれるのか、それとも動物を押さえつけているか、サイズの違いなどによっても解釈が違います。

哺乳動物が描かれていますから、動物が表しているものは、情感や愛情、そのような感情に関係した人間の脳の中の旧皮質に関係し、感情が豊かな人は、ここが発達します。それに対して人の脳である新皮質がどう対処しようとしているかを描いています。

マルセイユ版の場合、11の数字に当たりますから、今までの「運命の輪」の抗いがたい回転の方向や価値観、運命などに対して、もしくは新しい流れや逆流、方向転換、本能的に刷り込まれたものに対して、

知性の側で意図的に書き換える意味が出てきます。

　タロットカードは、「魔術師」のカードと「力」のカードの2つに無限のマーク（レミニスカート）が人物の頭の上についています。この2種類は方向転換を表します。

　タロット占いでこのカードが出てきた場合、今までの流れのままに任せず、新しい意識的な工夫によって変えていこうという意味もあれば、クロウリーのように動物的なものは人間を超えた神的なものだから、それに従うことでより良い方向に向かっていくという考え方をする人もいます。

　この考え方が、遠い昔に一体化していた人と動物の半身同士を再結合することを意味するならば、ウィルバーの、人間が進化するためには、まずいったんケンタウルス（人の頭、馬の身体）にならなくてはいけないという考えに似てきます。

　「力」のカードに関しては、タロット占い師や読み手の思想によってまさに多様に解釈されるはずです。自分は動物に対してどう扱っているのか考えながらこのカードに向き合っていくとよいのではないかと思います。獣的なものを理性で制御するというのは、最も前時代的な解釈ですが、時にはそういう解釈もあるでしょう。

　「運命の輪」は、特定の時間の循環の輪の中に入ることを意味しました。

　どんなに小さなものでも、どんなに大きな場でも、そこにはそこにふさわしい陰陽分割が生じます。そうしなければ輪は回転しないのです。

　この陰陽分割が、「運命の輪」の次にやってくる「力」のカードの意味になっていると考えてもよいでしょう。ここで人と動物が分離するということよりも、2つに分離するものがあり、この2つが、あたかも人と動物に見えるのです。

　つまり分割されたAは、もう1つのBを動物とみなす。Bも、またAを動物とみなすのです。

　分離した段階で物語が始まり、融合はその物語の終わりを意味します。分離した片方は外部に吐き出され、環境とみなすことになります。

　この2つの分離は、小さな範囲のものもあれば、極度に大きなものもあり、大きな範囲のものでは、巨大な動物にたとえられます。

XII
吊られた男
THE HANGED MAN

「吊られた男」は、足場を上にして頭が地面に向いています。

足場が地面にあると、物質的なことや具体的なこと、それらをもとに考えていくことになります。一方で、吊られた男の場合、足場が天の方にあって逆転しています。つまり、精神性や非物質なことをベースにして考えています。

具体的なことを基準にせずに、より抽象的で精神的なことを基準にものを考える姿勢であるということになります。それは、内面的な知恵や、夢の中で考えるといったことが挙げられるでしょう。地面の方に頭が接触していないため、実際的なことは二の次になっていますから、より上の次元のものが下に降りてきます。

普通の生活をしていれば、このような吊るされた状態にはならないことも多いのです。吊られた男の特殊状況とは、どこかに閉じ込められたり、動きが止まったり、仕事をしていなかったりといった状況です。現代のニートも基本的にはこのような感じかもしれません。これは否定的でもありませんし、かといって重要かどうかはその場になってみなくてはわかりません。

タロット占いで「吊られた男」のカードが出てきた場合は、状況的に足止めされていることの中で、内面を通じて精神性、より高次な次元からのアイデアやメッセージが出てくるのです。

瞑想をしているといったケースも、このカードです。

タロット占いをしている人が、地に足を着けた生き方を重要だと思っ

ていれば、このカードを否定的に読むでしょう。地面に立ってものを考えることは、実は、偏っていると考えることもできます。

　本来は上から降りてきたものと下から上がってくるものを、人の活動の中で結合することが重要です。しかしこの結合をするためには、「吊られた男」の状態を体験しないことには、わからないともいえます。創作や瞑想、内的なものなどのさまざまなものが当てはまります。

　ある研究家は、この吊られた男が足をかけているものは「ヤコブの梯子」だといいました。ヤコブの梯子は、地上には降りておらず、空中から、上に向かっていくつかの次元の階段が連なっていて、最後は神につながっていると考えられています。

　ヤコブの梯子は地上には降りていない。しかし一番下の階段の部分は、空中に置かれている。日本でならば、これは山の上にあるというふうにたとえてもよいでしょう。山岳宗教の修行者達は、この足場に接触しようとします。惑星グリッドの1つに足をかけるのです。これは、かつては「天国の綱」といわれていたのです。あるいはまた虹も、7段の階段です。

　吊られた男はそこに足をかけて、そして地上に髪が垂れており、まるでそれは筆先のようです。筆先を使って、地上という白紙に文字や絵を描くのかもしれません。

　私はあるビジョン体験の中で、夜空にたくさんの星があり、その星が落ちて、白いノートに書かれた複数の文字に変わったという光景を見たことがあります。エノク語について興味が強く働いていた時期です。

　吊られた男は、地上に立ってものを考える人とは、正反対の考え方をしています。

Ⅲ　タロットカード解説 ── 大アルカナ

XIII

死に神
DEATH

「吊られた男」が、地上的なところからものを考えるのではなく、より上空の見えないところで判断力を発揮してきた以上は、地上の原理と天上の原理のギャップに気がつきます。この2つはぴったり噛み合いません。

「吊られた男」のように、天上の原理を重視した場合、地上の間違ったところをたくさん発見します。社会の中で成長し、その中で考えているかぎり、それこそが重要で正しいものに見えるでしょうが、吊られた男の立場からすると、おかしなところがたくさん見えてくるのです。

ここで「吊られた男」は、地上を粛清する「死に神」に変化します。マルセイユ版の死に神は鎌を地面に向けています。つまり、地上部分での死と再生を行うのです。ただし、ウェイト版ではそのような絵柄にはなっていません。

今までの地上生活のリズムに停滞が生じ、より根本的で創造的なものが地上に降り注がれて再生します。常にターニングポイントでは、それまでのものが上手くいかなくなり、そうやってやっと新しい動きがやってきます。

どのようなことでも、発展する前には必ずこの「死に神」の落ち込みがやってきます。つまり「死に神」のカードが出てくると、もっと良いものの前触れでもあるので、人によっては「死に神」を歓迎します。

タロット占いの場合、今から動きが止まる。あるいは今までのものをやめなくてはいけないという見方もあります。「死に神」はこれから止

まること、あるいはその後、再生するタイミングを指しているのか、どのシーンなのか考えてみるとよいでしょう。

　十二進法の世界観の中では、13は前の輪の死と次の輪が始まることを示し、占星術の12サインであれば、新しい牡羊座の種蒔きです。

　13は13人目の使徒ユダを表しているという発想もありましたが、反対にいえば、使徒達に対してキリストが13番目でもあり、13の数字はその両方でもあります。古い時代には13は最も神聖な数字を意味していたのです。それは「吊られた男」が降りてくる場でもあるということです。

　カバラの生命の樹では、このパスは外面的に期待している時には、スランプとなり、期待する心がなくなるとやがては自分の本当の創造力が発揮される事態になるということを意味します。

　「死に神」の力が発揮されると、自分の中から自発的な力が発揮されますから、のびのびと自由に生きることができます。

　しばしば13は、天才とか傑出した人の数字といわれるのですが、それは迎合しない性質だからです。

　占星術でいえば、数え度数の13度。またハーモニックという計算法での13ハーモニックがそういう性質を持っています。それらは慣習に従い、無気力に生きている状況の中では転覆するような大胆な振る舞いをしてきます。

　吊られた男が持ち込んできたビジョンに基づき、地上を作り替えると考えてもよいのです。そしてまた十二進法からすれば、13は新しい種撒きですから、新鮮な活力を地上に持ち込みます。

　手を伸ばしてコップを取ろうとした時、コップから私に向かって流れてくる反対のものがあり、それは行為のもともとの意図を示しているとシュタイナーはいいました。つまり何か終わる時に当初の意図を理解することができるのです。

　私達は行為の最中には、どういう意図も理解できていないのです。「死に神」は意図を知り、そしてそのことで終わらせる力でもあると考えます。

Ⅲ　タロットカード解説 ── 大アルカナ

XIV 節制
TEMPERANCE

「吊られた男」のカードで天上の原理から物事を考えていきました。その結果として、「死に神」では地上の粛清が起きます。そして、流れを止めてしまった以上、「節制」のカードの段階で、地上に対して天上からの影響力が流し込まれていきます。

「節制」の14の数字は1＋4＝5です。5の数字は子供が産まれることを意味します。14は偶数のカードですから、内に向かって子供を産む意味で、「自己生殖」と呼ばれます。

そのような意味で、上にあるものが下に流し込まれ、自分の中により理想的な基準のものが育っていくのです。

生命の樹のパスでは、胸の太陽から腰の月への影響の流入を表し、地上で他のものの影響によって作られてきたものを払拭して、本来自分があるべき姿勢を作り直します。

曲がってはならず、真っすぐに降ろしてこなくてはならないのです。そういう時に、余分なものにエネルギーを流さないという意味で「節制」という言葉が出てきます。

「節制」のカードは、自分に忠実な自己実現です。

月は太陽の分割です。したがって太陽を1つ実現するためには、複数の月に分岐します。1年は12カ月で1カ月は30日あり、こまごまとしたものすべてに、統一的な太陽の意志が盛り込まれなくてはなりません。このステップを踏みながら着々と形になっていくことを指します。

外に子供を産むのは、右に向かう「悪魔」のカードです。「節制」は

右にも左にも行かず、体内の直下に自分の子供を産みます。つまり、自分がその子供となります。

「運命の輪」である世界に入り、「力」のカードで二極化した後、上の精神的な要素を抽出して、それが天上的な原理を受信する「吊られた男」になります。その後、そのビジョンをもとに地上を粛清する「死に神」となり、これは、ヘルメスの有名な、「火を地から切り離せ。火は上昇し、再び地に降りる」というプロセスになります。

　粛清した後に、「吊られた男」の持つビジョンを、地上に浸透させるのが「節制」ですから、これらは首尾一貫した流れとして考えることができるでしょう。

　人生のどんな局面も、どんなテーマも、長い続きものの中の断片ですから、このようなタロットの連続する物語のステップの中のどれかのシーンが、人生のいろいろな状況に当てはまっていくのです。

　どんなものも単独では成立しないという意味です。どんなに独立的に見えるものもすべて経過の一断面であると考えるとよいでしょう。

「節制」のカードは、より下にあるものの作り替えのプロセスです。「女教皇」は、高次な意識を胸の中心に真っすぐに降ろしてくる段階で、その後「節制」のカードがそれを引き継ぎ、より物質的な生き方の中に、その人の本来の理念が精密に埋め込まれます。余分なことにエネルギーを漏らしてはならないのですが、本来の目的を果たして、なお活力が余剰な時に、次の「悪魔」のカードのステップが始まります。

　ですが、「節制」のカードの段階では、自己形成に力をすべて使いますから、自分に余裕ができると「悪魔」のカードに変貌するなどとは想像できません。

　上にあるポットからカップにこぼさずにお茶を注ぎ込むには、集中力が必要なので、よそ見はできません。

XV
悪魔
THE DEVIL

　15の数字は1＋5＝6で、しかも15は奇数なので、外に働きかける性質の6ということになります。6の数字には反応する、答えるという意味があります。つまり、ここでは反対に、自分が外に意思を押しつけて、それを受容する人がいるのです。

　自分の理想がだんだん実生活の上で形になっていくのが「節制」でした。やがてそれは自分を作るだけに飽き足らず、自分の周囲にも意思を押しつけたくなります。なぜなら力は余っています。「悪魔」のカードは、生命の樹のパスでは胸の中心（ティファレイト）から右下の腰の知性（ホド）に当たる場所への通り道です。自分の本性や本心を外界に投影する意味になるのです。

　例えば、自分のやりたいことを表現するために会社を作るなら、その会社は自分の分身です。これも「悪魔」のカードに当たることです。要求されたことに応えるのが、「恋人」だとしたら、15は反対に自分の意図を環境に受け止めさせるのです。

　ジプシーの発想では、この「悪魔」のカードは第三の眼です。頭の中心の松果腺が悪魔で、男女に分割されている脳下垂体が、手下の2人を描いています。

　第三の眼はチャクラでいえばサハスララチャクラからアジナチャクラの陰陽へのつながりです。ある程度、超能力的なものも表すこともあります。

　「悪魔」のカードも、さまざまな解釈がありますが、カードの中で自分

が上の悪魔でなく、下の手下の方だと感じたら、押しつけられていることを表します。上側の悪魔が自分だと思う場合は、実現するための橋渡しとなってくれる部下のような人を要求することになるでしょう。

　三次元的な領域では主客の方向性が一方的になるので、押しつける／押しつけられるという対立する役割がありますが、時間の流れが双方向になるような、より上の次元では両方が自分になります。

「悪魔」のカードは、生命の樹では胸の中心のティファレトと、チャクラでいえばマニプラというへそに当たる部分の外への発信側に対応するホドとのパスに当たるのですが、胸の中心は太陽を象徴とします。この太陽から下の、外への働きかけは、太陽という自己を分割して、下の次元に降りることを表しています。

　プリズムでは１つの白い光が７つの色の光線に分かれるように、太陽の力は降下する時には、７つに分解されます。このようにして、「悪魔」のカードでは、外界に自分の力を投影することになりますが、世の中での活動のすべては実は同じことを意味します。

「節制」のカードでは、自分の中に新しい子供を産むことでしたが、「悪魔」のカードでは外に分身を産みます。その分身との間には、太陽の矢があり、矢を射ることで、外に子供ができたのです。この場合、ホドという中枢から外に飛び出るコード、あるいは矢は中心に太陽的な芯があり、外周は気の皮膜でできており、この皮膜の側はイエソドとホドの間の「太陽」のカードに該当する性質が結びついています。

　鉛筆のようなもので考えると、芯は「悪魔」のカードで胸から来るものです。外周は「太陽」のカードで、腰のイエソドから上がってくるものです。

「悪魔」のカードを悪いイメージで考える人もいるかもしれませんが、それは大きな間違いです。自分の外へ、自分の意思を出して、何か具体的に活動しようとする姿勢そのものが「悪魔」のカードを表しているからです。

XVI
塔
THE TOWER

「塔」はその人を幽閉している信念体系や考え方でもあり、外から来た雷が塔を打ち破ることで、開放されたり、脱皮したりします。

よく「殻を破る」というフレーズを使うと思いますが、文字通りそれを示しています。殻は定期的に壊れなくてはなりません。

例えば、1年間のサイクルでの殻は、体質が変わってくる春先に壊れ、新陳代謝します。土星回帰のサターンリターンであれば29年間サイクルです。

さまざまな周期で殻が破れ、また作られます。殻は有機体の守りなのでないと困ります。しかしいつまでも堅いままの塔が続くと、それは閉鎖以外の何ものでもないでしょう。塔に閉じ込められていると、塔の外側の光景は見えてきません。中にいる人を「井の中の蛙」というのかもしれません。

人間は基本的に自分の空想の中に住んでいます。多くの人が考えている現実というものは、実際は空想的な状況です。つまり脳のコンフォートゾーンの中に住んでいて、外側を認識しません。塔はそこから広い現実に開かれていくことを表します。

塔が壊れていく現象を誘発したのは「悪魔」です。自分の意思が外に向かうことは、反対に外から来たものが自分を打ち破ってくることでもあります。外に干渉した人は干渉されるのです。2人の人が並んでいることを想像してみましょう。「悪魔」のカードは右側から、外へ意思を投影します。すると、右側にいる人からすると、左側から衝撃が

やってきます。これが「塔」のカードの左側に描かれた雷です。図柄ではこれは右側に描かれています。

タロット占いでは、例えば、閉じ込められる状況を好んでいる人からすると、不幸な状況に見えるでしょうが、後から振り返れば良かったと思う種類の出来事を示します。

開眼というのも「塔」の意味です。自分の思い込みが打ち破られることです。生命の樹のパスでは「塔」のカードの背後には「女帝」のカードが含まれ、外から雷が来るのか、それとも自分の腹の中から外へ突き破る力が働くのか、その両方を含んでいます。

生命の樹では、陰陽の関わりという横に走るパスは、「女帝」・「力」・「塔」の3種類のみです。上の次元では陰陽は柔らかく、それは発想が生まれるなどに表現されますが、下の次元である「塔」ではより感覚的で、硬化した性質が強まりますから「塔」は文字通り、堅い殻を破るかのように衝撃があります。

シュタイナーは、人間が形成される時に、感覚的な外皮は前方から作られ、それを「感覚体（おおまかには身体）」と名づけ、また後ろから前に向かって、拡大する感覚魂（おおまかには魂）は、外界に対する関心から、感覚体の皮膜に穴を開けたといいます。これが眼や鼻、口などの前方に開けられた穴になるそうです。つまり壁を打ち破って、好奇心が前の方に飛び出した。それに眼は脳の一部が顔の前まで出かけてきたことを表すともいいます。

基本的に、「塔」のカードのパスは、守りとしてのホドと外に対して期待し、開かれたネツァクとのパスですから、外に対する好奇心が自分という壁を打ち破るのです。

実際、仕事や対人関係などいかなることでも、続けていると自分が傷つく体験を必ずします。安心がずっと続くなどということはありえません。いつまでも塔が壊れ続けると、何一つ安定しない暮らしですが、しかし塔が壊れない生活は、また硬直し、次第に生命としては石に閉じ込められたように硬化していくことになります。

16の壊れる「塔」の現象は定期的にどうしても必要です。

XVII

星

THE STAR

　「星」のカードは、それまでその人を閉じ込めていて、外側を見えなくさせていた塔が壊れることで、遠くの星が見えるようになってきた段階です。

　思い込みや閉鎖などが打ち破られることで、意識が広がっていきます。

　女性は裸で地面に座っています。つまり塔の壁とは、ここでは身体を保護する衣服のようなものでもあったのです。

　塔が壊れたため、自分を防衛することが難しい状況です。反面、遠い星の光を吸収して、それを足元の池に流します。池は蟹座の支配星の月のシンボルですから、共有される家族的なものや月が当てはめられている腰（イエソドの中枢、チャクラではスワディスタナチャクラ）を示します。

　星の力を吸収して生命力をチャージするのです。

　塔が人を閉じ込めていた時期には、閉鎖が原因で生命力は硬直し、衰弱していました。

　生命の樹で「星」のカードは、金星から月のパスに対応し、エネルギーがだんだん溜め込まれていきます。

　星は遠い夢を表しますから、その遠い夢が身近に実現していくのです。まさか達成できるとは思わなかったものが、繰り返されることで蓄積され、実際に実現したりもします。しかしそのためには時間がかかりますから、希望を失わないことが必要です。

　金星を示すネツァクはへそのマニプラチャクラを表しており、へそ

から力を吸い込むことになります。「悪魔」のカードは、逆に胸からへそを通じて外に自分の分身を作り出すことです。
　その点では「悪魔」のカードは自分から外への生殖。
　「星」のカードは外から自分への取り込みにも対応します。
　他の著作では、私は「太陽」のカードも含めて、外への投射と吸引をタマフリ・タマシズメと関連づけて説明しました。それぞれこれらはへそから気の力が行き来するからです。そして自分を割って、低次の領域へ投影するのは「悪魔」のカードだからです。
　守られていない裸のままではいつまでも生きていけませんから、やがてはまた新しく塔が出来上がります。塔が作られ、また定期的に壊れ、また作られるというのが理想です。
　塔は社会の中でその人を守るものでもあるので、それは地位や権威、権利、または何かしら形のあるもので、ということはその塔が壊れた「星」のカードの女性は、社会的な意味では地位がないか、地位を失った存在です。
　歴史の中では、素直な人や柔らかい人は、しばしば下層民にされています。持ち物を持たない、守るもののない存在ということは絵柄から想像できるでしょう。
　天空の星は惑星ではなく、恒星です。ですが大きな星を恒星、小さな７つの星を惑星と見てもよいかもしれません。たいてい恒星はその下に７つに分割されるからです。
　太陽の光が強すぎて星の光が見えない。これが塔の壁が厚すぎて、その向こうにある星が見えないということと同義語でした。今までは見えなかった星の力が初めてここで見えてきて、そして通信することができます。

XVIII
月

THE MOON

「星」のカードで見えてきた遠くに輝く星は、塔に閉じ込められていた時には見えていませんでした。既存の知識に閉鎖している時には埒外にあった可能性を、「星」のカードの段階で育成しようとした時、このビジョンは、実生活の中で、物質的に明確な形で具体化させる必要性が出てきます。つまり、考え事とかイメージ、想像だけでなく、もっと確かなものにしないことには、どのような希望も流産してしまいます。

塔の壁が壊れた時、古い過去に忘れてしまったものも再生します。星には未来とそれに対応する過去も潜んでいたのです。過去の無意識に沈んだ記憶の中から、星に対応するものを引き出してくるわけです。

例えば、腸と脳は鏡のように共鳴しています。何か想念を抱く時、それに符合する食べ物・栄養が腸の中に存在しなければ、想念は着床しません。つまり、下と上は共鳴しているのです。

その点で、星を見て遠い未来の希望が発生した時、それを具体的な生活の中で生かすための素材を下から探すのです。しかし、「星」のカードの女性が裸で守られていないように、「月」のカードもまだまだ不安定です。緩衝器としての塔が壊れてしまったので、これは仕方ありません。

犬が吠えているのは警戒心を刺激するからです。新皮質としての人の脳は眠り込み、古皮質としての虫の脳からザリガニが上がってきて、そして旧皮質としての犬は警戒しています。犬が吠える時は、だいたい境界線の外からの進入です。

「愚者」の愚者はより上の次元に飛び出していく境界線越え、「月」のカードはより下から上がってくる侵入者の境界線越えです。つまり、上の次元の世界からすると、愚者は下から上がってくるザリガニと同じ意味なのです。

「月」のカードは、不安な旅や模索です。9の数字は常に旅を表します。「隠者」は精神的な探求の旅でした。足して9となる18は、より物質的なところでの探索です。

「星」のカードのように上空を意識している場合には、精神的であったり、また遠い夢でもあったりするのですが、「月」のカードでは、下に目が向きます。それは物質的、忘れられた過去、下意識などに関係し、模索は目覚めた意識の中では行われません。目覚めた知性的な意識はここでは昏睡しており、この監視から一時的に逃れた時にのみ、可能性を探索できるからです。

つまり、目覚めた意識というものは、この下から上がってくる可能性を排除したところで成り立っていたので、下から上がるものを引き出すためには、それそのものを排除することで成り立っていた目覚めた意識は眠っていなくてはならないのです。したがって、これは不安な、ざわざわするような探索ともなるのです。

生命の樹では、これはネツァクとマルクトのパスなので、「星」のカードが気のレベルでの探索ならば、「月」のカードは明らかに極めて物質的なレベルでの探索です。

アーノルド・ミンデルは『大地の心理学』（青木聡・富士見幸雄訳、コスモライブラリー）で、自身の中からやってくる虫にメッセージを聞くという奇妙なメソッドを提唱しています。上がってくる虫は大きな自己からのメッセージを持ち込んでくるというのです。

「月」のカードのザリガニも、ミンデルのいう虫と考えてもよいでしょう。既知の自分を守りたい心からすると、虫の侵入がぞっとするかもしれませんが、なじんで組み込まれてしまえば、それはもう新しい自分です。

XIX
太陽
THE SUN

　「月」のカードで上がってきたザリガニは、遠い昔に忘れ去っていた自分の一部です。これまでそれを見えなくさせていたのは、小さな自己を守る塔の壁でした。その壁が破れ、「星」のカードで遠い星が見えるようになり、それに対応するような古い記憶を呼び覚ました「月」のカードを通じて、もう1人の過去に残した自分を思い出します。それがだんだん成長することで「太陽」のカードのもう1人の子供になっていきます。

　古典的なマルセイユ版の「太陽」のカードには2人の子供が描かれています。それは目に見えないガイド的な無意識を代表するような私と、もう1人の従来通り塔に保護されていた私という2人の子供です。

　夢や無意識の部分からの情報を伝えてくる1人目の子供は、昔から知られているエーテル体からなる第2のボディです。古代においては、このように人は二重的な存在でしたが、ある時代から人間は単一の存在と考えられるようになりました。

　太陽が上にあり、それを二分化した子供が下にいるという三角形の形をしています。つまり、この2種類を結合すると太陽のような意識に戻るのです。

　ウェイト版の場合、太陽の下に馬に乗った子供がいます。これは太陽が分割された金色の矢を白い馬や子供にシンボル化したので、見えない方の子供だけをクローズアップしたということになります。

　「太陽」のカードは、現代の私達がまだ達成していない肉体的な自我

（今までの私達）と、非物質的な分身的な存在の共同を表します。

　タロット占いの場合、やはり裏腹なものを合わせることを意味します。私達は地上生活においては常に二極化されたものの片方しかつかんでおらず、それを自分とみなしています。その二極化されたもう1つの見えない部分は、自分の裏側にあるものです。生活の中で、それはあちこちに投影され、協力者や敵対者、補うもの、足を引っ張るものとさまざまな形に出てきます。二極化された生き方の中では、この影の要素は妨害者になります。

　もっと統合化された私を目指す場合には協力者になります。ガイドとしてイメージ化した方が楽かもしれません。

　精神世界では、人間にはもう1人、ツインとなるような存在がいるといいます。この地上に産まれてくる入り口、地球の入り口で、ツインとお別れして、その後、個人は固有の人生を歩みます。

　この時、ツインの側は反対の時間を体験し、互いが互いを影とみなすことで、時間の流れが一方的に進み、そこで人生の物語が展開するのです。

　もしツインを発見してしまうと、この一方的な時間の流れが停止して、その人の人生はそこで終わりになります。そして次の次元に行かなくてはならないということになるのです。

　つまり、1つの世界に参加するには、そこで二極化するという「運命の輪」で説明した事柄が、この「太陽」のカードでは、そろそろ輪の手口に近づいていると考えてもよいのです。人生を続けたい場合には、この分身を発見してはならないし、まず発見できません。時間の流れの中に深く埋没し、特定の価値観に染まっている時に、この分身を見いだすことはできないのです。

　シュタイナーは肉体とエーテル体は反対の方向に時間が流れると説明していますが、ツインの概念、この反対に動く時間などを「太陽」のカードを考える時の参考にしてみるとよいでしょう。

　塔の閉鎖が打ち破られた時、本来の自分を思い出そうとした時、遠い過去に忘れたもう1人の自分を発見します。

XX
審判
JUDGEMENT

　「太陽」のカードは 10 ＋ 9 となり、10 は目に見えるもので 9 は精神性というかたちで現れる非物質的なガイド的存在でした。つまり、もう 1 つの私はビジョンのようなものにすぎなかったのです。

　20 は 10 ＋ 10 で対等な関係に変わります。

　反対の性質のものが一体化することで、今まで一方的に流れていた時間の強制的な作用に対して、違う流れを作り出すことができます。

　私達は一方的に流れる時間の中で失うものがたくさんありますが、その流れを止めて、自分の望みのものを引き出すことができるといった、ある種の願望実現的な意味も持っています。

　天使がラッパを吹いて、このラッパの号令により墓が開いて死者が蘇ります。そこでは時間の流れに振り回されませんし、環境によって風化もされません。意識の力は、他のどのようなものよりも優位にあり、働きかける力を持っているということです。

　墓に埋もれた自分というのは、物質の岩の下で昏睡した自分ということなら、墓から蘇ることは、眠り込んで無力になったものから起きることを示しています。

　ヨガの知恵では、頭から降りたものは、腰の下に眠る力を呼び覚ますということがいわれており、これを「クンダリニ」というそうですが、ここでは上空からラッパを吹くと、腰の岩から眠ったものが目覚め、上昇します。

　その場合、ラッパを吹く力というのは、その意識そのものが偶然性

とか種々の事情に制限されていない必要があるのです。叩けばどのようなものもこじ開けられるということです。

　タロット占いの場合、このカードをもっと軽く読んだ場合でも、条件や制限、偶然性に振り回されず、叩いてこじ開けることを求めています。どのような制限も最初からありはしなかった、自分でそう思い込んでいるだけだったことを告げています。

　地上では私達は常に二極化された存在になります。そこで考え方も二極化し、肯定と否定、あれかこれかという考え方をすることになります。

　1つを認めるために、違うものを否定しなくてはならないのです。それに比較して、肯定と否定という二極化をしない考え方を、「ハートの知性」といいます。

　何か考えが浮かんだ時、それを検証したり証明したりする必要がないのです。それは二極化されていないために、真偽というものを持たず、直接浮かんできます。

　このハートの知性というのは、二極化されている段階では決して手に入りません。手に入れるには、時間の一方的な流れに反対のものをぶつけて、静止させる必要があります。そのような状況の中では、過去に失われたものもなく、つまり過去も未来もなく、あらゆる可能性があたかも空間に置かれているかのように感じられます。

　霊界は時間の流れがなく、時間の中にちりばめられた種々のものは、みなあたかも同時に空間に置かれているかのように感じられ、そして何かを選ぶ時には、そこに自分が歩いていくという受け取り方をします。この霊界の状況は、この「審判」のカードに比較的よく似ています。

　選び取りたいものに向かってアクセスする、ラッパを吹く。時間の流れの中では、すなわち二極化された世界では、あるものがやってきて、そしてあるものが去る。しかし「審判」のカードではそうした受け取り方をしません。まるで歩いていくかのように、必要なものに近づき、それを呼び出すのです。

XXI
世界
THE WORLD

「魔術師」の魔術師は世界の外からこの世界の中に入ってきました。その時に、世界の素材である四元素はこの環境にあるもので、それは魔術師から見ると未知のものでした。

人間は新しく生まれてきた場合に、記憶をすべて失って人生を新しい体験としてチャレンジしなくてはいけません。その理由は、見知らぬ四元素の性質に染まると、上手く扱えるまでは自分を喪失してしまうからです。

「世界」のカードの段階で、この四元素は過不足なく、自分の手の内に扱うことができるようになりました。

生命を表す第五元素は、自分自身を分割することで四元素を作ってきましたから、四元素のすべてが整い配列されると、元の第五元素に戻れることになります。第五元素は時間を超越したもの、四元素は特定の環境の、時間の中にあるものです。

第五元素が四元素に分割されることで、時間や空間が生まれてきたというのが、オルフェウス教の基礎的な考えでした。4つに分けて、さらに意識はこの4つのうちのどれかに同一化し、そうでないものを外部的なものとして自分から取り除き、外部に投影します。すると4つを同時に体験することができず、1⇒2⇒3⇒4というプロセスを経て、もともとの自分を思い出そうとします。ここに時間が生まれます。

そのため、この4つを均等に揃えてしまい、なおかつ4つ全部を自分だと認識すると、元の第五元素に戻って、同時にすべてを考えるよ

うな状態になっていきます。

「審判」のカードは、この状態を達成するためにドライブ力をトレーニングするようなものでした。ラッパを吹いて起きないものがあるとすると、それは自分ではなく外部的なものだと認識します。それはまだ4つのものを自分のものとしていないのです。

　第五元素は卵の形をし、アカーシャのタットワと呼ばれる紺色の楕円で描かれます。「世界」のカードではこの楕円の囲みの中に人物がいて、その人物は男女に分かれていない両性具有です。男女に分かれるというのは、二極化を意味し、それぞれ2つずつ分担して四元素が生まれます。

「世界」のカードでは、第五元素への回帰のコースで、四元素は均等にすべてコントロールされています。四元素は五元素を自分自身で分割したものによって生み出されたわけですから、五元素に戻ること、すなわち四元素がすべて揃っていることを示します。

「世界」のカードは、普通のタロット占いで考えた時、必要な部品すべてが統合化されて、全体としてまとまった状態や完全であるということを指すでしょう。

　目標があるとしたら達成されます。なぜなら人間の生活の苦痛や思うようにならない困った状態というのは、この四元素のどれかが不足していることから来ているからです。

　男女が一体化して卵の中に守られているという構図を、結婚しましたというふうに読むこともありえます。完全なかたちではありませんが、輪の中に二極化したものをまとめてしまったからです。

　足りないものは一切ないとみなすべきカードです。それを1人が達成するのがもともとのタロットカードの意味ですが、外部的に揃えて全部あるという考え方も、擬似的に「世界」のカードだといえるのです。

　地上の四元素は、高次な次元との境界線にある境域の守護霊の4つのエレメントと共鳴し、結果的に、地上生活は生き生きとした生命的な力に満ちてきます。

3
小アルカナ

　小アルカナは4つのスートに分かれています。これは、ソード（風）・ワンド（火）・カップ（水）・ペンタクルス（土）とみなして、四元素だと考えることができます。四元素は、非時間的・非空間的な第五元素が内部分割されることで形成されます。

　この第五元素は、卵の形とみなします。それが割れて4つになったのです。この図式は、「世界」のカードに描かれています。

　小アルカナカードは、4つの元素に対応するので、それは具体的な世界の内部、すなわち時間性・空間性がはっきりした領域について考える時には、大アルカナよりも具体的で使いやすいものです。しかし同時に不完全性・部分性も強くなります。

　目に見える具体的なものは、いかなるものも四元素のどれかに分類されます。そこからはみ出すものはありません。

　占星術の概念を借りると、はじめの火は、次に土、また風に、最後に水に主導権が移動します。どのような元素もいつかは失われ、違う元素に変わるので、この世は栄枯盛衰から免れることはなく、失われないものはありません。しかし、元の第五元素は非時間的なものなので、それは永遠性を持つ意識の諸相だと考えるとよいのです。

　具体的なことに強い小アルカナカードですが、使い方の難しさがあります。

　マルセイユ版などでは数札なので、イメージが刺激されにくく、数字と元素（ソード・ワンド・カップ・ペンタクルス）のみで違いを識別します。実はこの方が便利です。しかし慣れない人には、これは使いにくい面もあります。

ウェイト版はそれぞれ絵札なので、イメージを刺激し、わかりやすいのです。しかし肝心のカードの意味には、間違いがたくさんあります。そもそもウェイト版は大アルカナのみウェイトが監修しましたが、小アルカナは画家のパメラ・コールマン・スミスが独自に書いたものが多いのです。既に説明はしましたが、彼女の考え方には偏った信念体系があり、それによって、例えばソードのカードなどは否定的な絵柄があります。彼女の考え方の偏り通りに、彼女は暗く孤独な人生を送りました。そのため、これをそのまま真に受けてしまうと、タロット占いはひどい読み方になってしまいます。

　本書はウェイト版を使っていますから、意味の解説においては、パメラ・コールマン・スミスの絵柄のどこに問題があるのか、できる部分は指摘しておこうと思います。

　カードの意味は、ある程度客観的で普遍的なものなのです。荒れ果てた岩場のようにゴツゴツしすぎていないのです。そのため個人的な偏向を避けることはできないにしても、できるかぎり公平に見るように努力する必要があるのです。偏見は個人が存在する以上、避けられないのですが、しかし常にそれを広げておこうとする姿勢と意欲を継続するのが正しいということです。

WANDS
ワンドのエース
ACE of WANDS

　エースあるいは1は始まりです。しかし無から生まれるものは何もなく、より大きな宇宙から、下位に力が持ち込まれるものが大アルカナの場合の1で、小アルカナは、四元素が相互依存の中で働いているので、他の元素からこの火の元素に力が移ってきて、そして火の元素において始まりがあったとみなすことになります。

　火の元素は水の元素の次にやってくるものです。一体化し、動きが止まり、すなわちあらゆるものの死を経過した後に、水面に波風を立てるかのように、新しい活力や興奮、高揚感、創造的なものがスタートします。

　動きのないものから、動きのあるものが始まる。それは差異性や違和感のあるものを生み出すことです。

　イザナミとイザナギが水をかき回して、そのしずくがオノコロ島になったという話は、凪いだ水をかき回して、そこに突出したものが火の元素となるという意味です。

　一体化から離れ、違和感のあるものを作り出す衝動が、この火の力を活性化します。そのため、誰かにつられて同じことをしようとして何かスタートさせるのは、「ワンドのエース」の作用ではありません。他と違うことを主張して動きが始まるのです。引き継いでいくとこの火は消えません。しかし違和性があるということは、孤立していて自信がないということでもあるのです。

　ですから、周囲に迎合すると消されてしまいかねない創造力と考え

ましょう。「これをしてもいいですか」と聞かれたら「ノー」と言われる可能性があるのです。それで引っ込んでしまうと、それは火の元素の性質ではありません。

　言葉に上手く表現できないはずです。言葉にできるとは、もう既知の、新しくないものだからです。

　エースはまだ対象化できにくく、対象化できないと意識は働かないという意味では、エースのカードは無自覚な場合が多いと思います。無自覚になりがちであるが、何かそういう種が蒔かれたのです。

　火の元素の始まりは、常に何となく不安です。安定すればそれはエースでなく、もっと後の数字ステップに移ったのです。

　この小さな種を大切に守り、育てましょう。水と土、すなわち杯と貨幣はこの力を押し潰す可能性があります。そういうものから守りましょう。

　結果で判断するような人、形になっていないものを認識できない人は、このエースの段階、さらに火という「ワンドのエース」には全く気がつかないこともあります。意図の段階ではないも同然と考える人もいるかもしれませんが、そのような人は何一つ自分からできない人ということになります。

　1の数字のものはあまりにも漠然としすぎています。古代には、一度創造された世界は洪水に流され、あらためて作られたという伝説が各地に残っています。

　アフリカのドゴン族にも、まるで間違った方法を使ったかのようにして青い狐が産まれ、その後、人が産まれたという話があります。ということは、それは小さなところでも繰り返される可能性があるので、エースの火がそのままスムーズに発展していくとはかぎりません。

　また音階でいえば、ドから次のドに至るまでにミの後、シの後に挫折する場所があり、それは挫折しやすいというよりも、まずほとんどのケースでは挫折すると考えられています。

　挫折してまた振り出しに戻る。そのため、ほとんどのケースでは、最後まで達成することはないと考えるのです。

WANDS
ワンドの2
II of WANDS

　すべてが同化した水の領域から、違和感のある、突出したものを作り出すのがワンド（火）のカードですが、2の段階ではそれをもっと強めようと摩擦を起こし、ゆすぶり、興奮を生み出します。

　エースの段階では、まだ言葉にすることさえできない衝動の始まりだったので、それを継続し膨らませるには周囲との摩擦も必要で、また強い主張や野心、火の元素らしく、現実離れした壮大さを持つ夢見が必要です。

　ここでは協調性などありません。それよりも押し出しです。まだ現実に話は動いていない段階で、大きなことを言うというような状態です。

　2の数字は不安定ですから、意欲だけで保たれています。怠けるとこの火は簡単に消えてしまいます。時には、他のものを否定する行為が火を強めることもあります。摩擦と表現したのはこのためです。つまり、戦いや闘争、競争意欲などもあります。わがままさや個人的な主張の強さも表します。

　しばしば水と土はこの動きを荒唐無稽なものとして抑圧しようとするでしょう。土はまとめること、水は他と同じに平均化しようとするので、「ワンドの2」は一番迷惑に見えてくるのです。波風を立て、意欲的・野心的になります。

　占星術の火の元素である牡羊座、獅子座、射手座の2度が参考になるでしょう。自ら意欲をかき立てないと、いつのまにか消えてしまいます。まだ何もしていないのに話だけは大きいということもあるでしょう。

ここで占星術のサインを参考にすると、火のサインである牡羊座・獅子座・射手座での２の数字を表す1.00度から1.99度までは、３つのサインとも性質がとても似ています。それはあまり目的を明確にしない感じで、揺すぶり、かき回す行為です。

火の元素は水面に波風を立てることで成立しますから、それは波風を立てるという言葉通りに、静かなものに騒ぎを作り出し、振動を高め、迷惑なこともたくさんあります。

火の元素ですから、十分に抽象的で、そこに具体的な計画性はまだありません。それよりも意欲が大切なのです。

具体性がないからと非難するのは火の性質ではありません。まずは意欲があり、その後に具体性がついてくるのです。的外れなことを言うかもしれないし、現実離れしているかもしれませんが、それが「ワンドの２」というものです。

火は土と水を否定して成り立つ傾向があり、すると、ここでは壮大になり、現実離れし、抽象的になり、また敵を作ります。相手に気を遣い同化するのは水ですから、それを否定して成り立つワンドは、人を怒らせたりすることもあります。

分離・独立という火の性質からすると、周囲に気を遣いつつ、じっくりと取り組むというものでもないでしょう。この火の衝動が挫折するとしたら、敵対する元素である水と土、すなわちカップとペンタクルスをないがしろにするか、あるいはないがしろにされるかということから来ていますから、これらと対立すればするほど、この２の数字の野望は挫折する危険性が高まります。

ある日突然消えてしまった人ということもあります。

必要ならば、何に気をつけなくてはならないか、補助カードをもう１枚出してもよいのではないでしょうか。

WANDS
ワンドの3
III of WANDS

　ワンドは火の元素なので、それは精神性や高揚感、上昇していく性質を表します。火ですから、燃えて上に上がっていくイメージを持っています。

　基本的に土や水が着地していくのに比べて、火はそのような具体的なところから離れてどんどん高みに上がっていく、上昇していく、精神的になっていく性質です。

　2の数字ではある種の摩擦がありましたが、3の数字は創造的、発展的、拡大を意味する数字で、火の元素の力が安定して拡張する力を持っています。あまり、個人的ではないところの視野が手に入りやすい傾向があります。

　数字というのは、後になればなるほど、具体的になり、数が少ない段階では抽象的でトータルな要素が強まります。つまり、数が増えるというのは、1つのものを細かく分割することで数が多くなりますから、緻密になります。

　その反対に数字が少ないほど、より全体的なものを指していることが多いのです。数字が増えれば増えるほど、内部が細かく分割されると考えるとよいでしょう。

　ウェイト版の「ワンドの3」のカードは、海の向こうの遠いところを高台から見ている絵柄です。高みから見ていることで遠くが見える状態は、山の上に上がって町の景色を見た時の気分に似ているでしょう。壮大なビジョンや個人的なところでは見えてこなかった全体像が見え

てくるという意味にもなります。

　占星術であれば、火のサインである牡羊座の3度は、集団意識全体に同化して広い視野でものを見る、個人としてのものにまだ落とし込まれていない状態を指したりしますが、これは「ワンドの3」に似たところがあります。

　遠いところを見ているというのは、事業や仕事をする時、広い視野で高みから見ることです。そのようなところでの発展力や見通しが効いていく、今まで見えなかったものが見えてきて、将来こうすればよいのだというイメージがはっきりしてくるとも考えられるでしょう。そうなると、細かいことばかり考えている人は、この人のビジョンに依存することになります。

　そのような意味で、統括力や推進力といったものを持った状況と考えることもできます。タロット占いでは、障害が取り除かれて発展的に広げていくことになります。

　また絵柄の傾向から、海外や海の向こうというイメージもあります。貿易とか、企業の海外展開なども含まれます。

「ワンドの2」も「ワンドの3」も、人物の洋服はローブかマントのように長く、足が隠されています。洋服はたいてい上と下に分かれていますが、それは精神と現実、太陽と月の分離です。何かしようとしても、現実はまた違うものだと考えるのです。

　しかしワンピース的なものが長く垂れているのは、上と下が分化しておらず、頭のところから、すなわち精神とか内面などの計画が、そのままストレートに地上に降ろされようとしていることから、複雑なアイデアではなく、トータルな性質を持っているが、強い意欲によって実行される事柄などを表します。下から上がってくるものをまだあまり重視していないのです。

　3の数字は、火の元素の基本的なスタイルを確立する段階です。また加速すること、スムーズになることも意味します。

　三角形は、AとBの推移をCが認識しているという意味になります。何かが増えたり、推移したりするのを見ています。

WANDS
ワンドの4
IV of WANDS

　4の数字は占星術では、4番目のサインの蟹座や4ハウスといったように、個人を超えた集団的なソースを表し、そのようなものとつながっていくことを意味します。

　3の数字には創造的な活動の高揚感がありますが、4では3の数字を一度停止させる状況になります。4の数字は常に動きが止まっているところがあり、その結果、今までの自分を超えた大きな源流につながるという意味があります。

　より大きなものにつながるためには、休止や停止、ある意味での死に体になるといった状況が出てきます。蟹座や4ハウスといった時、生命力をチャージするために、夜寝ている、死んでいるといった意味も含みます。

　火の元素のワンドでは、火の元素のより大きなものをチャージするために、休息するという意味が出てきます。

　ウェイト版の絵柄の場合、4本の木が立っていて、後ろに城があり、のんびりと休息できる田舎の場所のようなイメージが描かれています。そういうところでエネルギーをチャージするといった場合、休暇やレジャーとも考えられます。

　火の力はワンドに象徴されるように植物や樹木といったイメージがあり、森や自然の多い場所には、火の力がたくさんあることになります。森林浴や森の中の別荘なども含まれるでしょう。

　動きを止めているといっても火の元素ですから、高揚感や幸福感は

伴います。より大きな火がチャージされているということは、喜び感がどんどん膨らんでいくとイメージできるでしょう。

　4の数字は型にはめる、形式的なものを意味することも多く、火の高揚感という部分と形式的なものを合わせて考えると、ある種のセレモニー的なもの、例えば結婚式や祝賀パーティー、型にはまったお正月やお盆のような形式的なものと休息が結びついているといった感じで考えてもよいのです。

　いつもの生活にストップがかかってくる非日常的なものや、いつも働いている人がその日だけ休んでその会に参加する状態です。

　動きがストップするといっても、それは火が消えるのではなく、より大きな火がチャージされるということです。

　3では加速する活動が続きましたが、それが次の大台に乗るには、今までの活動がそのまま続くだけでは打開できないのです。そのため、この3と4の間には、乗り越えられない溝があります。

　音階でいうと、ドレミファと続く中で、3はミの音、4はファの音ですが、そこは半音で、何か足りないものがあるのです。

　事業とか仕事でも、1でスタートし3でどんどん加速して発展したものは、そのままでは空回りを始め、次にどうしてよいかわからなくなります。この時、4では、それまでの動きを一度止めて、より大きなエネルギーを引き出す必要があるのです。

　視点を変える必要もあるでしょう。それまで続いていたことをそのまま続けていると見えてこないので、視点を変えるためには、今までのものから手を離し、より大きなものを発見する必要があるのです。例えば、今まで動かしていた機械を止めて、そこでより大きなものに触れるということもあるでしょう。

　また「ワンドの2」でも「ワンドの3」でも1人だった人物が、ここでは2人になりました。共同するということを考えるのもよいでしょう。

　火の力が強まるという意味では、日本でならばこのカードの図柄は、神社の鳥居の向こうに日が昇るのを見るというようなイメージもあるかもしれません。

WANDS
ワンドの5
V of WANDS

　「ワンドの5」の絵柄は、5人が棒を持って戦っているような様子が描かれています。

　火の元素は、基本的に水と対立しています。水の元素は、すべて交じり合って一緒になることを指しますが、それに対して火はそれぞれの独立性や違和感を作り出すことで波風を立てていきます。

　火は凪いだ水面を叩いて波風を立てることを表しますから、一緒に混ざるのではなく、摩擦を起こしたりぶつかったりする性質を持っていて、その結果、元気になっていく傾向があります。試合をしたり、プロレスのように戦ったりというのは、水の元素からすると傷つけることであり、良くないもの・否定的なものに見えますが、火の元素からすると、むしろ逆にお互いが元気になる、楽しいものになります。

　5の数字には自己主張という意味があり、自分の意思が飛び出していくことを表しています。その時、ワンドはケンカ腰のような自己主張となり、挑戦や挑む姿勢となります。このような状態を否定的に見るケースもあれば、肯定的に見るケースもあるでしょう。時と場合に応じてですが、火の元素が好きな人は、このカードを肯定的に読み、嫌いな人は否定的に読むことになるでしょう。

　5の数字は自己主張ということで、自分の言ったことが他の人よりも勝っている状態は、喜びをもたらすことになるでしょう。

　4はチャージで5は放出であると考えると、4で満タンにチャージするほど、5で放出する力はより強まることになりますから、「ワンドの

4」と「ワンドの5」の関係は密接です。

「ワンドの5」は、ぶつかり合うことで元気になるという意味もありますが、やはりストレスが多い場合もあります。うるさい雑踏というのは、結局それぞれの人がそれぞれの都合で音を出しています。それが調和せずに騒音となっている状態です。そのような場所や状況を、このカードが表す場合もあるでしょう。

　ある地方の会社で、社員が数人で議論をしている時、東京の本社から出張に来た人が、「ケンカはやめてください」と訴えました。ですが、この議論をしている人達は、いつもやってる会議のつもりだったのです。その地方の方言は、標準語からすると、トゲを感じるような傾向のある、ヤクザ映画でよく出てくる広島弁だったのです。

　このカードは、他人からするとそのように険悪に見えるかもしれませんが、しかし仲良く和気あいあいということもあるのです。

　5の数字を表す五角形は、一辺を他の直線が横断し、この前後の比率が黄金比1対0.618になります。これは膨らむことや増殖すること、劇的に展開することを意味する面もありますから、この議論や主張はますます大きくなるのです。そしてまたこの黄金律は、自然的な美しさを意味しますから、神経が消耗するような不毛な議論や心ない衝突という意味でもないのです。

　そこには必ず楽しさがあります。それを踏まえてカードをリーディングしてみるとよいでしょう。

WANDS
ワンドの6
VI of WANDS

　6の数字は六角形を思い浮かべるとよいでしょう。その場合、自分の側の創造的な三角形、それに対して環境の側に、鏡のように映ったもう1つの三角形があります。

　私達は世界のすべてを見ることはできず、興味があるものだけを認識します。世界は自分の映し絵です。それ以外のものが目に入らないと考えてもよいのです。

　つまり6の数字は、自分の関心で引き寄せたものだけを見ており、ワンドは意欲、積極性、戦うことという姿勢で人生のさまざまな出来事を考え、選択します。

　ワンドでは、どのようなことにも積極的に挑むように取り組むことで達成感を得ます。勝つことが重要であり、高揚感が大切ですが、しかしこれにはこれのリラックスや癒しというものもあります。

　そもそも受動的にしていると、私達は鬱病になってしまいます。癒しやリラックスは、実は、積極的に行動した時に訪れると考えてもよいのです。ワンドの人は特に消極的になると、それだけで鬱状態になるかもしれません。

　「ワンドの6」は勝ったら勝った分だけ栄光や名誉というご褒美が手に入る人生観ですが、するとマイナスなものや落ち込んだものに対して配慮せず同情心がないという傾向も出てきます。負け犬を嫌うかもしれませんが、水の元素から考えると、負けることはより大きなところに広がるための手段でもあり、悪くはないのです。

そのため、「ワンドの6」は、杯のカードのような水の要素を影にしてしまう可能性もあります。人生の曲がり角やちょっとした判断、あらゆるところで、チャレンジ精神が顔をのぞかせます。そういうふうにして人生を作ってきたのです。

勝ち負けにこだわる価値観で生きている人もいるでしょう。

カバラの生命の樹に小アルカナを対応させるのがウェイト版などの方針ですが、すると6は胸の中心のティファレトを表します。これは精神と物質のつなぎ目です。精神と物質的なものをつなぐ蝶 番として、ワンド、すなわち火の元素が使われているのです。何かを判断する時に、常にそれを基準に見ますから、火の元素らしい偏りがあると考えてもよいのです。

私達は自分の気質を通して世界を見ますから、自分が火の力が強い人は、世界を火に包まれたもののように見ます。そして他の人が決して見つけられないようなものを、この人らしく見つけ出します。この人がいつもなじんでいるものが、他の人からすると、それがこの世にあることさえ知らなかった、というようなものかもしれません。

常に人はこの4つの元素、4つのスートのどれかに強く同化し、それに適した気質を持っています。火は能動的ですから、何かきっかけがあると、すかさず打って出るような性質にもなりやすいでしょう。妥協することは負けだと認識される可能性もあります。

6は環境に関わること、また動きに対して常に対応することを表します。人生のターニングポイントでは、常に火の価値観をもとに選択してきたというわけです。長い期間続けてきた結果、その人の人生は他の人とずいぶんと違ってきたということになります。

WANDS
ワンドの 7
VII of WANDS

　7の数字は、落差のあるものの間に宇宙法則としての7つの法則が働くことを意味します。落差のあるところには必ず7つのものがあると考えられます。それが大きなものであったり小さなものであったりしても、構造としては同じというのが「戦車」のカードの7の意味でした。

　これを四元素それぞれに分けたものが、小アルカナの7のカードです。積極的な高揚感やテンションの高さを表しています。

　そのような活動をしている人は、テンションの高さがゆえに有利な立場があります。そして、それはおとなしくなって停滞していくとだんだん見えなくなってきます。あるレベルの活発さを発揮している間は維持できる立場があるのです。エンジンが切れると沈んでしまう状態です。

　そのようなところで、ウェイト版の絵柄では、高台に登っている人がいて、下の方から棒が突き上げられています。周りからプレッシャーがかかっていたり、突き上げられたりしていますが、その人そのものは有利な立場にあって、そこでは、他の攻撃などに対して持ちこたえることができます。

　火の元素は怠慢さがないのですが、同時に安定性もありません。気力だけで持っているのです。そのため、デプレッション（意気消沈）を起こすと急激に立場を失います。土や水であれば、もっと安定します。しかし火の元素の充実感を犠牲にしています。

　火は常に新しいことができる、型ばかりが維持されて中身がほとん

どないという状態にはなりえません。実質の中身だけで維持されているのです。走り続けることでじっと同じ立場に立てるというのはどの分野でもあることです。

　宇宙法則として、１つの白い光は、その下で７つの色に分かれます。この７つのうちの１つが、またさらに７つに分かれるというふうに次元が作られていきます。ここでは７の数字と高台で有利な立場にある姿が描かれているのですから、それまでの７つを統合化することで、１つ上に上がったとみなしてもよいでしょう。

　そして下から突き上げている、７つの力と同じ立場に立って感じ、考えることから離れるということも表します。同じ立場にいなければ、同じことを感じることはできません。共感ではなく超越ということが重要になっています。

　それまでよく見えていなかったものが、視点が有利になることで、見えてきます。高いところに上がって見るというのもよいでしょう。ビルとか山の上に上がってみる。そして７つ全部を揃えることでしか、この統合的な１点に上がれないので、不足があってはなりません。見落としもしないことも大切です。

　内閣総理大臣だった小泉純一郎氏は、よく「抵抗勢力」という話をしていましたが、火の元素の意識は水の元素と違い、抵抗勢力とか敵対勢力というものを気にしないどころか、むしろそういう勢力がないとやる気がしないという面もあります。とりわけ、摩擦の火を表す射手座などは、そうした戦いがないことには励みにならないのです。

　この「ワンド７」では、下から突き上げるものが複数あり、これを上手く扱うことで自信が出てくるということもあるでしょう。また下から上がってきたものを意識するという意味では、自分よりも立場が下にあるものを無視しないということも考えられます。

　しかし、既に説明したように、共感力を発揮しているわけではありません。共感するためには同じ位置にいないといけないからです。

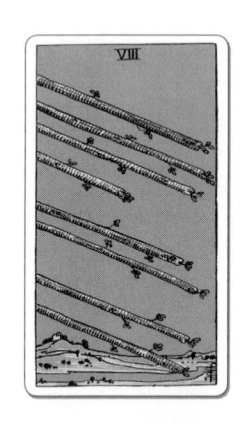

WANDS
ワンドの8
Ⅷ of WANDS

　ウェイト版の火の元素の8の絵柄は、空中を飛んでいる棒が描かれています。空中を飛んでいるというのは、早いスピードのものを表しています。

　棒は火の元素ですから地面にあるものではなく、もともと上昇したり、空中にあったり、動きのあるものです。

　8の数字は集中して圧縮されていくものを表していて、エネルギーが凝縮されていく状態です。意欲や情報が圧縮されて飛び出していくイメージで考えるとよいでしょう。満タンになったエネルギーが、いっぱいになり飛び出していく様子です。時期がきて、動きが出てくる状態なのです。勉強したり準備したりしている人からすると、次のステップに飛び出すといったかたちを考えるとよいでしょう。

　「ワンドの8」には「お知らせ」というイメージが昔からありますが、インフォメーションや情報そのものは剣のカードの風の元素の対応です。しかし動きを作り出すといった時は火の元素が関わることになります。インパクトのある驚くような情報が飛び込んでくる、そういった情報を提供するということをこのカードで考えてもよいでしょう。

　満タンになったものが飛び出すということで、ここには爆発するような影響力があります。火の元素は次に土の元素に向かいますから、具体的なものにこのエネルギーが転換されます。

　火は土の元素に命を吹き込む形となり、具体的な成果をもたらすこととなります。素早い行動、遅れないように動くことで具体的な成果

に変わります。

　ウェイト版のカードの絵柄だけを見ていると、左に上がっているのか、それとも右に落ちているのか判然としません。もともとの8の数字は偶数でもあり、蓄積したり圧縮したりする性質なので、移動性はなく、移動するのは7あるいは5です。そのため、どちらかというと、地上に落ちてくるようなものとも考えられます。

　火は空を飛び、風は横に広がる。

　この火は本来の性質として、やがては地に向かう性質があると考えると、それまで空中にあったものが集まり、そして8の数字らしく、集まり圧縮されていく光景です。地に落ちるのは具体化していくことでもあります。

　例えば、日常会話とかには圧縮というものがありませんが、著作物としての本などは、情報としての圧縮があります。たくさんのものが、そこに集められ、閉じ込められています。

　こういうふうに考えてみると、凝縮して、無駄なものを排した、充実度の高いものを作り出すという意味も出てくるでしょう。

　例えば、カバラ派の人のように、8のカードを生命の樹のホドに対応させると、そこは水星にも対応していますから、火の水星ということで、占星術としては、牡羊座・獅子座・射手座の水星という対応を考えることもできます。判断が早く、十分な根拠を求める前に決断したり行動したりします。そして1つひとつの言葉に勢いがあり、そこに充実感を求めますから、形式的なことを重んじたりしません。こうしたことも参考にしてみるとよいでしょう。

　多角的な情報とか、情報の密度の高さ。博識ということもありえます。機関銃を打つように喋るというイメージもあります。

WANDS
ワンドの9
IX of WANDS

　9の数字は生命の樹でいうと腰の部分のイエソドに当たります。そこには、濃密な気のエネルギーが集まっています。そして、イエソドのすぐ下には物質的なマルクトがあり、イエソドとマルクトは物質領域においての陽の部分と陰の部分という対比があります。したがって、イエソドに溜まったものはやがて、実生活や物質的なもの、目に見えるものに蓄積され転換されていきます。

　イエソドはエーテル物質というものが蓄積され、それが繰り返されると形骸化され、つまり死んでいくことで物質に変わると考えられています。そういうところでいうと、小アルカナの9の数字はやがては形になっていくものを表しています。

　火の元素は興奮状態や充実感、精神的な高揚感を表していますから、常に実感のある充実したものを追及していて、そのような方向で人生が進んでいきます。いろいろな困難があっても、気力やパワーで乗り越えて進んでいきます。

　実際にウェイト版の絵柄では、怪我をしてもまだ戦っている人のように描かれています。

　火の元素は動きがスローなことを嫌います。そのため、中途半端なものを見るとイライラして、怒り始めます。

　また、安心しておらず、警戒しているような様子もあるでしょう。安心するというのは、気を抜く状態で、気を抜くのは土の元素や水の元素にはあるかもしれませんが、火の元素の「ワンドの9」ではそのよう

な状態はありません。注意深く気を張っている状態で旅をするのです。

「旅」といった時は、実際に旅行を含みますが、人生の旅または人生を進めていくやり方という意味です。気合を入れて集中的に進んでいく状態といえます。

イエソドは月に対応していますが、これは気のレベルの身体で、実際に感覚を使って識別し、判断し考えるというよりも、まずは気分として、その人の人生を運んでいく活力であるとみなします。

その人は9のイエソドの持つ性質によって、物質を引き寄せ、現象や事態を引き寄せます。磁力のある身体と考えるとよいのです。

9の数字の大アルカナカードである「隠者」のカードは、「処女性の男根」という説明をしましたが、つまり考えるよりも、本能的に目的に向かって突き進み、いちいち理性的な判断をしていないのです。目をつぶっても、正しい場所にたどり着く。これが9の数字の性質です。

シュタイナーは金星がミクロコスモスに誘いかけ、水星はこの中で考え、そして月において行動に移されると説明していますが、これは7でミクロコスモスに向かい、8で考え、9で実際に行動になるというふうに置き換えてもよいでしょう。

これまでの「ワンドの7」と「ワンドの8」との結果で、「ワンドの9」の性質が作られ、そして行動に現れるというふうにみなすわけです。ワンドの火の元素は、どんなことにも、高い充実感を求めるために、怠惰でスローなものを嫌うのです。

また内側のものを重視するために、外面を整えることに不注意なこともあります。人は見た目で判断する要素がある。しかし火の元素はそれをあまり重視しません。実質重視で外面軽視という傾向です。こういう人柄を思い浮かべてみましょう。あまりなりふり構わず、しかし実質は充実しているような生き方です。

WANDS
ワンドの 10
X of WANDS

　10 は具体的な結果、形になったものを表します。生き方が形に出たと考えてもよいでしょう。

　火の元素は、もともとが充実感や高揚感、興奮状態、精神的に感じるものを表しています。土の元素の場合であれば、感じなくても形になっている部分で確認する傾向がありますから、テンションが低かったり、興奮状態ではなかったりしても、それはそれで気にならないでしょう。しかし、火の元素のワンドの場合、形だけが整っていても中身が充実していなければ、気に入らないのです。

　例えば、給料が少なくても面白いから頑張る、社会的なところで評価が得られなくても興味があったらチャレンジする。このように中身ばかり重視して、外側の型をあまり気にしていないところがあります。人生は常に充実していなくてはならず、どのようなことにも気力や気合を入れる状態です。

　言ってみれば何でもかんでも引き受けてしまう人、あらゆるものを自分の責任にしてしまう人、そういった人物になりかねないのです。頑張って大きな負担を抱え込んでしまい、気がつくととても要領が悪い状態になっていることもあります。当然のことながら、やりすぎというのは、結果的に大きな負担でどこかに無理が来ることになります。

　四元素全部揃ったものが、第五元素としての 1 つの完成系体であるというところからすると、火の元素の行きすぎについては、再検討する余地はあるでしょう。

「ワンドの10」の絵柄は、棒を全部抱え込んで先が見えていない状態です。つまり、目の前の仕事に手一杯で、それをこなしていって、自分がどこに行くかわかっていません。ビジョンが見えないのです。

単純明快に、この絵柄から重い荷物を運んでいる引越し屋さんとリーディングすることもできます。

棒を10本まとめて運んでいる姿からすると、たくさんのものを1つにまとめて運ぶ。同時にいろいろなことをしようとするという傾向もあります。

火の元素は、水と土の元素に対してはちょっと対立している傾向があります。その結果、たくさんの仕事をしても、お金には困っている人というケースもあります。負担が多すぎて疲れているけど、それでも、やめようとはしないでしょう。

10の数字は結果を出すということですから、試みたものはみなはっきりと結果を出すまで頑張ります。

私はよくこのカードを「ヘラクレスカード」と呼んでいたのですが、頑張る、背負い込む、一個人では無理なことをしようとするということに対してそれは素晴らしいことなのだと思い込むのが、ヘラクレスコンプレックスというのかもしれません。

ですが、こういうタイプの人は、負担がなくなり、余裕のある暮らしをすると、自分を実感することができなくなり、感情面で落ち込むこともありえます。結局、無理なことをすると精神としては充足感があるわけです。

WANDS
ワンドのペイジ
PAGE of WANDS

　人物カードは人間の古典的な存在状態の4種類を表しています。ただ、この4種類の判断法は現代では失われてしまった発想法です。

　ペイジはナイトのように馬に乗っておらず、徒歩です。見通しが利くわけではなく、自分の周辺のことしかわかりません。それは若い人、まだ何か始めたばかりの状態を表していて、運営力や決定力が与えられず、責任を負うこともできない状態です。まだ自分の判断ができておらず、人の影響を受けやすい、あるいは人と自分を混同しやすい状態です。

　ワンドは火の元素を活用する時の姿勢に関係することになります。大抵の場合、「ワンドのペイジ」は使者やメッセンジャーとして考えられ、助手やきっかけを作ってくれる存在、お知らせをもたらしてくれる人、そういった意味です。

　ペイジそのものには何かを期待できませんが、ある種の刺激は与えてくれます。

　必ずしも、これを人物とみなさなくてもよく、アイデアがやって来たと読むこともあるでしょう。楽しそうなもの、クリエイティビティを刺激するもの、興奮をもたらすようなもので、チャンスが飛び込んでくる状態を表しています。

　お知らせは現代ではメールです。

　ペイジそのものは、受けて立つ、支える、継続する力はないので、包容力を持って扱うべき相手ということにもなります。

精神性、思想性、クリエイティブなもの、言葉やアイデアを扱う分野など、火の元素に関わるところで、占星術では牡羊座・獅子座・射手座を参考に考えてみるとよいでしょう。
　古典的な４つの人物階層は、ファンタジーなどではよく扱われます。徒歩の一般人、英雄の騎士、女神やお姫様のクイーン、そして王です。
　四元素は、４つのエレメントにも関係し、地上原理として、４つの分類は、春夏秋冬とか東西南北などにも現れます。
　古代韓国の社会構造として、北極星の王（檀君(だんくん)）、それを取り囲む北斗七星の王妃や女官達（熊女(ゆうじょ)）、そして軍隊、その周囲に一般人がいる、というものも、この４種類の人物カードに対応します。
　「ワンドのペイジ」は、それ自身が中心的になることには頼りないのですが、助けになること、ちょっとした刺激や情報、火の元素は高揚感ですから、喜びや興奮をもたらすものがやってくるという意味になりやすいでしょう。
　ペイジは自分の上にいる騎士には憧れますが、その向こうにいる王妃や王に関しては、その価値を理解していません。長期的なビジョンとか意図を持って、そこから今の発言を考えるという姿勢もないので、思ったことがそのまま出てしまいます。
　こういう正直な発言というのは、結果的に、良い結果をもたらすことはありません。よかれと思ってしたことも、混乱を招くこともあります。その意味ではこのペイジのカード、ないしそれに対応する人物に期待をしないようにすれば、それなりに助けになってくれるということです。

WANDS
ワンドのナイト
KNIGHT of WANDS

　ナイトは馬に乗っています。それはペイジにはわからない見通しの利く視点を持ちます。自動車でも少し車高が高いと、渋滞がその先どこまで続いているかわかるように、ナイトは空間的にも時間的にも見通しが利きます。

　馬は自然界の生き物、運ぶ力、生命力を現していますから、それを乗りこなしているという意味で、何かを成すことができる人、実行することができる状態を表しています。

　ナイトはその点で受動的にじっとしているという意味を持ちません。ですから、常に運営する、動く、時には実際に移動することを指します。

　会社員にたとえれば、言われたことをするのはペイジ、決定権を持ち、指導力がある人がナイトになります。

　必ずしも年齢的なものを考える必要はないでしょう。

　ワンドは興奮状態や向上心を意味します。馬に乗って、なおかつ火の性質を持っているといった場合、少しやりすぎであったり、冒険的しすぎたりすることもあるでしょう。

　瞬間決定の性質もあるので、時には早合点であったり即断即決がすぎたりする傾向もあります。

　また、人物像ではなく、シュチュエーションということもあります。

　主体と対象という時、人物カードはたいてい主体を表すわけですが、環境や事象にも主体的な要素がないわけではないし、組織は集団的な主体ですから、もちろん人物カードとしても現れます。率直で積極的

な性質の能動的な運営力を想定しましょう。

　ワンドは火の元素ですから、火を持ち運ぶ人というふうに考えてもよいでしょう。例えば、聖火を運ぶ人、松明(たいまつ)持ちなどです。

　分裂や分離はソードの風の元素であり、火はそうした批判、分離などを示すことはないのですが、情熱を維持しつつ移動するという点では、同じ精神性を維持しながら移動、すなわち異なる分野に持ち込むということも考えられます。

　そもそも移動する、旅をするというのは、実際に身体を動かしてどこかに行くというだけでなく、転職したり、異なる分野に向かったりということも象徴的に移動することを表します。

　例えば、同じ会社の支社を違う地域に作るということも、「ワンドのナイト」の一例として考えることもできるでしょう。同じ火があちこちに分散したり、移動したりするわけです。

　頭脳的に考えると、迷路に入り込み、正確な読み方が成り立たなくなる可能性がある時には、私はよく裏側にしたまま、開く前に「そのカードがどんなものなのか、イメージとか色を思い浮かべてください」と言います。つまり感覚で判断するのでなく、非感覚的なエーテル体の方で見ていくのは、リモートビューイングのようなもので、絵柄がわからない方が正確なことも多いのです。そうやって何となくイメージをつかんだ後で、カードを表にすれば、思考の迷路に入り込むことは少なくなります。

　カードに対して決まりきった解釈をする解説者が出て来れない余地を作り出しておくということです。

　「仕事はどうなりますか」という質問で、このカードが出てきた時に、まだ本格的に決めないで、しばらくはお勉強したり、旅をしたり、調査したり、準備をする時間にしましょうというふうに読んだこともあります。

　このカードは運営力がありますが、着地はしていないのです。ワンドすなわち火の元素はもともと着地を嫌がります。

Ⅲ　タロットカード解説──小アルカナ【ワンド】

161

WANDS
ワンドのクイーン
QUEEN of WANDS

　クイーンはナイトのように動いているわけではなく、椅子に座っています。椅子に座っている状態は、自分が動くのではなく、周りが動いていくことを表します。他の人に対して影響力があり、女性ということで、情動や感情の部分に強く働きかける力を持っています。

　火の元素はクリエイティビティ、作り出す、生み出す、精神性、精神的活気の強さといった方向で、巻き込む力や周りに興奮を与える力です。

　必ずしも、クイーンやキングは女性や男性と限定する必要はありません。

　古典的な人物性として、人物カードを平民、英雄、王妃、王という区分にした場合、クイーンは高次の感情、ある種の崇高なものを持っているパーソナリティだと考えられます。感情といっても深く働きかける力でもあるということです。これは人間の意識レベルである、通常の思考レベル⇒動作本能的な意識速度⇒高次の感情⇒高次の思考というグルジエフ流の意識の発達の4段階に対応しています。

　また火の元素ないしワンドは植物に関係し、育っていく、拡大していく、ネットワークを広げるということもありますから、枝葉を広げる発展力があるのです。それでいてクイーンは創案することはありません。創案はキングになるからです。

　出版業界、製造業や企画の分野も、火の元素でしょう。

　キングが価値を生み出したのち、クイーンはそれを受けて拡大して

盛り上げる、膨らませていく力です。

　女性のイメージで考えた時、活動的で積極的な女性と考えてもよいでしょう。

　人物カードとして見た場合、パターンが少なすぎますから、細かくこのような人ですということはできません。人間だけではなく、会社組織・事物の性質も人物カードを用いることができるでしょう。

　画像の配置なども参考にすると、「ワンドのクイーン」は、右手に長い棒を持っています。生命の樹では右の上から下まで直線が走ると、それは強い自我と主張、首尾一貫した方針などを表します。その直線が火の元素を表すワンドですから、熱気のある主張です。ときどき、それは押しつけがましい姿勢でもあるでしょう。

　基本的に直線は不自然に通すという意味で、自然界には直線はありませんから、人間特有の思考の直線性を持ち、状況に応じて対応を変えるというのが少ないのではないかと思います。

　受容性を表す生命の樹の左側にはヒマワリを持ち、これは太陽の光が放射状に広がるというシンボルですから、1つのものが多数に分割され、樹のケセド、マトリクスでは4の位置あたりなので、複数の人や集団に働きかけるという意味も出てきます。

　この広く働きかけるというのは、彼女が足を開いている姿にも現れています。がに股でまるでおじさんみたいです。そのため、露骨な話し方をするということもあります。

　黒猫は彼女が内蔵しているものではなく、対象にしているものなので、不透明で閉鎖的なものに対しての強気な追求ということもあるでしょう。とはいえ、これらはリーディングの際に、多様に変えて解釈してほしいと思います。

WANDS
ワンドのキング
KING of WANDS

　キングは人物カードの中の最終的な支配力です。この先に誰もいないのです。そのため、価値を創造する存在です。キングが中心になり世界が回転していると考えるとよいでしょう。

　ここで包容力があり、あまり行為せず、多くの人を保護するような長老的な人物と考えるのは難しいでしょう。なぜなら、世界の動きに直接関与し、引退している意味はそこにはないからです。

　日本の社会構造では、中心には天皇とか空白的な「何もしない」人がいて、2番目から動きが始まります。カバラの生命の樹も頂点はそういう意味です。

　タロットは西欧的な思想であり、日本の社会構造の中で中心点は空白であるということをこの存在の頂点であるキングに当てはめることができません。

　ウェイト版の場合、「ワンドのキング」は表向き目立たないといわれていた時期があります。表面的に見える立場というのは土とか風の元素が多く、火は奥の方にいて表からは見えにくいとされたのです。

　また、「ワンドのキング」には判断を仰ぐことや、どうしたらよいのかなどの依存をしない方がよいともいえます。結局、良い悪いの判断をしてくれそうなのは、火の元素ではなく、風の元素だからです。

　ワンドは創造力ですから、生み出す力はあっても、選んだり、判断したりするということとは違うのです。

　また、生活の安全性は土なので、火にはそういう安定感はそもそも

ありません。どのような時でも挑戦する性質が強く、退却という判断はしません。

　芸術的なものや、出版もワンドの分野になりやすいでしょう。アイデアを生み出し、それを積極的に推進するような性質であり、そういう分野です。

　誰かを真似することがなく、他の人がその人を真似する存在になるでしょう。この人が何かをした時、それと全く同じことを他の人がその後からやり始めることになります。

　静かな水の水面を叩いて火が起こるので、波風を立てる、動きを作り出す人という意味になります。

　保守的な分野で、ずっと立場を維持するというような性質は、火の元素にはあまりありません。

　占星術を参考にすると、火・活動の牡羊座は創始です。火・固定の獅子座は創造、遊興的な分野での派手な展開力です。火・柔軟の射手座は教養とか、国際的、出版分野、精神性などに関係した分野です。こういうところで、キングは頂点的、能動的な立場にありますから、そこから応用的にイメージを広げてもらうとよいと思います。

　図像的には、キングの顔は左向きです。生命の樹的には、発信の右を向いています。そしてやはり棒が下から上に直線的に配置されていますから、自分が働きかける、指示する、外に発信するということに力が集中しています。

　一方で受容性を表す図像の右、生命の樹の意味としての左は全く手薄なので、周囲のことを配慮していません。

　椅子の背もたれが壁になっているとすると、外からやってくる情報とか状況については全くのところ無関心というよりも、壁を作って見ないようにしているとも考えられます。

　この点で、「ワンドのクイーン」が持っていた受容性は皆無に等しいといえます。一方的な発信者、作り出す者、人の意見は聞かない人ということです。

CUPS

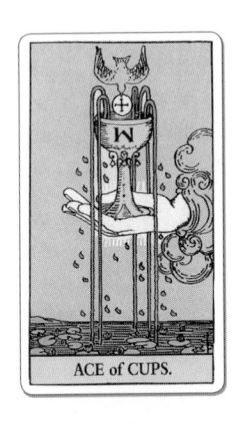

カップのエース

ACE of CUPS

　カップは情緒や感情、気持ちを表し、しばしば愛情問題にも関係します。その新しい可能性がここでスタートします。

　トランプの「ハートのエース」は、この「カップのエース」ですから、恋愛の始まりといったりもすることもあります。

　水の元素は結合する性質を持ちます。誰かと誰かがくっつくというのもカップです。ただ、対人関係は2人でないと成り立たないので、このエースの段階では関係が始まっているわけではありません。誰かとの関わり以前の感情が動く段階です。

　それに加えて、必ずしも、人間相手ではないこともあるでしょう。猫を飼いたいということもあるかもしれません。

　また、感情に働きかけるような物や趣味ということもあります。水の元素は風の元素が死んだ後に始まります。風の元素は分散です。その分散したものが結合した時に、水が始まるのです。ばらばらになっていたものを結びつけ、そこに愛情を注ぐという意味です。

　意識はターゲットがないと働きません。1の数字はまだ明確にターゲットを意識しないので、この「カップのエース」が始まっても、本人が気づいていないこともありえます。後になってからわかってくるのです。小さな種ですからそのまま見すごして消えたままになることもあるかもしれません。

　そのような意味では、タロット占いをした時に「カップのエース」が出てきた場合、兆候を気づかせるという意義もあります。その後どこ

に展開するかはエースのカードには出てきません。発生した状態、種が植えられた状態のみを意味します。

　カップは器が土の元素で、その中に水があります。器は具体的なテーマを意味します。つまり、恋愛なのか趣味なのかというテーマは水でなく、入れ物を指しています。エースではまだ器の中に納まっていないケースもあり、器に注がれようとしている段階です。中の液体の注入は始まっているが、器の方の枠がまだ安定していないこともあるでしょう。そこで今後これは対象が変化してしまうこともあります。

　カップの器は、水の収まりの良い場所に落ち着かせますから、器としての土の元素と、水の元素は互いに密接な関連があり、助け合います。しかし、経験の時間の流れとしては、火⇒土⇒風⇒水と進みます。

　水は結合する性質ですから、分散した風の元素のものを結合し、分裂を解決しますが、今度は水の状況が長く続くと、全く波のない凪いだ水面のようになり、すべてに最後は死が訪れます。その段階で、水面を叩いて波を起こす火の元素へと受け渡されます。

　水の元素は、満足する、満たされる、愛情豊か、一体化という気持ちを持ちますが、しかしそれは風や火の元素と比較した上で、そのような方向への好みがあるわけで、水の元素そのものが完全に占有してしまうと、動きがなくなり死が訪れるのです。水の元素の根底にはこの死に向かう願望があるのです。

　例えば、宇宙のすべての分裂を融合しようというワンネスの思想がありますが、実現すれば宇宙の消滅ですから、それもまた死に向かっています。

　水のエースの始まりは、そこに火や風の元素との相対的な関係においてのいらだち、不満があるということなのです。だから水の元素の衝動を生み出し、強めたい。そういう４つの緊張関係の中でのみ水の元素の意味も成り立ちます。

CUPS
カップの2
II of CUPS

　水の元素であるカップは結合することを意味します。
　「カップの2」は2の数字が強調されていますから、2つのものをくっつけることを表しています。
　イメージとしては、男女関係を想像する人が多いでしょう。それ以外でも、異質なもの2つを結合する時は、すべて「カップの2」のカードとなります。
　はじめから同じようなものはもともと分離していませんから、違う種類のものをくっつけることになるでしょう。つまり、はじめに差があったもので、それらの差がなくなっていくことを表します。
　そして差異がなくなると動きもなくなります。それは平和という意味にもなりますが、同時に活発さを失うということもあるでしょう。
　そもそも水は火の否定、時には生命の死を意味します。水の元素は他のものと結びつこうとする時に、自分自身のそれまでの形が崩れたり、変形したりします。
　4つの元素のバランスの取れた第五元素が人の形と考えた時、水の元素が広がっていき、それまでの形が変形する状態はバランスが崩れていくことになります。人間としてのバランスが崩れることは、ある意味での醜さや不完全性、精神の歪みを作り出す意味も持ちます。
　実は、愛情という時に、必ずしも理想的なものだけを示しておらず、歪みの発生や深い負担をかけること、バランスが壊れる場合もあるのです。それは四元素の1つでしかないので、時には総合性からの離反

です。

　愛情といった場合、公平な愛情も存在しますが、それに比べて「カップの2」は互いにターゲットが1つしかないため、このバランスの崩れに対しては自覚が少ないはずです。学校のクラスで2人だけでくっつくと他の人との関わりが悪くなる場合もあります。

　また、純粋に2つのものはただ引き合っているだけですが、外から見ると、そこに結びつきの共通ワードが見られます。しかし当事者はまだこの段階では意識化することはできません。

　もし、ここで男女の2人での結びつきというふうに考えた場合には、結びつきはじめであり、それが次にどうなるのかはまだわからない、ということです。

　2の数字には独特の不安定さ、未知なもの、流動性、互いにどちらかが変わるとそれにつれてもう1つも変わるという性質がありますから、やはり可能性を探っている段階です。

　細胞分裂の場合、1つの卵が2つに割れるというようなシーンになると思いますが、この分裂・分離は、元素では風の作用であり、次に分裂したそれぞれが独立性を主張して発展すると、それは火の元素です。この段階で、あらためて、分裂した2つのものの中に、元に戻りたい、融合したいという気持ちも働きます。

　というのも、時間の一方的な流れの中では、1つのものが分裂したのですが、反対の時間の流れの中では、ここに2つのものが1つに結合するという意義が含まれているからです。

　一方的な時間の流れの中にのみ生きている人でないのならば、火や風は水や土でもある、というふうに考えることもできます。そして分裂の衝動は、融合の衝動と裏腹に両方働いており、スイッチを切り替えると、すぐに反対になるということです。

　仲の良い関係の中でも反対のものがしばしば顔をのぞかせます。表で融合を選んでいる人は、裏の意識では、常に離反というものを意識せざるをえないのです。

CUPS
カップの3
III of CUPS

　3の数字は「女帝」のカードを参考にするとよいでしょう。生産性や作り出す力を表しています。

　2の数字は、生産性をほとんど持っておらず、むしろ引きつけられて融合していくことが重要です。3になると、父と子と母というように子供が産まれます。

　ここではカップが重視されていて、カップには感情や情緒という意味がありますから、生み出されるものは気持ちに関する部分です。

　世の中で生産性といった時、会社で何か作り出す、給料をもらって取り組む経済活動があるといった場合、土の元素の「ペンタクルスの3」で考えることになります。

　仕事をしていますという意味では「ペンタクルスの3」、アイデアを出し合う、高揚していく状態は「ワンドの3」、知識が発生するといった情報的な扱いでは「ソードの3」となります。

　水の元素としての3の場合、占星術では蟹座と蠍座と魚座の3つの共同の三角形を参考にするとよいのですが、感情の部分で深く満足する状態、そういった気持ちの部分が生産され新しく作られていくと考えるとよいでしょう。

　例えば、儲けを目的としていないとか、親睦会だけで満足したとかです。

　特にウェイト版だと女性を描きますから、一時流行した「女子会」のようなものも想定できるかもしれません。気持ちの上での生産性で

はあるが、それ以外の火・土・風の生産性ではないということに目を向けましょう。

　水の三角形は共鳴的に土の三角形を引き寄せます。そこで職場、伝統、仕事などが決定するという意味も、二義的には発生します。

　たいてい３つのものが並ぶと、占星術の発想法と同じく、活動・固定・柔軟という３種類のものが揃い、１つの元素においての完全性を表すことになります。

　水の元素においてこの３つの要素が揃うと、水の表す感情面では無尽蔵になり、尽きることなく情感が湧いてきます。そしてそういう人は、人に訴えかけたり、感動させたり、心の奥まで共感させたりすることができます。

　２の数字が持つ迷いはなくなります。そもそも２の数字の迷いは、迷いそのものを自覚しないまま揺れていることでもあります。

　ですが、３の数字は推進し作り出すことになります。ＡからＢへと動きがあり、それをＣは見ています。これが三角形です。そういう意味では「１つの価値観という座標においての増殖」というものが３の数字です。

　異なる視点ではなく、単一の視点において、増殖を意味します。その単純さが、むしろ爽快でもあるということでしょう。

　他の視点が入り込む余地はないので、多角的なところからものを見ているということはほとんどありません。他人事で見ればそれは単調なのです。

　増えるのは良いことだ、和気あいあいとしたものに向かうのは良いことだ、一致団結して物事に取り組むのは良いことだ、と考えるようなカードかもしれません。

　会話は３人だと弾みます。２人でも４人でも、また違う種類のものになります。３人の場合には、果てしなくエスカレートするのです。

CUPS
カップの4
IV of CUPS

　4の数字は占星術を参考にすると、蟹座、4ハウスといった個人を超えたより大きなものにつながっていくという意味が含まれています。そこに入るには、個人の動きを止めなくてはなりません。

　個人が自由を発揮して、何か言いたいことがある時には、まだこの4の段階に入ることはできないのです。動きを止めて死に体になることで、より大きなものがチャージされます。

　そこで、ここでは、個人としては不活発になる、疲れて、もうその先がないということを示します。

　私達は、ぐったり疲れた時、もう何もしたくないと横たわり眠ります。そしてその段階で大きな源流へと接続されます。

　ウェイト版の「カップの4」は、木のそばに男の人が座っていて、目の前の空中からカップがやってきています。自分の内側にそのようなものがやってきていると考えるとよいのです。外界からやってくる刺激に対しては無関心になっていき、自分の内側に引きこもっているわけです。

　基本的に、このカードは疲れ消耗し、いかなることにも飽きて、外に目を向けていない状態です。

　否定的に見えることもありますが、それは個人活動に対する否定であり、小さなものを捨てて大きなものに委ねる直前ですから、非個人的なところから見ると、むしろ前向きの意味にもなります。

　水の元素は、情緒や感情、心理面、気持ちの問題を指しますから、そういう部分で疲弊しています。より大きなものを受け入れる準備が

整ったというのは、小さな意味では眠りの直前ですが、もっと大きな意味では死の直前でもあります。それが個人としては疲れて動けなくなったということです。
　停止する、止まる、休む、特に休息あるいは睡眠が重要になります。
　個人を重視する西欧社会においては、疲れる、悲しくなるというのは否定的なことです。つまり、個人としては、それは力を失うことだからです。
　しかし、非西欧的な地域においては、この悲しい、疲れるということを、もっと違う解釈でとらえる面があります。個人の可能性が奪われることは、より大きなものへと吸収される、あるいはそういうものと接点を持つという可能性だからです。
　私はブラジルの作曲家であるエイトル・ヴィラ＝ロボスが好きですが、ずいぶんと憂鬱な音楽ばかりを作っています。あるいは西欧の古典ならば、「ダウンランド組曲」でもよいのですが、この悲しい、憂鬱、疲れたという感情は否定的なものというよりも、より大きな源流を求めているという感情でもあります。
　それはその個人の可能性をもっと大きなプールの中で生かすきっかけを作り出すのです。飽き飽きして疲れたというシーンと、個人の活動を止めてより大きな力をチャージしたというシーンは、隣り合わせであり、このカードはその両方を表します。

CUPS
カップの5
V of CUPS

5の数字は放出と表現です。

占星術では獅子座、5ハウスに似ています。獅子座の支配星である太陽は、太陽系の中心から光を外に向けて放ちます。

体でいえば、心臓から血液が体中に巡っていくように、中心から外に向けて表現する力です。

4の数字がより大きなものをチャージすることになると、チャージしたものを5で放出します。4は吸収で5は放出です。

カップは情緒や気持ち、気のエネルギーを表していますから、それを外に放出すると、気を奪われ、やがては枯渇します。元気がなくなっていくにつれて、あらゆる印象やリアリティは暗い希望のないものに見えてきます。しかし、放出し始めはそのような状態ではありません。溜まったものを吐き出す行為はやむにやまれぬ衝動で、放出には快感がありますが、やがて、活力が無くなるにつれて、希望を失うのです。

5つあるカップは全部倒れているわけではなく、2つほど残っています。今までのエネルギーに満ち満ちた、すべての5つのカップが立っていた状態からすると、今の状態はすべて無くなったように見えますが、期待しないで正直に見れば、2つは残っているのです。すべてがだめになっているわけではないのです。

放出の前半なのか、後半なのかによって、このカードの受け取り方は違います。放出は衝動の充足で、そして失うと希望がないように見えるという違いです。

「カップの4」がチャージですから、完全に空にしたら4に戻ってまた充電することも可能です。気持ちの問題ということで、期待通りにならない時には、自己憐憫(れんびん)の感情に支配されることもありますが、諦めると立ち直りは早いといえます。

水の元素は物質ではないので、心の持ち方次第で、いくらでも変わります。

5の数字、情の部分においての放出という点では、放出しすぎて枯渇することを「腎虚(じんきょ)」という言葉で思い浮かべる人もいるかもしれません。

対人関係において、相手に気を奪われるのは、相手に対しての情が残り、さらに力を失ってしまいますが、しかし水の元素ですから、きっぱりと諦めることもできず、不快な感情とか後悔が残ります。それを引きずらないのならば、すぐに再チャージできます。

水の元素は、目に見えないシルバーコードのようなもので外界の何かと結びついています。そしてこのコードがあるかぎり、力は奪われ続けます。それをきっぱりと分離するのは、火の元素の力です。

無意識に奪われ続けるのを、アメリカのある本では「霊的な絆」と説明しています。これは個人の可能性を大きく阻害し、人を道に迷わせてしまう。そのため、それを明らかにして、そこを切り離す必要があると書いています。独立的にして、あらためて関わりを持つのがよいのです。依存し依存される関係ではなくということです。

「カップの5」のカードは、こうしたことができないまま、エネルギーが放出されていることも多いといえます。

CUPS
カップの 6
VI of CUPS

　6の数字は人生の中で日々訪れる選択の際に、どういう価値観をもとにして選んでいるかということを示しています。誰もが世界すべてを見ているわけではなく、興味のあるものだけを注視して取り上げ、それ以外の多くを取りこぼします。

　純粋な愛情、純真な気持ち、無垢(むく)な心で働きかけることに、最も重要な価値があると考えるカードです。人生の曲がり角では、常にそのようなことを重視して、方向を選択しています。

　形式や外面的なもの、そういうものに振り回されずに、純粋な感情や気持ちを振り向けることで、それに応えてくれるものがあるのです。

　ウェイト版の絵柄では、子供達が純真に遊んでいる状態が描かれています。働きかける側も受け取る側も、共有する部分で呼び合い応えます。

　世の中には純粋な愛情を疑う人もいるでしょう。その場合、カップではなく、もっと違うカード、ペンタクルスやソードのカードが「カップの6」を圧迫している状態です。

　四元素それぞれが、役割が異なるところで考えて行為します。そのため、必ずしもカップの水の元素がすべてに勝るわけではないのです。ですが、このカードを選んだ場合には、純粋な愛情や気持ちが大切だと考えたのです。

　昔は良かった、子供時代は素朴で良かった、あの頃は純粋に考えることができたと思っている人もいるかもしれません。

　失われた過去の思い出をここで読み取ることもできるでしょう。古

いアルバムを見ている、昔使っていたものを思い出し、取り戻すということもあります。

　生命の樹では、小アルカナの６番カードは、胸の中心のティファレトを表しています。これは精神と物質を結合する、蝶番のような作用でもあり、またすべてのセフィロトの集合点であり、つまり人生のメインテーマを表示している場所でもあります。

　ハートの知性というのは、頭で考えるのでなく、この胸の中心で考えることです。そこではあれかこれかという比較もなく、批判もなく、全体的に思い考えるのです。

　つまりここで「カップの６」を持っている人は、何を考えるにも、基本的な意義は、水の元素、すなわち愛情で物事の価値観を計り、判断するということなのです。

　素朴な心、純粋で無垢な気持ち。これは絵柄で子供が２人遊んでいるという光景にたとえられています。幼馴染みというような意味もあるでしょう。また子供の男女なので、ここには大人の感情が含まれていません。

　カップの中には水ではなく花が詰められています。過去の記憶を思い出す時、たいてい機械的な部分というのは忘れ去り、気持ちが充満している要素だけが思い出されます。つまり体験の中で、過去の記憶というのは、物理的で機械的な要素が濾過されています。それは美化しているという意味にもなります。

　その意味では良いものだけを見て、嫌なものは見ないという意味にもなりやすいでしょう。

CUPS
カップの7
VII of CUPS

　7の数字は生命の樹では、左の腰の当たりのネツァクを表しています。ネツァクは外に対する期待感を意味し、惑星の対応は金星です。

　誰でも、実際の生活において夢や期待を持ちますが、そのようなところで、カップは気のエネルギーのような、形になる前の気持ちの部分を表しています。

　いろいろな夢を描きます。これを空想的で現実的ではないケースと読むこともできるでしょう。しかし、イメージはイメージとして追いかけ、それと実際のことを混同しない人も多いので、このカードが否定的な意味を持つわけではありません。

　小説家や創作家など、アイデアを出す人は、このような行為がなくては何も出てきませんから、クリエイティビティが重要な人からすると、このカードは大切です。

　四角四面で几帳面な暮らしをしている人は、生活に緊張感が高く、リラックスができません。そのような人に対して、例えば、ヘミシンクは大きな回復効果を持っています。ここではビジョンの中でいろいろなイメージが広がります。これも「カップの7」のような体験です。

　曼荼羅は、意識の中にあるが、本人が気づかなかったようなものを紙や砂に描くことで表現します。そして表現することで気がついて、本当に病気が治るようなこともあります。

　「思い描くこと」。これがこのカードの意義であり、楽しい状態と考えてもよいでしょう。

人物は背を向け、そして黒い陰のようになっています。ところが夢見られる映像は、カラフルで鮮やかです。ということは、自分を意識するということが少なく、夢見ているターゲットの方に気を奪われています。自分が何をしているのか、自覚が少ないということです。

　昔の日本では、夢で食べ物を提供されたら、決して食べてはいけないという話がありました。夢は現世ではなくあの世なので、そこで食事すると、あの世に連れて行かれるというのです。

　ヘミシンクでは、しばしば食べ物が出てきますが、それは盛んに食べた方がよいのです。つまり魂の部分（アストラル体）を育成するという意味だからです。もちろん夢の中で食事することも同義語です。夢があまりにも楽しいということは、反対に、現世が寂しく貧しくなるという兆候であるともいわれました。ですが、両立している人もいるのです。むしろ両立こそが重要です。生きている間に霊界との接点が作られていない場合には、死後霊界に参与するチャンスはほとんどありません。

　実際の肉体的な、つまり感覚的な生活と混同しないようにして、必要なものはしっかりと夢見るのがよいでしょう。占星術では、牡羊座の20度台後半の人は、思いついたことをすべて実行しようとする性質の人がたくさんいます。こういう場合、たくさんのことを同時にするので、やはりいくつかは失敗します。しかしいくつかは失敗しても、全部失敗するわけではないので、そんなに気にしません。牡羊座は火の元素ですから、このカップのカードの説明には適していませんが、しかしイメージが複数出てくるということでは、そしてそれを実行しようという点では、少しばかり意識してもよいかもしれません。

　ヒンドゥーのチャクラの考えでは、下から2番目の生殖器の位置の高いところを「スワディスタナチャクラ」といい、ガンジス川を象徴とします。この川にはたくさんのものが浮いていて、ビジョンの中でスワディスタナチャクラを見ると、いろいろなものが個の範囲の外からも、大量に流れてきます。

　水の元素は川のようなものだと考えてもよいのです。

CUPS
カップの 8
VIII of CUPS

　ウェイト版のカードの絵柄からすると、背中を向けて旅立つような男性の絵が描かれているために、ここから何かが終わるとか、次へのプロセスの旅立ちをするといった解釈をする人もいます。

　もともと、8の数字は集中する、圧縮する、固めていくような凝縮した意味があります。しかもカップですから、水が凝縮する状態です。つまり、感情の集中とか、深いところに入り込んでいくことです。

　占星術では蠍座がこのカードに似ています。なぜなら水の元素の8番目だからです。

　旅立ちといった場合も、絵柄が夜ですから、夜逃げのようにこっそり消えていくイメージを思い浮かべる人がいるかもしれませんが、深いところに潜り込んだ結果として、他人や世間から見えなくなるというにすぎないケースが多いのです。事実、占星術では、8ハウスに進行の天体が入ると、他人から見えにくくなります。潜伏のように見えるのです。

　探求や研究という点では重要なカードです。

　絵柄だけを見たら、そう思うかもしれませんが、リタイアする、辞めていくという意味は、本来ふさわしくありません。

　生命の樹ではこの8の数字はホドに当たり、徹底して集中して凝縮し限界までいった状態、煮詰まって極端までいった意味も成り立ちます。行き着くところまで行ってしまえば、そこからターンしなくてはいけないケースもありますが、旅立つのは9の数字に当たり、まだ8では

動くことはできないのです。

　深層意識に深く入るような必要がある時には、このカードは積極的な意味を持つことになるでしょう。感覚的な見える社会においての積極性は相対的に弱まっていくのは明らかです。

　月夜ですから、昼の領域では見えてこないのです。ごつごつした岩場を注意深く歩くのは、整備されていない未知の領域を探索していることを示しています。

　カップは下に5つ、上に3つで、ともに奇数なのに合計では8個です。ベースにある5は楽しさ、遊び。その上に3という創造の意味の数字が乗るので、遊びで何かしていて、創造的な結果が生み出されるということです。未知の領域を、あるいは無意識の領域を、楽しみ中心に探索するという意味にもなります。

　そして8なので、それに集中しており、周りからはこの人の動向があまり見えないのです。そもそもこの人物の服は赤色で、これは個人的で身近なことに夢中になっていることを示していますから、周囲の人には、今この人が自分の個人的なことに熱中していると感じられるのです。それなのに、向かっている方向はマトリクスでは、4の場所、生命の樹のケセドです。

　結果として、公共的なことに貢献できるものを探索しているということです。個人的に閉じて、そして結果は公共的なことに貢献する。つまり集中している間は、しばらくは閉じこもっているのだということでもあるのかもしれません。

CUPS
カップの 9
IX of CUPS

　9の数字は生命の樹ではイエソド、腰の位置に当たります。このイエソドは、上にあるセフィロトのあらゆる要素をすべて総合化した場所です。つまり、10番目のマルクトは肉体を表していて、肉体に乗る、実体、霊、魂などすべてを合わせたものです。

　肉体は機械のようなもので、そこに人による差異や個別性はそんなにありません。せいぜいサイズが違うとか、表面的な形が違うだけです。

　人の個性の違いは、すべて9の位置のイエソドに集約されています。このすべての要素を総合した9の位置は、その人の人生を運んでいく力や物質的なものを引き寄せていく要素を表しています。

　9の位置でどのような個性を持つかによって、その人の未来が異なってきます。その人がいつも考えていることやいつも思っていること、その通りの人生が引き寄せられてくるのです。当然、9の数字には旅をする意味が含まれますから、紆余曲折を経ながらその人らしい人生、結末に向かっていくでしょう。

　その意味では、「隠者」のカードの四元素版の水に当たります。カップは愛情や欲求、感情面を表していて、満足感や快楽、気持ちの良さ、そのようなものを求めていきます。その結果として、満足感のある人生、喜びの多い人生が引き寄せられてくるのです。

　カップには、際立った対立やメリハリ、思想などを打ち出さない傾向があります。コントラストはワンドやソードの役割で、ペンタクルスとカップは生命としてのほどほどの満足感を表しています。ですから、

「カップの9」に、突出した特徴や能力的に優れている何かがあるということはありません。

強い特徴というのは、強い充実感と同時に反対の欠乏感や不幸な状態を作り出していきますから、決して「カップの9」ではありません。金銭に恵まれ、愛情に恵まれ、そして人生全体を楽しく過ごす結果を引き寄せるのです。

水の元素は結合力・一体化なので、何かと対立を作り出すというのは比較的少ないです。もし対立を作り出すとしたら、部分的な関係に集中しすぎた結果、他との関係が手薄になり、それが影を作り出すことです。

つまり特定のものに対する深い愛情は、それ以外に対する冷淡さを示すのです。

この「カップの9」は、離反や対立を嫌い、全体に結合・一体化という動機で生きているので、金銭、生活、対人が全体に温和に維持されます。

ところが、画像では、人物は胸かあるいは腹の上あたりで手を組んでいます。手を組むのは、左右の陰陽領域へ伸びていくものを、真ん中で結び合わせるので、交流の拒否という意味で、そもそもが腕を組むのは警戒心を表します。

話をしている時に、相手が腕を組むと、それは油断しないという合図なのです。しかも背後では、円形に壁を作って背後を保護しています。

水の元素は、カップに入っているように、何か枠に守られないと生きていけない性質があります。そのため、ここでは、人物を取り囲む大きなカップのようなものがあるように見てもよいかもしれません。それなりに自分の平和や満足感を維持するために閉鎖的になっているということを含みます。守りに入っています。

CUPS
カップの 10
X of CUPS

　10 の数字は、生命の樹では一番下の大地の部分を表しています。

　数字のプロセスとしては、結論や結果が現れる場所を意味します。

　カップは情緒や愛情、結合力を示します。違和感のあるものや、差のあるものを結合して同じにしていく性質ですから、和合といった意味があります。

　そして、10 の数字は、落としどころとしてまとめた状態です。調和的でまとまったような和のある状態を指しています。

　絵柄としては、カップルがいて、子供達がいて、虹がかかっている様子が描かれています。

　虹というのは、天との契約という意味があり、神聖な力が大地に降りてきた状態、ある種の約束されたものを表しています。穏やかでのどかな平和な環境です。牧歌的な田舎や郊外のようなものをイメージするとよいでしょう。

　家族はさまざまなサイズがあります。大きな単位の家庭といった場合、国家や地域社会というものもあります。そこまでではないにしてもグループや組織、会社などももちろん家族です。

　10 は節目なので、これまでのものがまとまりますが、それは落としどころがはっきりあるということです。まとまりのある 10 の数字は占星術では山羊座や 10 ハウスに対応し、ローカルな場でまとまることです。

　「カップの 9」でも説明しましたが、カップの和合の性質には際立った

特徴というものや極端性があってはなりません。際立ったものを諦めることで、和や平和が手に入ることになります。また、このまとまりには、他のものを排するという排他性もあります。そうしないと10の輪ができないのです。

小アルカナカードは、数字は1から10までです。これは十進法で考えているということで、1が始まり、10が結論です。10は、1と0を足すと1に戻りますから、新しい意味での1を意味します。1との違いは、1には場所性がなく、それは範囲がわからないということです。

実は、1でも明確に範囲はあるのですが、それは1にとっては無意識で、つまりもっと前の段階では、確かに場所が決まり、この中でスタートしたものがあるのですが、1そのものはそのことを知らないということなのです。

この1からすると、明確に場所が決まり、具体的な活動へと落とし込まれたものが10であり、それは1からすると、ローカルな場に自分の意図が落とし込まれたことを表します。そのため、たいていの場合、10は1に比較すると、ずっと小さなものとなります。

「カップのエース」の願望は、この家族的な絵の10で達成されたのです。大アルカナの10である「運命の輪」は、任意に、さまざまなサイズの輪を想定していました。極大は2万6000年周期です。人の一生は72年周期です。1人の個人の人生という範囲ならば、この運命の輪は72年で1回転するのです。

小アルカナの10も、絵柄では家族ですが、これをもっと大きな範囲に適用もできます。私はしばしば水の元素でできた輪を、お風呂とか池、湖にたとえていました。より大きな輪に属したいために、小さな輪を壊すこともあります。

CUPS

カップのペイジ

PAGE of CUPS

　ペイジは歩いている人物を表していて、ナイトに比べて決定力や運営力を持ちません。揺れやすさと迷いやすさがあり、積極性がなく、他者の影響にも振り回されて、統一性が得られません。しかし地球上の人類の意識水準としての平均を示します。

　ナイトはもっと少数の人になってきます。コリン・ウィルソンの言うようなたとえならば5％の人々です。

　ペイジは水の要素の部分においての使者的な伝達する人、練習を始めた人、まだ若い人を表しています。

　常に自分の水の要素である心に関心を向けて、そこを注視しています。自分の気持ちをいつも見つめながら生きると、気持ちの揺れが常に大きくなります。その結果、どのようなことも続けることができなくなってしまいます。

　感情や気持ちは結果であり、また作り出すことができるものと考えられれば、それは安定するのですが、逆に気持ちや感情をじっと見ていると日々変わっていくことになってしまいます。

　敏感で繊細、気持ちが豊かという人であるということはできても、長期的に見た場合は一貫性がないことになります。それにもかかわらず、性質としては当然思いやりがあるとか、共感力がある、柔軟といった意味を持ちます。そして、感情が中心で気持ちを最も大事にすると考えるとよいでしょう。

　支えたり、責任を持ったりすることはできませんが、補佐的なもの、

サポート、助けるという意味では、柔軟性を発揮します。

　相手の気持ちに敏感で優しすぎる人は、結果的に裏切りも増えて、相手を傷つけるケースが増加します。

　契約が上手くいっていないのに、それで失望される顔を見るのが嫌で、上手くいっているというと、後の結果はもっとまずいことになります。現実にそのような行動をした社長を知っています。

「カップのペイジ」はこうした傾向があります。もし手に持っているカップを注視しなければもっとスムーズに運営できるのかもしれません。

　バイクは地面を見ながら走ると、倒れたり事故になったりします。同じく水という感情や情緒を表す元素を注視すると、それは裏腹な動きをして、全く当てにならないものになってきます。それにそもそも堂々巡りしますが、本人だけが気がつかないこともあります。

　ですが、ペイジには大きな影響力はないので、そんなに多くの人に困った事態を引き起こすことは少ないでしょう。あまり信頼性はないということを留意した上で、何か頼んだりすると、基本的には親切だと思いますから、その方がよいのかもしれません。

　ただし、中には1日さえも言動が一貫しない場合もあります。これを人物でなく状況とみなした時には、ちょっとした期待感が出てくるシーンを表すでしょう。確実ではないが、もしかしたら、というようなところです。しかしあくまでカップがテーマですから、気持ちとか情緒の点でそうなるという意味になります。

CUPS
カップのナイト
KNIGHT of CUPS

　ナイトは馬に乗って移動しているので、何かを運んでいく姿を指しています。感情や気持ち、愛情といったものをもたらし、運ぶことになりますから、喜びのあるものがやって来るという意味を持っています。

　どのような時であれ、四元素をすべて合計したものが人間にとっての生命のバランスであるということからすると、時にはこのカップの問題にはまりすぎて過剰に強調してしまうこともありえるでしょう。自分の気持ちに溺れて周囲のことがわからなくなり、周囲を混乱させることもあります。感情や情緒が価値判断の中心になって、それで推進力が出てくると、気持ちを押しつけるとか、煽るというような傾向もないわけではありません。

　馬は加速していく、エスカレートしていくパワーがあり、感情や愛情が増幅していくこともあります。またナイトは移動していますから、現状維持で夢見ているだけで終わるということはあまりありません。必ず事態は変化します。

　ナイトの馬は、やってくる／去っていくというどちらかですが、移動ということで去っていくシーンも表すので、注意が必要です。

　ロマンスや美、夢を刺激するカードなので、就職が上手くいくという意味で出てくることは少ないはずです。ですが、気持ちということが焦点になっている場合には、どんなテーマであれ、感情が動くものは、このカードが現れることも多いでしょう。表現力が豊かで、例えば芸能人という場合には、このカードにもなりやすいでしょう。

野口整体の「体癖」という分類では、芸能人は6種が多く、変化を好み、冒険がないと、だんだんと気持ちが沈むそうです。

　馬に乗ったナイトは移動していますから、しばしば旅というテーマでも現れてきやすいと思いますが、カップは水ですから、このナイトが旅する動機は、気持ちの刺激であり、何か具体的な用事があって旅するわけではないことになります。

　熱い気持ちとか熱意は、このカップのテーマではないと思います。興奮や高揚、熱中はどう見てもワンドの火の元素になります。そして水の元素においての興奮というのは、自分では起こすことができず、むしろ火によって刺激を受けた場合には、水面が揺れるように感情が高揚します。実際的な効果は、土の元素です。

　その点で、この水のカップのみが動く時、実際の成果は得られないということも想定できそうです。ただ、タロットの小アルカナは常に水の元素は、その器とセットになっていますから、水を入れる器を持ってくるという意味もあります。

　恋愛、結婚、家族、仲間、場。これらはみな水を入れる器の名称です。

　馬が暴れなければ、カップの中の水はこぼれません。水を止めてしまうのは、風か火、つまりワンドかあるいはソードですから、それがこのカップのナイトの行く手を阻めば停止します。

　しかしナイトはペイジには影響を受けません。ナイトと同等か、あるいはクイーン、キングならば、ナイトはそれを乗り越えることはできません。

CUPS
カップのクイーン
QUEEN of CUPS

　クイーンは女性の受容性を持っていて、なおかつ高次の意識領域に関係しています。カップは人間の感情ですが、同時に見えない気のエネルギーも水の元素にたとえられることが多いのです。人の感情の動きや気配などそういうものに敏感に反応する性質です。

　クイーンの受容性とカップが結びつくと、非常に高い受容力や受信力、共感力を表すことになってきます。巫女や霊媒のような感受性の豊かさや、霊感的なものも表す場合もあるでしょう。

　ウェイト版の絵柄では、女性がカップをじっと見つめている絵です。じっと見つめているということは、そのような情報に対して非常に敏感に反応することを表しています。ただ、ペイジのように飲み込まれたり、揺れたりすることはありません。水晶は中国では「凍った水」といわれていたこともあり、すると、この女性は水晶を見ている場合もあるかもしれません。

　クイーンは感情や情緒が中心的な価値にもかかわらず安定しているもので、揺れ現象を起こしにくいかもしれません。つまり、より粗雑な感情に振り回されなくなっている状態です。ペイジの場合、個人的な思惑と混同があります。クイーンは途中で気が変わるということはあまりないはずです。

　深い感情や受容性の高さ、人の痛みを理解する、そのようなところが強い状態です。女性像としての一番柔らかいものを表すことが多いという点では、恋愛や結婚も縁があるでしょう。水は常に結合を意味し、

離反を表しません。

ウェイト版の絵柄では、このクイーンの足下には水が迫っています。

個人が持つカップは、個人的なところに取り分けされた水で、それは個人が個人的に確保し、味わうものです。しかし足下の水は、個人として占有できない集団的な水で、個人の水もここから汲み出してきますが、しかしもともとは集団的です。

インドなどではガンジス川は、かつてインド全体の集団意識を象徴とする水で、インドのチャクラの下から２番目のスワディスタナチャクラは、このガンジス川を象徴としていました。人が死ぬと、火葬にして、しかし火が弱いために、半分は生の死体のまま、これを川に流すという風習もありました。あらゆるものがこの水の中に含まれています。

そして水の清浄さに慣れている日本人は、こうしたあらゆるものを含むインドの水を飲むとたいてい体を壊します。集団的な水というのは、汚染もされていて、しばしば危険なのです。

「カップのクイーン」は、ここから汲み出した水を、個人が持つカップに取り分けて、その後浄化したりすることもあるでしょう。水、情緒は、有害で破壊的なものもあれば、また崇高なものもあり、大きな幅があります。

少なくともこのクイーンは、集団的な水と個人的な水の間を行き来させています。そして巫女的なものとは、この集団的な水に接触する必要性があります。

個人的に閉じた水は、いかなる新たな情報も持ち込みません。

クイーンは、より多くの人に働きかけることができるので、個人として閉じているわけではないでしょう。

CUPS
カップのキング
KING of CUPS

　キングは椅子に座っていますから、動くとしたら、それは周りの人達が動いていくことになるでしょう。カップは当然、心の問題に一番詳しい人といえます。

　例えば、流行や音楽、芸術といった文化的なものにおいて、影響力を強く発揮し、そのようなものを動かすことができる立場とも考えられます。

　水の元素の分野においての支配的な人、頂点にある人、積極的に動かす力を持っている人と考えればよいのです。アドバイスをする時でも、人の心の動きをきちんと見て考えることができます。

　水の元素ですから、潤いの力やリラックスする力、そのようなものを与える存在と考えることもできるでしょう。

　「カップのクイーン」が巫女的で受容的性質の場合、対比としてはヒーラー的な人もありえます。タロットカードにおいての人物カードは4つしかありませんから、キングに過剰な価値を与えるわけにはいきません。

　人間は誰でもペイジ・ナイト・クイーン・キング、そのどれかの種類に入っていることになります。そのため、安定して支えになるような力を持った人と考えるとよいのです。感情とか情緒において、受動的にならず、自分からそれを動かすことのできる人です。

　また、水の元素には離反する性質はないので、冷徹な決断力というものは含まれていません。

　占星術では蟹座・蠍座・魚座の3つが水のサインです。これらのサ

インで積極的で能動的、振り回されない人を想像するとよいのかもしれません。

　例えば、宗教という時に、世界宗教はたいてい火の元素の射手座を表します。しかし心霊的なもの、また精神世界・スピリチュアルとなると、水の元素になります。

　アメリカでヘミシンクを開発したロバート・モンローや、死後探索のモーエンなどに共通した要素とは、魚座の20度前後の天体です。そのため、こういう点での指導的な人などは、「カップのキング」になるということです。

　シュタイナーやケイシーなども、魚座の強い特徴などを表していますから、水のキングと考えてもよいのです。これが思想や哲学などになると、火の元素としてのワンドに変わるのです。

　水の元素である情緒とか感情などに関しては、キングは受動的に振る舞うことはありませんから、それに働きかけることはあっても、それに振り回されるということはほとんどないでしょう。

　一体化しているもの、自己同一化しているものは、たいてい意識的にコントロールできないし、本人が無自覚になりやすいので、これはキングには適していません。

　水に関する初心者はペイジ、そして支配者はキングであり、熟練して運ぶものはナイトです。

　水の元素の支配者という意味では、必ず深い感情を動かす力となり、それは強い説得力を持っています。しばしば精神世界では、エーテル体を水とたとえたりするので、「カップのキング」は、エーテル体に深く浸透する可能性があるとすると、それは極めて深みのある影響力にもなりやすいのです。

SWORDS
ソードのエース
ACE of SWORDS

　ソードは識別力や知性を表していて、エースはその始まりです。始まりということは、それ以前は存在していなかったことを表しています。ここで、何らかの判断や決定をすること、情報の発生があったのです。

　エースはまだ十分に対象されていないので、意識化されていない場合もあり、人によってはまだ気づいていません。

　ワンドの場合は創造的な状態ですから、何かが生み出されるということを指していますが、ソードのカードは生み出す性質をほとんど持っていません。むしろ、剣（ソード）のように貫くこと、またそれは他を分割することで意義が発生するのです。

　例えば、1つの円があった時に、その円はそれ自身完璧に無意識な状態です。それに対して切れ目を入れたり、分割したりする時、それが何らかの意義や意味、識別可能な特徴が発生するわけです。そこに意識の目覚めがあります。

　切り裂かれた右と左には意味の違いが発生します。もともとは円で1つだったのに、そこに分化が生じて意味が生じます。

　また、分割する力であった剣はずっと真っすぐですから、そこに意思の継続があり、それらがさまざまなものを関連づけていきます。つまり、異なるものを串刺しにするというのは共通するものを結びつけることです。

　分割と関連づけ、いずれにしても何か意味が発生し、それを根拠に今後の人生に新しい地平が現れてくるということです。

それは新しい対立を生み出すこともあります。カップは結合と融和ですが、ソードは分裂の始まりでもあるからです。ソードが示す直線には始めと終わりがあります。始まりと終わりのない円に始まりと終わりを作るわけです。ある意味それは人工的なものの発生でもあります。

　ここでは占星術を参考にすると、風のサインは双子座・天秤座・水瓶座です。それぞれのスタート点である1度は、さまざまなものの違いを識別し、他の人と違う個性を表示すること、地域性に阻まれず、普遍的に広がることを表しています。

　風の元素は知的なものなので、ここで自分の意見や考え方が打ち出されることを示していて、それは何かと比較した上で発生したものではないことも意味します。

　剣は意志ということもあるし、真っすぐの剣は、その意志を通すということです。具体的な何かを作るわけでもなく、創造でもなく、考え方や意思というものです。ですが、どのエースのカードもそうですが、その後どうなるかは全くのところ未知です。

　元素の順番は火⇒土⇒風⇒水と循環するのならば、この風の元素の力の発生は、土の元素の主導権が終わった時に始まります。

　土の元素は特定の1つの価値観。そこにしかないもの、よそには同じ複製はないことです。風はこの土の閉鎖性を分散させ、いわば「風化」させてしまいます。ですので、それまで固まっていた価値を相対化して、異化作用として、異なる意見を提示することを示しています。

　これまでと違うものであり、分離することです。1つの岩の固まりのようなものを打ち砕き、分散させることです。付和雷同性ではないし、またそれまでのものに同意することでもないのです。

SWORDS

ソードの2

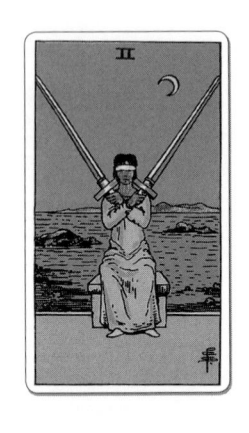

II of SWORDS

　風の元素を示すソードのカードでは、1つのものを2つに割ると、両方の勢力が同格な場合は、緊張状態や膠着状態のようなものが始まって、どちらも選べなくなるし、さらに身動きが取れない状態になる可能性があります。

　「ソードの2」はたとえとしては米ソの冷戦時代を表しているといわれていた時期がありました。葛藤による緊張感でもあります。

　ウェイト版の絵では、女性の胸の前に剣を持った腕が交差している配置で、心の内を明かさない、拒絶反応、閉じていることを意味することもあります。

　これが3の数字になると、どのカードでも動きが始まります。動きが始まるにはソードのカードでは、何らかの譲歩や諦めがあります。そうすることで、譲り、均衡が解かれ、選び、そして動きが始まるのです。

　剣が真っすぐ伸びていく光景は意志を貫くことですが、2つの剣は違う方向に真っすぐに伸びます。そのため、2の段階ではどちらを選んでよいのかわからないのです。

　人物像の後ろは海で、それは形になっていないさまざまな深い情動を内包した母体です。しかし、その正面には胸の前に十字に置かれた剣。つまり、潜在的な可能性を封じ、流れを止めている段階といってもよいのかもしれません。

　そもそも2の数字そのものが難しい数字です。どこに転ぶかわからないところでは、まだ誰もが目隠しのままだといってもよいのかもしれま

せん。2本の剣の方向性の違いについて詳しく点検するとよいでしょう。

　ソードは風の元素なので創造はありません。

　2つの方向に分割されており、そのどちらかを選ばないかぎり、次の進展はありません。

　しかし2の数字はこの2つを対象化できません。よく2の数字の意味として、取捨選択しなくてはならないと考える人がいますが、2の数字ではそれは無理です。というのも、2つあるうちのどちらかが自分です。すると、見ているのは1つの対象ということになり、選ぶものなどないのです。

　自分は宇宙の環境の一部なので、宇宙や環境を客観的に観察などできないという科学理論がありますが、2の数字はそういうもので、自分が動くと相手が動いたように見えます。観察すると相手も変わるのです。

　3になると、2つのものを自分が見ているという配置になりますから、取捨選択もできるのです。

　2では、自分の執着心とか、考え、立場を維持すると、状況も環境も変わらないことになり、ただ緊張感だけが続きます。

　このウェイト版の絵柄の女性は椅子に座っていて、行動する気はありません。座っている場所は安定した固い場所の上です。そして少し上のあたりから、背後の海が見えます。

　海の水の動きは足場ではなく、それよりも上にある感覚や感情、思考などのところで働いています。そのため、心や気持ちは流動的ですが、状況は固定的です。この人物に近づこうとすると、目隠しなのに気配だけは察知するので、斬りつけてきそうな雰囲気もあります。そういう警戒心などが働き、なお動けないという感じです。

SWORDS
ソードの3
III of SWORDS

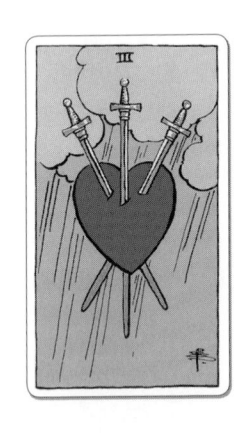

　ソードは風の性質で、分割する、切り裂くことです。これは水の結合性質とは正反対です。

　3の数字は生産性や運動していく状況を表しますから、事態が解決する、前進する、生産的状況になる意味を持ちます。

　ソードのカードとの組み合わせによって、何かを諦めることで動いていくような意味になります。譲らない間は動かない。しかし妥協したり、譲ったりすることで、動きが始まるのです。

　ウェイト版では赤いハートのマークに剣が3本刺さっています。この絵柄の痛々しさは、パメラ・コールマン・スミスが独自に思い込んだイメージで、本来の小アルカナカードの意味とは違う印象もあります。

　しかし、タロット占いでは絵柄イメージに反応することも明らかなので、胸が引き裂かれるようなことを意味する場合もないわけではありません。

　本来的には、3の数字ですから生産的意味です。そのために、諦める、妥協することで動きが始るのです。2の数字からここで脱出するのです。あるいは3つの方向を許容するということもあるでしょう。

　例えば、親が子供の進路に関して、自分の夢を諦めて子供の好きなようにさせるというのも「ソードの3」の意味でもあるでしょう。自分の剣、子供の剣と違う方向が出てくるのです。

　何かを認めることで、話は前進し、問題は1つ解決することを「痛み分け」という言い方をすることもあるでしょう。風の元素は常に分割

と分散なのです。そして水は一体化と統合化ですから、カップが好きな人は、この剣の異なる方向へ進むということに不幸を感じるはずです。

　例えば、占星術であれば、水のサインの蠍座に対して、風のサインの水瓶座とはそういう離反であり、蠍座からすると痛みを感じます。しかしそれを否定的にとらえるのは、水の元素の側から見た場合ということなのです。風の元素の側からすると、何か足を引っ張ろうとしているということになります。

　ハートのマークは胸を表すことが多いと思います。

　生命の樹では、この場所はティファレトと呼ばれ、ここにはマルクト以外のすべてのセフィロトが集合していて、あらゆる要素を統合化しています。

　ハートにおいては統合化する、結合するというのが重要なのです。たくさんの部品を集めて作った製品でも、1つのものと認識されます。このように多くの部品を1つにまとめて統合化する作用がティファレトなので「集合点」と呼ばれます。あらためてそこを、3つの方向を持つもので分割したのです。

　あるいは柔らかいものの中に、メスのようなものが3本入ったのです。胸は統合点ですから、例えば、引越しの時に、胸騒ぎを感じる人がいます。引越しは、土地が変わることで、すると、精神と下の土地を、これまでとは違う組み合わせで再接続しなくてはなりません。その時に胸で模索が始まり、ざわざわとした気分になるのです。

　分割したり、方向を変えたりすると、またその後再接続し、統合化する。この分割の時に、胸が痛み、苦しくなったりしますが、それでも新たに前進します。

SWORDS
ソードの4
IV of SWORDS

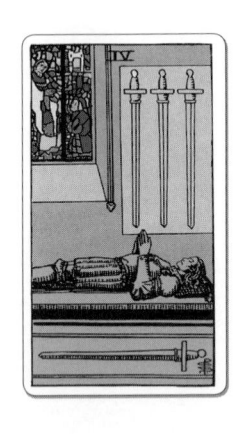

　4の数字は、より大きな源流につながる、そのために今の活動にストップをかけることです。

　ソードは風の元素で、知性や判断、決断という意味のものだとすると、判断をやめて、より大きな考え方がやってくるのを待つという意味になります。

　あれこれ考えている時に、その人のいつものレベルで考えていては、より優れた考えは生まれません。いったん思考を止めることが大切です。空白にしておくと、そこにより大きなものがやってくるのです。

　戦士の絵柄は、内面の葛藤、対話と考えてもよいのです。戦いをやめれば、そこにより優れた解決がやってきます。

　4の数字というのは、日本では「死（し）」という言い方をすることがあります。それは、不吉な意味を持つことがありますが、実際には4の数字の「死」というのは、より大きなものとつながるために止まるという意味で、より大いなるものとの接点ということです。それまでの個人のものが重要という発想からすると、小さな意味では不吉ですが、より大きな意味ではむしろ吉なのです。

　「ソードの3」では、全部手に入れることを諦める、そこで整理がついて解決策が見つかるという意味になっていましたが、「ソードの4」では、どれかを選ぶのではなく、いったんすべて止めてしまうという方が望ましいでしょう。

　風や火などの非物質の元素においては、止めることはむしろ増加を

呼びます。

　ロンドンのウェストミンスター寺院には、歴代の王や女王、詩人、芸術家などが埋葬されており、寺院というよりは大きな墓場です。墓の上には、大理石の像があり、ウェイト版のこの絵柄はそれを連想させます。

　死者はもう活動することはありませんが、しかしその記録とか影響は残ります。特に大理石像はその死者が最も充実した活動をしていた時期の姿を残すので、それは死者の象徴的な働きや意義を多くの人に思い出させるのです。

　4という数字を死という意味に変えていくのは、生きて活動している時にはまだまだ変更する可能性がある。しかし死んだ後には、その意義は変更がなくなり、定着して、むしろその力は広がっていくということを暗に示しています。

　インドのグルだったオショーは、アメリカ政府から嫌われ、レーガン大統領はどんな国も受け入れ拒否するように海外諸国に強制をしました。アメリカで複数の銃を向けられた時、オショーはそこで射殺してほしいと思っていたようです。なぜなら、そこで彼の業績はもっと強い影響を残すからです。生きていると、伝説は崩れていき、最後はただの気弱で耄碌（もうろく）した人に変わり、忘れられていきます。

　このカードはより大きな知恵に接する。より拡大する。止まることで、それが進行していくという印象でしょう。

　左上、マトリクスでは2の位置に宗教画があります。そして死者の像は、両手の指を胸の前で合わせているので、陰陽とか左右という二極化したものを1つにして、そこに上空からの影響を受け入れようとしている、つまり小さな山の頂点を作っています。そのようにしてより優れたもの、上位にあるものを取り入れようとしています。そのための休息です。

Ⅲ　タロットカード解説──小アルカナ【ソード】

SWORDS

ソードの5

V of SWORDS

　風の元素は基本的に感情や興奮、情の部分を伴わずに思考する姿勢を表しています。
　カップとしての水の元素は共感や一体化なのですが、ソードにはそれがないのです。
　5の数字は、主張する、外に対して自分の意見を押し出します。つまり他の人に気を使うこともなく、また共感も同情もしないで意思を押し出すことは、不和の状態を生みやすくなります。
　一方的に、「こういうふうにします」と決めて、相手に相談しない状態です。そうすると、関係は壊れやすくなるのは当たり前です。
　またソードは分離・分散の意義ですから、5の数字の意味として主張した結果、今まで一緒にいた人と別れるということも出てきます。それは5の結果ですから、前向きな未来を生み出すためのものです。
　もともとソードは刀のようなものですから、攻撃性と考えた時は、攻撃性が外に対して強く働いていることになりますから、そのあたりでの鋭さや極端性も表しています。
　決して同化はしないのですが、「ソードの5」ではそういう極端な攻撃性を示さないことも多く、ケースバイケースで考えてください。遠慮しない、つまり混濁していない、切れが良い、表現がシャープでセンスが良いという場合だってあるのです。
　ウェイト版では、剣の2本を上向きに持ち、さらに1本を下に持っています。残りの2本は、横に倒れています。上向きの2本は精神性を。

もう1本は実際的な方針として大地に向かい、残りの2本の方向性は放棄されています。
　上に向かう2本の剣は、「ソードの2」のカードのようです。5つが放射状になっているわけではなく、このようにばらばらに描いた場合に、ソードの1本が方針とか姿勢と見れば、ばらばらになってしまったような印象を与えます。
　2本を捨て、3本が選ばれたのです。そして3人の人物のうち、2人が去ります。1人はひどく落胆しているような姿です。
　私はこのカードの絵柄はかなり無茶な絵柄に見えます。なぜなら「ソードの5」にはもちろん前向きな意味もたくさんあるからです。自分の考え、姿勢を打ち出し、曖昧にしない。今までは妥協していたが、それはもうやめる、ということもあります。
　身体に脂肪を溜め込んだ人は、この脂肪がストレスを抱え込み、さらに緩衝剤になるので、言いたいことを言わない傾向があります。つまり太った人はわりに温和です。ですが、菜食などで痩せてくると、油の緩衝剤が少ないので、意見がストレートになり、そのことで不和になっても、それはそれでしようがないというふうに人柄が変化します。
　また「カップの5」のようにいつまでも切れずに引きずるようなことがなく、それこそ、絆を刀で切るような割り切りも出てきます。これで思い切ったことができるようになった、ということでしょう。

SWORDS
ソードの6
VI of SWORDS

　6は自分から出した意思に対して、それにぴったり噛み合うような状況がアクティベートされる状況で、9の数字にも似ています。9の数字と違うのは9は腰のイエソドで、濃密な物質に近い人生を引き寄せる力ですが、6の場合は生命の樹では、胸の部分で心理的な選択という段階です。何を大切に考えているかということです。

　ウェイト版では船旅が描かれ、旅はゆっくり進んでいます。川の状況はいろいろ変化していくでしょう。危ない場所もあれば、安全な場所もあり、いろいろなところを紆余曲折経ながら進んでいきます。

　このような旅では、冷静に判断してプランを立てることになるし、トラブルが起きたら知恵を働かせて解決します。

　ソードは分離・分岐の意味ですから、1つを選び、1つを捨て、複雑なコースを進んでいきます。プランAがだめならプランCというように、複数のプランを考えていくということもあるでしょう。

　占星術の場合風のサインは、双子座・天秤座・水瓶座です。双子座の場合は、矢筒というたくさん矢が入っている筒をシンボルにするものが9度にあります。天秤座の場合は、川を下っていくシンボルが10度にあります。同時に複数のことを点検したり考えたり、いろいろなバラエティや変化に対応する力です。このように応用的に考えるのが風（ソード）の元素です。

　気分の変化などによって旅のしかたを変えたりはしないでしょう。同時に複数の可能性を考え、また問題が生じたら、その場で考え、選択

していく。ダンドリを考えていくのが得意かもしれません。

　これがワンド、すなわち火の元素であれば、計画しないで、その場の盛り上がりで決めたりする方が楽しいといえます。そしてしばしば予期しない窮地に陥りますが、それもまた面白いと感じるでしょう。

　ソードでは情動の盛り上がりがないし、船旅をしている人は、顔を隠していますから、その狙いや意図を言いません。

　例えばゲーテは、作品を書き始めても、誰にも言わなかったといいます。出来上がったら教える。しかしそれまでは一言も誰にも知らせないのです。

　私も最近はほとんどそうなりました。なぜなら、言ってしまうと干渉が入り、ノイズにかき乱されるからです。誰も黙っていても、考えていることはわかります。それに影響を受けてしまうのです。それに何が起こるはわかりません。後々までいろいろな可能性を考えると、計画はそれがすべて終了するまでは、そして本ならば、書店に並ぶまでは言わない方がよい。そういうことになったのですが、これも「ソードの6」の姿勢に近いかもしれません。

　船は小さいので、事故に遭った時には、わりに深刻な事態になります。注意深くゆっくりと進まなくてはなりません。

　占星術の元素の考え方を借りると、風の後には水が来ます。

　船は水に浮いていますから、まだ風の元素が優位にある段階ですが、風の元素のサインも終わり頃にくると、やがては力を失い水没します。風の元素は、はじめは乾いていますが、後半になると次第に湿気を含んで重くなるのです。

　そのため占星術では水と風はモイスト、火と土はドライといいますが、土の元素の後にくる風の元素は、初期はドライで後半になる時にのみモイストに変化します。

　土を風化させる風はドライ、水没に近づく風はモイストなのです。

　この「ソードの6」の船はモイストに近づくにつれて、動きが鈍くなります。人のことを配慮しないでドライに計画的に進むならば、船は沈む危険がありません。

SWORDS
ソードの7
VII of SWORDS

　ウェイト版のカードでは、暗い夜、人が寝ている時にこっそりと逃げていく絵柄が描かれています。泥棒かもしれません。

　7の数字は生命の樹ではネツァクに当たるので、願望が外界に投影される、夢を見るといった意味ですが、ソードの場合は一方的な計画性、人に言わずに黙って実践する要素が加わります。

　協力するというのは水の元素の性質なので、ソードの場合には、単独で判断し、そこで信頼感を作りにくい傾向があるでしょう。このような要素は誰の中にも含まれていますから、そのような部分が表面化してきたと考えるとよいでしょう。

　「裏切り者カード」と解釈されることがありますが、そのようなケースも一部あります。ですが、そんな大げさでなく、基本的に協調性がなく1人で決めてやっていく、それについては他者に何も伝えていないという性質です。5の場合には主張ですが、7では行動になります。もともとは大アルカナの「戦車」のカードの四元素版だからです。

　ゲーム作りでは会議で話を決めることもあります。しかし良い芸術作品は個人の手になり、しかも完成するまで誰にも言わない方が良い作品ができます。事前にどこに行く、何をすると説明しておくと、それによってやる気が失われてしまう人はたくさんいます。

　ソードは考えることに関係があります。考え事をする時に、1人で考えることになるでしょう。

　敵前逃亡のような言われ方をしていましたから、隠れる、逃げる、

秘密にする、裏切り者になるなどいろいろ出てきますが、すべて肯定的な意義を持つ場合もたくさんあるということです。

7の数字は落差を作り出します。

2つの電極の間に電位差があれば、この電位差の中に1つのコスモスが作られ、そこが7つ分岐します。この7つの両端には落差があり、それはあらゆるものの明暗とか対立性を作り出します。

そして7つというのは、この2つの間を駆け抜ける法則です。1つのものが2つになり、次に全部で7になるという時には、7つ全部揃えたら、元の1に戻ることになりますから、全部拾ってくる必要があります。

ウェイト版の絵柄では、逃亡する人はこの7つが働く世界からもう1つ上の、すなわち1に戻る場所に行こうとしています。とりあえず7つの世界と、それらを統合化した1の世界は1つ次元が違うのです。

そしてこの上の次元では、その1は他に6つあり、その次元での7つを構成します。前の世界から逃げ出そうとしているのに、剣は5本持ち去り、残りの2本はそのままになっています。全部持ち運ばないことには、その世界においての独立性が得られません。

そのため、5本だけを運ぶ、すなわち意図だけ主張して、しかし現実は動かないということになりやすいということになります。それは2本残したからです。

こっそり何かしようとしたけど、そしてそれはより上位の、有利な世界に行こうとしたが、抜けがあり上手くいかないということにもなる図柄です。

ですが、これはウェイト版の図柄からくるローカルな意味で、本来の「ソードの7」というカードには、このような上手くいかないという意味は含まれていないと思います。

彼はそこから去りたい。しかし去ることはできないということです。

SWORDS
ソードの8
VIII of SWORDS

　ウェイト版では、女性が縛られてその周りに8本の剣が立ち、束縛されて身動き取れないような状態です。

　特に女性という場合、柔らかい受容的なものを表していますから、そのような柔らかい感受性のようなものが、ぐるぐる巻きに縛られています。ですから、感じることや思うことが自由にできなくなっている状態と考えてもよいわけです。

　「ソードの8」の絵柄は誤解されやすく、「8」、「ソード」という意味のごく部分的なところしか描かれていません。

　ソードのカードは基本的に知性や知識、ある程度頭脳的なものを表します。8の数字は溜め込む性質です。学習して知識として覚え込んでいくことを表しています。つまり、今まで勉強してきたことや考え事によって人生観が作られていき、それが今後の人生の方向を規制するという働きです。それは知的な意味での信念体系で、慣れ親しんだ体系にずっと住むのが大人の性質です。

　人は、子供の頃には自由自在に柔軟に考えていますが、大人になるにつれて狭い人生を生きるようになります。ある信念や思想を持つと、世界はその法則の通りに動いているように見えてきます。

　まず、考え方があって、それによって世界の見え方が変わるわけです。この「ソードの8」は誰の中にもあるごく普通の作用です。

　良い面としては、知識によって方向づけが整理されます。無駄を減らすことができるのです。お店の評判をネットで調べたら、すべて食

べ歩きする時間は節約できます。

　悪い面は、新たな可能性を封じてしまうということです。大アルカナの「塔」は、信念体系のクラッシュを意味しており、たいていは良い意味です。

　生命の樹では、この壊れていく塔という絵柄はそのままホドの部分です。そのため、8の数字はあらゆる元素がこの塔を表しています。塔は悪でもなく、保護であり、しかしその力が長引きすぎると悪となり、ときどき脱皮が必要なのです。

　シュタイナーは人間の視覚意識は乙女座に関係し、思考に影響を受けるといいました。視覚は全方位を見ていくことはできず、いつも一部のみを見ています。そしてその人の思考によって大幅な脚色がされていくので、ある人はあるものを見ても、同じものを他の人は見ていません。

　名前がついていないものは視界に入ってこない。見た通りありのまま、というのは、その人の思考の癖そのものの投影を見るという意味です。

　乙女座は全体を分割して、その一部だけをクローズアップする性質ですから、視覚と対応しています。この「ソードの8」の絵柄は、そういう面を意味しているのだと思われます。

　思考によって形成された信念体系の縛り。人生はそういう価値観に縛られた中で生きていく。ですが、もともと縛られた女性が形なくアメーバのように生きていて、日々考え方も変わり、何も決められないような人だったら、この思考による保護というのは助けになるということにもなります。科学も時代的な信念体系で、長い年数の中で今とは似ても似つかないようなものに変わるでしょう。

SWORDS
ソードの9
IX of SWORDS

「ソードの9」も「ソードの8」に続き、パメラ・コールマン・スミスの偏見が出ている絵柄です。しかし皮肉的な表現とみなせば、いくらでも使えます。むしろそのように解釈することができれば、スミスの絵は全部まともだといってもよい面もあります。イギリスの場合、そういう表現は他の国よりもはるかに多いと思います。

9の数字は、これまでの1から9までのすべての総和です。それがその人の人生を引き寄せます。人生の中で誰もが自分の性格にふさわしい人生を送っているということです。卵の殻が10、殻を剥いた中身が9と考えてみるとよいと思います。

困った状況になった場合、それを自分で引き寄せています。そのような時は、どうして自分で引き寄せているのだろうと考えていくとよいでしょう。

ソードは4つの元素のうちの1つにすぎません。それを過剰に強調することで人生はバランスを逸します。

「ソードの8」に現れたような、その人固有の思想にとらわれることで、人生には光と影の陰影が濃くなります。それに風と火の元素は何かとメリハリを要求します。

際立った個性や際立った出来事を求めると、次第に人生は強い充実感を得ますが、その反面、激しい落ち込みや苦を作り出します。

例えば、映画にしても小説にしても、コントラストがなければ面白くも何ともありません。無個性な人生は水や土の元素が作り出しますが、

それはドラマにはなりません。風は分離と分裂ですから、一体化衝動を意味する水の元素からすると不幸なイメージも作り出します。このようなコントラストの強い想念は、夜中には極端になります。

　メールは夜に書いてはいけないという話もあります。なぜなら、極端になるからです。極端な想念は、繰り返されると現実を引き寄せます。

　その人は望んだ通りの人生を生きているのです。ありきたりのものとして生きているのではなく、むしろ精神や思考をもっとリアルに形にすることのできる力。これが本来の「ソードの9」の意義です。

　実際問題、人はスリラーとか恐怖小説を好んで読んだりします。それを想像上で体験することで、そこから抜け出せるという効果も期待できます。

　人間の思考は、外界からは閉ざされていて、外界を認識しないし興味もないという特徴があります。

　世界が崩壊しそうな時にでも、自分がお茶を飲むことの方が重大であるとドストエフスキーは言いましたが、思考とはそういう本性があります。そして感情はこの思考の影響を受けますから、印象や外界に対しての評価など、どんどんねじ曲げていきます。そうやって妄想的に膨らんだものを真実の世界と思い込み、そうした人生を引き寄せます。

　ソードは知性や思考だとすると、この思考の閉鎖性、外界から切り離されていることなどの特質が露骨に出ることになります。

　考え方が違うだけで戦争や殺人も起きる。こうした思考力の怖さも表しているでしょう。

SWORDS
ソードの10
X of SWORDS

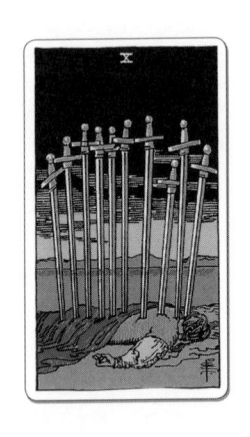

「ソードの10」は横たわっている体に剣が10本刺さっています。

人間の生活は四元素すべてバランス良く揃えたところで成り立っています。

土は物として生きる、水は温和なものを好んでいて、ある程度決まりきった日々同じようなものが続く状態を望む傾向があります。水と土だけで生活が成り立つと、この食べ物が美味しいとか、ささやかな事柄のみがクローズアップされたような生活になります。

横たわっている死体の絵柄は土と水を表しています。剣がそこに刺さっているということは、剣によって土と水の部分が死んでしまったと考えるか、剣が体の中の隅々までに行き渡っていて、剣（ソード＝風）が土と水で構成された身体や生活の領域に、その力を浸透させたというふうに考えることも可能です。

誰もが、心身においては、自分のコントロールが及ばない要素がたくさんあります。思想が心身に浸透するというのは、思想によって、生活や生き方が変わることです。思いのままにならない機械的に動いている部分に対して、自分の特徴的な思想や考え方が染み渡っていく状態は自己実現に関係しています。

そのような点では、「ソードの10」は実生活にまで剣が浸透していったと考えてもよく、その人の理念や考え方が物質的に達成していったとみなせます。

しかし剣が水・土を死なせてしまったというケースもあるはずです。

殉教者というのは、不幸なのか、それとも喜びなのか。それは土と水を重視している人には不幸であり、風と火の自己実現を望んでいる人からすると本望です。

「ソードの10」は針治療のカードといったりすることもありますが、東洋医学も西洋医学も思想です。この思想によって針やメスが身体に刺さったり、切り刻んだりするのです。

この人物には習慣の奴隷になって生きるなどということは少ないでしょう。思想が生体や生活を支配するということは怠慢ではないのです。また思考は外界と切り離されており、思考は外界をまともに認識しないということを「ソードの8」や「ソードの9」で説明しましたが、その点では、この「ソードの10」は「ソードの9」の結果のようにも見えてきます。

殉教者といっても、その信仰は間違っている場合もあります。禅の研究者の鈴木大拙は、「もしキリスト教が世界を支配するようになったら世界は滅びる」と言いました。キリスト教は基本的に有害な攻撃性を持っているというのです。

このような点からいえば、反対に日本人に特定の思想など昔からなかったというのが中江兆民の主張です。のらりくらり生きていて、どんな思想も続いたことはないというのです。

水や土の元素が強まると、相対的に風の元素は比率が弱くなります。すると、その分、日和見、和を重視、統一性の欠如などが強まってきます。

テレビで思想上の対立の議論を派手にしていたが、撮影が終わるとその後、仲良く居酒屋に行くということも日本なら普通です。

となると、日本人にはこの「ソードの10」は一番合わないケースにもなります。

SWORDS
ソードのペイジ
PAGE of SWORDS

　ペイジは馬に乗らず徒歩で、見習いや若い人、まだそれほど慣れていない練習中のような感じの人物像です。そうすると、ソードに関する練習を始めていると考えてもよいでしょう。

　ソードは風の元素ですが、同時に剣のイメージで考えると、例えば、意志を貫くといった意味があります。そのようなことをやったことがない人が、その練習をしている状態です。

　意思決定をはっきりさせて、それによって人生に立ち向かうチャレンジを始めているというふうに考えてもよいでしょう。

　ナイトではないので、ペイジの場合、他の人の影響を受けたり、周りのことが気になったり、相対的に自分自身を維持することができないような、いろいろな影響に巻き込まれている中で生きています。

　ソードの練習、明確な目的、意思、そのようなものによって生きていこうと思っても、絶えず挫折の危機や途中で投げ出す可能性がいっぱいあります。そのようなものにさらされながら、その中で努力しようとしているという姿と考えてもよいでしょう。

　また、警戒心のようなものを表すカードともいわれ、風の元素が情報だとすると、情報を調査する、警戒して困ったことにならないように調べていくような意味もあります。

　「ソードのペイジ」を探偵と説明することもあります。

　このカードが出てきたら事前のチェックをもっと完全にやらなくてはいけないのです。同時にペイジは腰が座りませんから誤情報もつかま

されます。ちゃんとできる／できないというよりも、ソードが表すところのいろいろな情報が錯綜して、その中で整理しながら進んでいきましょうということでもあります。

「ソードのペイジ」は警告として出る場合があります。見落としがありますということもあるでしょう。

　占星術でいう双子座の軽い意味に似ているという意見もあり、双子座は風・柔軟サインで、これはゴミを表すこともあります。趣旨に沿わないものを手に入れた時、それはすぐにゴミに変わります。双子座の好奇心は、趣旨に沿わないものにも関心を抱くため、ゴミ、あるいはゴミ情報ということを含み、意味がないが頭を突っ込む、何か言うということをこのカードが示しているというわけです。一言多く、それが原因で混乱を招くこともあるということです。

　ペイジの段階では、まだ意思がしっかりしていないために、周囲の影響に振り回されて、あらぬことを言ってみたりします。

　ペイジは普通の人という意味ですが、今日、普通の人というのは昔に比較して水準が落ちており、自立できない、人を妬む、無責任、こういう人が今日の普通の人であるという意見もあります。そして昔のように普通に生活できる人は、今では立派な人という言い方になるそうです。

　私は、人物カードはペイジ、ナイト、クイーン、キングの下にゴラムを入れたいのですが、ペイジはしばしば精神状態がゴラムに転落します。

SWORDS
ソードのナイト
KNIGHT of SWORDS

　ソードは風の元素で、知性や鋭い意思を表しています。ナイトは運営力です。馬に乗っているわけですから、運ぶ力があります。

　何かを解決する力、そのまま受動的にならずに決定していく者、運営する者を表しますから、知性によっての運営力を意味します。

　論理的理解力や分析力、考える力、そのような要素が発達していて仕事の面でも実力を発揮することになります。

　悪い面でいえば、ソードは土と水の元素と対立します。占星術においてそれらは90度の関係ですから、その2つの土と水の元素をあまり理解しないか、または軽視するといった対立の要素を持っています。ですから、感情や温情、共感力や情緒性、実益を求めての妥協などを理解しないか、軽視している面も出てきやすいでしょう。

　この気持ちの細かいところに関しては、察する能力がないというよりは、察する気がないということにもなるでしょう。

　土の元素の持っている防衛力やほどほどさがありません。ですから、攻撃的で鋭い状態です。人のエゴに対しては批判的になっていくところがあるでしょう。エゴは土の元素です。自分を守る、都合良く考える、ある程度ほどほどに考えるところが少ないので、そのあたりで争いを招く、とがった状態になる場合もあります。

　ナイトは移動しますから、受動的に知っただけで何もしないということはありません。あそこからここへと移動します。それが良い結果になるか悪い結果になるかは、このカードの管轄ではありません。

ソードは分離です。そしてナイトは来るか、それとも去るかです。分離して去るというケースでは、私が見ていた事例では死によってお別れするというケースもありました。しかしこのカードだけを見てそのように判断できるケースはほとんどないでしょう。もっと違うカードの組み合わせか、アカシックリーディングとの併用が必要です。

　ワンドは作り出す、しかしソードは作り出すことはなく、これまでのものを分割したり、整理したり、方向づけたりする風の元素の力です。

　例えば、企業においては、何かアイデアを出したり、企画を生み出したりするのはやはりワンドの力です。ソードは分析したり、判断したりするという意味では、管理的な作用が強くなります。

　ある企業で、管理がずさんなために、管理するのが得意な社長と、その社長に似た管理職の人を数人雇ったら、その後、その企業では、いかなる新企画も通らなくなり、何か言っても細かく分析された挙げ句に、それは無理という判断をされるようになったそうです。

　ワンドとソードがセットになっていれば、もっと良い状況になるでしょう。

　火と風の元素は、合わせて六角形になります。水と土の元素は、合わせて六角形になります。発展とか進展は、火と風の組み合わせが理想です。

　しかしいずれにしても、ナイトは全体を支えるような存在ではないので、キングとクイーンがいるところで、実働する役割をすることで上手く機能が果たせます。動いた後の何らかの結果は、「落ち着く」という意味では椅子に座ったクイーンかキングが来ないことには、成果が出たとはいえないことも多いでしょう。

SWORDS
ソードのクイーン
QUEEN of SWORDS

　クイーンは感情の豊かさや影響力の強さ、受容性を持っています。椅子に座っているので、自分からは動きません。
　ソードは知性を表していますから、知恵があり、理解する力を持っていることになります。
　「ソードのクイーン」を否定的に読んでいる本では、結婚していない孤独な中年女性とされています。これはソードというのが真っすぐ上に立っている状態で共存せず、孤立していて、水という潤いがないからという女性イメージで見たわけです。
　しかしある人は、明るい聡明さとクイーンという影響力の強さを組み合わせて読んでいます。感情でものを判断しない、偏ったものの見方をしない。つまりは、人のいろいろな問題に対して理解することができるという話です。
　クイーンの場合は、感情の力と知性が結びついていることになるので、人間の問題に対しての理解力と洞察力を想定します。剣が真っすぐ立っていることからいうと、意思表示が曲がっていない、正直である、公正であるということです。剣は天に向かうという意味では、実際的な妥協の決着をつけないということです。
　政治家は実際的な妥協によって生きますから、土の元素が重要です。剣の先、すなわち結論が空を示しているので、政治家的な判断ではなく、むしろ理念的で精神的といえます。
　それとクイーンという女性像が結びつかない人もいれば、結びつく

人もいます。

　結びつかない人は、そういう事例を見たことがないということでしょう。判断力の早さがあり、瞬間的に理解して、瞬間的に回答できる人物です。主婦のようなイメージで考えるよりは、働く人とか仕事能力を重視した読み方になっていくでしょう。日本人女性では少ないともいえます。

　根本的な創造力というのはキングになっていきますから、クイーンの場合は、作り出す力はありません。既に決まったものを応用的により豊かに広げていくのです。

　いずれにしても人物カードは4種類しかないという点では、ここからディテールを読むことはできないので、タロット占いの場合には、他のカードとの組み合わせによって、もっと細密化する必要があります。

　韓国の古代の政治体制は、天体の配置に対応していて、王が北極星、その周囲にいる王妃や女官達が北斗七星で、王を守る役割です。その周囲に軍隊、すなわちナイトがいます。するとクイーンは、ナイトに対して支配権を持っており、また王の周囲にいて、王を守る役割だということになります。

　1つ上のものしか価値がわからないという意味では、ペイジにはクイーンの価値がわからない。ペイジはナイトに憧れている。またナイトはクイーンに、クイーンはキングに、ということになります。

　ナイトに対する働きかけはキングよりもクイーンの方からした方がよいということになります。

SWORDS
ソードのキング
KING of SWORDS

「ソードのキング」は風の元素の知性や意思の力と、キングの支配力を表しています。

キングは人物カードの中では最も根源的です。この存在の周りをすべてが回っていきます。知的な分野のもの、情報分析、思想、そのようなところにおいての根源的な理解力と考え出す力です。

人物カードは4枚しかなく、キングのサイズについては、小さい社会や大きな社会の中までさまざまです。4人の集まりの中でキングという場合もあるのです。

理論が明確なので、感情面で混乱しておらず、「将来自分はどのような人間になるのでしょうか」とか「どのような仕事をすればよいのでしょうか」などの質問をされた時には正確な判断ができるはずです。

決められない人に、決めてあげるということなのです。

しかし「ソードのキング」に関しては、受信する要素がなく、むしろ発信側ですから、相談を受ける性質はあんがい少なく、指示する・決定するなどが多いでしょう。

占星術でいうと、風の元素は双子座・天秤座・水瓶座ということになります。双子座であれば知性の力、天秤座であれば対人関係においての処理能力や理解力、コミュニケーション能力、水瓶座はより大きなビジョン、身近なことではなく大きなところからものを見ていくことです。

分野としては風ですから、水と土の元素のいずれかを示す食べ物屋

さんは想像しにくいはずです。

　なお、風の元素は増やす力ではなく、1つのものを分割する力ですから、我慢する、妥協する、断念する、忍耐する、整理するなどという要素も含まれます。この点が生み出すことばかりのワンドとは異なるのです。

　ナイトの項目でも書きましたが、会社で企画したり生み出したりする社長は、「ワンドのキング」の方で、「ソードのキング」は生み出すよりも分析・管理するタイプになりますから、「ソードのキング」が社長になると、どんどん新開発のものが作り出されるという状況ではなくなります。

　例えば、かつてスティーヴ・ジョブズがアップルの社長にペプシコーラの副社長を迎えた後、ジョブズは会社を追い出されましたが、その後アップルは新しい製品を全く生み出さなくなりました。

　これは「ワンドのキング」から「ソードのキング」に変わったということになるでしょう。ただし、守りに回るのは水と土で、拡張と発展は、火と風ですから、もし創造的なワンドの力がなくても、販路を拡大したり、勢力が大きくなるのにソードが力を発揮することはあるでしょう。

　「ソードのキング」は絵柄が大アルカナの「正義」のカードに似ています。「正義」のカードは、異なる世界との境界にいて、門番的な役割もあり、ケルビムとの関連性があります。

　境界線を守るというのは、曖昧なものの輪郭を明確に決めるということでもあり、無駄なもの、不要なものを切り離すということもあるし、また一体化しているものを切り刻むこともあります。それは失敗すると取り返しのつかないことになりますが、ペイジならば判断を誤ることがあっても、キングは間違うことは少ないともいえます。

PENTACLES
ペンタクルスのエース
ACE of PENTACLES

　ペンタクルスは土の元素で、感覚的な要素が重視されたことを表します。つまり触れるものや見られるもの、実際的なものを表しています。

　エースは始まりを意味しますから、何か実際的なことに関してのスタートを指します。具体的には、お店を作りましたとか仕事を始めましたなどです。

　土の元素は占星術の発想を借りると、火の元素から移ってきたことを表します。牡羊座から牡牛座へ、獅子座から乙女座へ、射手座から山羊座へ。火の元素が移動してきたということで、はじめは精神や理念といったものでしたが、そのような理念的なものが実際のものに落とし込まれたことを表します。

　いろいろ議論したり、アイデアが出てきたり、考えたりしていたものがあり、それを実際にやってみようという話になったのです。つまり、長い間考えてきた末に、具体的にスタートしたということも多くなります。

　土の元素が無から有を生むような、突然何の根拠もないところからスタートすることはありません。土の元素は実際的なことを意味し、そのようなものを始める前にアイデアやイメージ、そのようなものが生み出されて、ある時期から実践に移されてくるようになってきたことを表します。そういったプロセスを踏むことから、実際的な意味での新鮮さはありますが、突然驚くような斬新なものはありません。

　「ペンタクルスのエース」が出てきた場合、良いことを思いつきまし

たという意味ではありません。また、どのスートもそうですが、エースにおいては、次にどこに転ぶかということはわかりません。方向性はまだなく、種が植えられたばかりということを考慮に入れましょう。

　ウェイト版では「ペンタクルス」という名前がつけられていますが、他の古いタロットカードでは、これは「コイン」ということもあります。コインは金属で作られています。アリストテレスの時代の宇宙の物質の振動の序列では、動物⇒植物⇒鉱物⇒金属となり、金属が最も低い次元にあります。

　シュタイナー哲学では、鉱物と金属は一緒に扱われています。これよりも下はもう結晶化不可能なので、物質として構成できません。この最も振動の低い低次元の物質構成要素は、どんな物質の中にも含まれています。

　人体においてもこの金属は含まれており、あらゆる物体の輪郭を作り出していると考えてもよいのです。つまり、古い時代の宇宙構造は、振動の高いものから低いものまでタマネギのような同心円で考えられているので、一番外側のものは物質の輪郭を作り出しています。

　四元素は、振動の高さや非物質性から、物質性への順番では火⇒風⇒水⇒土という順番です。しかし運動の順番や時間の推移では火⇒土⇒風⇒水になるのです。

　いずれにしても、ペンタクルスないしコインのカードは、触れるもの、固いもの、物質性を表します。

　エースはそのスタートですから、物質的なものが発生する。決して精神的でも感情的でも、情緒的なものでもありません。

PENTACLES
ペンタクルスの2
II of PENTACLES

　ウェイト版のカードの場合、2つのペンタクルスがあってそれが無限マークでつながれている絵柄です。

　無限のマークは円を真ん中から折り曲げたような形です。右回転のものが左回転で、左回転のものが右回転に変わっていきます。そして、1つの価値が二分され、しかもそれは逆のもの、違うものに変化していくのです。1つの価値が2つの価値に増えたと考えてもよい面もあります。

　ペンタクルスは土の元素ですから、具体的な感覚的な価値、そのようなものが別のものに変換されていきます。ただし、2の数字は決定ではないので、いつ果てるともなく変化していきます。決定する決め手がないのです。変化はあっても意図的にコントロールすることは無理です。

　土の元素が別の土のものに変わっていくのは、例えば、円をドルに変えてみたり、物々交換のようなものだったりということです。物質的な部分においての可能性を探している状況を表しています。

　しかし、それがいつ果てることもなく続き、無駄なことをしている可能性もあるでしょう。もちろん、柔軟性というものがあり、また偶然性にも支配され、絵柄としては右手と左手でぐるぐる回して遊んでいるようなイメージから、レジャーのようなものと考えてもよい面もあります。

　物質的・感覚的なものは精神活動や感情の反映であり、結果である

とみなすのではなく、物質や感覚そのものが独立して、つまり源流から切り離されて独自に運営されるようになった時、それは無益に見えるような、忙しい運動が始まります。そこに意義はないのですが、気楽さはあります。たんに儲けたいということもあるでしょう。

　例えば、株などは企業の目的を無視した、企業をゲーム材料にしたようなものの場合もあります。

　4つの元素の総合で考えるのでなく、単独に独立した土の元素を扱うというのは、そこから意味を剥奪したことでもあります。

　土の元素は、何か別なものの器なのですが、しかし土の元素の分野を独立して考えた時に、意味も意義も深くない中で、投資したり、お金儲けしたりするという現代的な表層的な意味も成立します。そしてまた人生の偶然性も増えてきます。特に意味はないけど利益があったというようなことです。

　「ペンタクルスの2」は、このような偶然性の介入も増加するカードです。無機的で、気持ちとして充実感を伴うこともなく、物質が動いたり交換されたりするのです。

　2の数字は2つを選ぶという意味ではありません。選ぶには2つを見る3番目の視点が必要だからです。2の数字は行き着くところがなく揺れたり変化したりすることも多いので、粘土をこねているような感じでもあるでしょう。この土の元素だけが独立して運動すると、心とか精神が伴わないので、それは無責任、不実、空虚、地に落ちたもの、ということもありえます。

　このカードが常にそれを表すという意味ではありません。そういう読み方も、一部にはありえるということです。土の元素が他の元素を切り離して単独で働くと、このようになるということです。

　そして2の数字では、その単独の価値を作り出すための模索がなされます。

PENTACLES

ペンタクルスの３

III of PENTACLES

　ウェイト版の絵柄では、教会のような場所で３人の人が協力して作業している状態が描かれています。

　３の数字は、もともと生産力を表しています。ペンタクルスは土の元素の実際的なものを意味しますから、実際的なところにおいての生産力ということになります。

　土の元素は無から生まれることはなく、具体的にどこかの場所や組織などから引き継ぐところが多いのです。

　例えば、仕事に関して何かアイデアがあって個人的に新しくやっていくということではなく、昔からあるようなものを引き継いだり、伝統的に続いていたりするような種類のものをそのまま継承していくという意味が含まれてきます。その場合には、もちろん取り組む人の資質や能力なども問題になります。

　もし、１人で何か生産的なことを始めるとしたら、自分が始めるわけですから、他者からの能力の査定などということはあまりないでしょう。

　絵柄では助け合いながら仕事をしています。昔の解説書には、「ペンタクルスの３」は特別に優れた立場の人達が取り組むと書かれていますが、それは教会の絵から来ているのでしょう。職人とかプロが集まって、神聖な場所の補修とか構築などをしているという光景です。

　そもそも、「ペンタクルスの３」に特別な意味はありません。タロットカードはすべてたった56枚ないし78枚しかないので、普遍的な意義のものです。特別な意義があるとすると、それはタロットとしては偏

りにすぎませんから、むしろその内容をカットするべきです。そのため、ここに秘儀伝授のような意味があるわけではありませんが、しかし土の3という点では、これまでの伝統的な仕事を受け継がせるという意味は成立します。占星術の考え方を借りると、土のサインである牡牛座には、能力の継承、遺伝的な要素を生かすということがあります。

　もちろん絵柄から、家に関すること、建築に関係したものと見ることもできます。

　ペンタクルスとしての土の元素は、物質的なものを表しますから、それが3の数字の意味する生産性と結びつくと、単純に物質的な目に見えるものが生産されるということになります。

　「カップの3」では感情面に視点を当てた上での和気あいあいとした仲間との交流でした。そのため、そこでは仕事が進まなくてもよかったのです。しかし土の元素はすべて実質的なものを示していますから、このウェイト版の絵柄のように人物が3人集まると、それは交流会ではなく、何か実際的な仕事を進めることになります。

　仕事を進める。成果を上げる。そのために協力し合うなどという光景です。そしてそれは新しいものではなく、どちらかというと古いもの、沈着したもの、時には伝統性というものです。

　新しいものはたいてい火か風の元素で語られます。仕事の進め方にしても、目に見えるものを指標にしていくという点では、計画や手順が明確で、また曖昧な成果ではなく、はっきり触れて見えるものだということです。

PENTACLES

ペンタクルスの 4

IV of PENTACLES

　ウェイト版のカードの絵柄では、ペンタクルスをつかんで離さないといった様子が描かれています。

　他のカードの場合に4の数字は、より大きなものに接続するためにそれまでの3の活動力を止めるという意味を説明してきました。しかし、ペンタクルスの土の元素は、有限な資源であって、それまでの動きを止めてもより大きくなることはありません。

　ソードのカードの場合、知性を表していますから、今の考え方をやめてしまえば、もっと大きなアイデアがやってくると考えられますが、土の元素は放っておいたからといって増えるわけではないことが多いはずです。

　例えば、古い時代には鉱物は植物とみなされており、疲弊した鉱山は一時的に閉鎖すると、また鉱物が採れるようになると考えられていました。植物であれば、じっと放置しておくと、伸びていく可能性はあります。

　しかし、土の元素は基本的に、今、ここにあるものという時空の限定性こそがその元素の特質です。そのため、他の空間・時間と共有して大きく育つことはありません。したがって、物質的なものにしがみついて欲張りになること、実際的なことにおいて自分の管理下に置こうとするような意味のカードになりやすいでしょう。

　時代が変わっていく時にも孤立的で同じ姿勢を変えないとかです。

　占星術では蟹座が4番目で、蟹座の支配星は月です。そして、月は

体では胃袋に当たります。いろいろな食べ物が胃袋の中に入って、砕いて柔らかくされ、混ぜて消化されていきます。ここで単独で固まっているものを砕いて混ぜるという意味も成立します。4の数字には、本来そういう対立を飲み込むという作用があるのです。

ウェイト版のカードの絵柄そのものは、むしろそれぞれの個別性をつかんで離さず、防衛心を表すような絵ですが、数字の意味としてはこのような読み方もできます。

そもそも4は対立を併合します。縦軸は横軸の差異によって増え、横軸は縦軸の差異によって増え、広大な領域に拡大するのです。

土の元素が持つところの、自分のメリット意識で止まってしまっている状態。それをより大きくするためにはどうしたらよいか考えましょうというアドバイスのカードとしても活用できるはずです。

4の数字の説明に蟹座という4番目のサインを例に挙げましたが、ある程度親しい人で固まり、外部に対しては閉じるという性質もあります。管理できる範囲で固まり、その範囲のものに対してはコントロールマニア的になるということも考えられます。

同一性を求めると、相手に合わせるか、相手に合わせさせようとするかのどちらかしかありません。弱気になって相手に合わせてしまうやり方と、相手を支配するかということです。何にしても異質なものを受けつけない感じにはなってきます。

背後には4の数字の「皇帝」のカードの意味も含まれています。欲張ったり、また変化を嫌ったりするということも絵柄から推理できるでしょう。

良い意味では、物質的な状況を安定させ、変動を吸収して継続的なものに変えるということです。柔軟性はあまりないが、しかし方針をずっと続けるということのメリットはたくさんあります。

PENTACLES

ペンタクルスの5

V of PENTACLES

　ウェイト版の絵柄の場合、寒い冬に外を放浪している人がホームレスのように描かれています。貧しさや物を失った状態を想像する人が多いでしょう。

　ペンタクルスは、実際的な土の元素を表しています。そして5の数字は放出です。物質的なものは放出すると、その後自動的にチャージされることはなく、無くなったら無くなったままです。持っているお金を全部使ってしまえば、働かないかぎりは新しいものは入ってきません。

　他の元素と違って、ペンタクルスに関しては5の放出がそのまま失ってしまうことを表しています。その結果として、このような貧しい状態を暗示しています。

　自分を保護する物質的な助けや援助を放出することで、失くしてしまう。はじめから無いのではなく、5の数字で外に放り投げてしまったのです。

　4の数字がつかんで離さないというイメージで考えた場合、5は使ってしまって全部なくなりましたと考えてもよいでしょう。

　物質的なところにおいての困難やトラブルがやってきたとか、将来的な生活に関する不安を表すでしょうが、これは土の元素に対して依存している人にはそうですが、依存していない人の場合には、反対にいらないものを捨てた断舎利という意味も成り立ちます。整理したということではなく、捨てたということが主眼です。

　結婚は社会的な保障ですが、保障に依存すると真の愛情を見失うこ

ともあり、一度保障を捨ててしまった後の純粋な愛情という意味もあるのです。なぜなら、カップルが他に何もない状態で歩いているからです。

邪魔なものが嫌いな人は、このカードを積極的に読んでもよいでしょう。

物を減らすと運が上がる。これは生命力がより活発に働くからです。

生命は第五元素です。これを４つに分割したものが四元素です。

土が過剰に重いと、第五元素には重荷です。時にはそれをなくすことも浄化活動です。自分の生産力に自信がある人は、なくすことは怖いことではありません。

健康の状態が悪いとか、貧しい、援助を失う、無駄なことをするなどという否定的なことだけでなく、捨てることによってすっきりする、風・火・水などの元素が強調されてくるということも考えてください。

土はすべての元素をこじんまりとまとめてしまう性質があるので、それを捨てると、結果的に火・風・水のダイナミックさが現れてくるのです。

例えば、保身をやめてしまうと、より積極的な言動もできます。身体に溜め込んだ脂肪がなくなってくると、その人はストレスを抱え込む脂肪の作用に保護されなくなり、思ったことをそのままストレートに言う人に変わることもあります。

しかし同時に、身体を保護する作用も奪われます。

この絵柄は、物質的な蓄えがないことを表していますが、それはちょっと見方も変えれば、脂肪の蓄えがないというようなイメージもあります。

現代文明は、不要な蓄積を継続するのが特徴です。縄文時代は必要な食べ物はその場で採ることが多かったのですが、弥生時代になると備蓄します。そして現代では、必要以上に備蓄します。

過剰ストックを全部なくして必要最低限になった姿がこのカードに描かれています。必要最低限以下になっていると見る人もいるかもしれませんが、それは備蓄するという現代の視点からするとそう映るかもしれません。

自然界の雨風にさらされた生き方を誰もできなくなっているからです。

PENTACLES
ペンタクルスの6
VI of PENTACLES

「ペンタクルスの6」には、ペンタクルスを与える人と受け取る人の絵柄が描かれています。与える人は天秤を左手に持っていますから、ここの部分が「正義」のカードに少し似ています。

天秤を持っているということは、比較すること、バランスを取るといった意味があります。秤にかけて、そして支払っています。働いている分だけ与える、公平分配、権利がある人に対して与えるという意味もあります。

6の数字は自分と環境の間で、それぞれの三角形がお互いに呼び合っていく性質を表しています。ですから、レスポンスのようなもの、働きかけに対して応えてくる意味です。自分と環境との関わり方の姿勢です。

ここでは、すべてをお金に換算して考えるということもあれば、実際的な判断によって公平に分配するという意味もあるでしょう。会社では、契約している業者は、長年つき合ってきたから変更しないという場合もあります。これはこのカードからすると正しくないことで、「カップの6」が混じっています。

6の数字は世の中で自分に関係したもののみがアクティベートされることを意味します。世界は他の人が見ると全然違うものだったという場合もあります。

六角形は呼吸作用ですから、与える側がいて、それに対して受け取る側がいます。話をする人がいて、それを聞く人がいるわけです。あるいは、仕事をした時に、お金を出す人と受け取る人です。そのよう

に六角形で呼吸をするかのようにレスポンスがある状態を表しています。

人類が平等になるためには物質主義を貫かないといけません。つまり、見えない価値を考慮しないで、見える身体性に関心を向けた時にのみ、人は公平です。その点で、「ペンタクルスの６」は、人によって大きく判断の違う結果になるような曖昧な、見えない価値に目を向けず、ものとして評価する価値観を表します。むしろそれはすっきり公正であるとみなされる時もあります。

家柄が良いとか、精神性があるとか、そういう見えないものによって価値判断を変えてしまうことはしないで、人はみな同じ。これが物質主義的視点、土の視点です。見えない要素を除去してしまえば、だいたい誰も五十歩百歩ということです。

「ペンタクルスの５」には、与えるものが存在しませんでした。ですが、６は交流・接続を意味しますから、孤立しておらず、なくなれば与える存在がいます。

その代わりにこの関係性に縛られ、自由ではなくなります。そして立場の優劣も発生します。環境と縁が切れなくなります。

相手によって態度を変えなくてはなりません。「ペンタクルスの５」は放浪していましたが、もう「ペンタクルスの６」では放浪できなくなっています。主従とか主人と犬のような関係もあります。

カードは与える／与えられるという対立したものが両方描かれている場合、カード占いでは自分はどちらか、また状況の中でこの２つを何に当てはめるか、つまり表象と事物の張りつけを明確にした方がよいでしょう。

コインは右に２つ、真ん中に１つ、左に３つの並びで、目的⇒選択⇒行為というリズムがそのまま数字で表現されているので、この関係性には目的、評価基準、そして実際に動くものが描かれています。

PENTACLES
ペンタクルスの7
VII of PENTACLES

　ウェイト版では作物を目の前にして男の人が考え込んでいるような絵柄が描かれています。これは7の数字ですから、具体的に外に期待や夢を託す、生命の樹のネツァクの場所です。なおかつ、ペンタクルスなので、実際的な生産力の高さを表しています。

　生産力は高いのですが、土のカードは火や水の興奮作用を持っていません。具体的な生産物はたくさんできているのですが、それに対して情動が反応していない状態です。

　昔の説明としては、できるにはできたけどそれに対して感動がない、反省している、どうしたものかと思っているというふうな説明がされていました。しかし、それほど心の動きを考慮する必要はなく、考え込んでいるのは今後どうしようかとか、この出来上がった作物をこれからどう生かそうかというふうに熟考しているとも読めます。

　情動が伴わないということを重要視しているわけではありません。具体的な成果が目に見えるということは、精神的に思い込む種類のものではなく、はっきり製品が何個できたとカウントできるようなものです。

　7の数字は豊かさを表すことが多いので、カップならば夢や想像、気持ちの面でたくさん思い描く。土ならば、実際に成果を手にしているとみなせばよいことになります。

　7は積極的な流通でもあるので、溜め込んでいるわけではなく、それを流通に乗せようとしています。つまり開かれていると考えるとよい

のです。

　例えば、占星術の場合、7の数字は7ハウス、天秤座などを意味します。これは牡羊座が種撒きならば、その種が実り、それを刈り取る秋を表しています。

　成長するのは夏至の蟹座です。この小アルカナである「ペンタクルスの7」も、まさに作物が育ち、それを今から刈り取ろうとしている様を見せています。また占星術の7は、社会の入り口で、自分が試みてきたこと、すなわち1から6までのサインやハウスでの体験によって育成されたものを、他者のいる社会集団の中に持ち込むはじめの入り口を示します。誰か1人いたら、その人を通じて、より多くの人に開かれていくのです。

　占星術の7は数え数字としての7の意味と、円を2つに割ってターゲットに飛び出すという幾何図形的な2の意味を組み合わせたもので、タロットでは単純に数え数字の7のみが強調されます。

　そのため、この外へ向かう7の数字で、なお土の元素というカードは、その背後には風や火という精神性の強い振幅はないが、具体的な行動として、市場に出せるような状況に来たということです。

　天秤座であれば会話とか人との交流ですが、例えば、7ハウスを土のサインというふうにすると、このカードに似てきて、人に会話で、というよりも、人に作物や製品、作品を提示するというふうに読めます。その方がこのカードに近いでしょう。

PENTACLES
ペンタクルスの 8
VIII of PENTACLES

　絵柄ではペンタクルスを真面目に作っている人が描かれ、職人のような勤勉に働く人を表しています。

　8の数字は生命の樹の中枢でホドという場所に当たります。ホドは蓄積する技術やだんだんと固まっていくものを表します。ですから、ペンタクルスは特に土の元素なので、具体的なことに関して練習していき、真面目に積み上げていくような意味になります。

　7の数字は外に対する期待感や提出、働きかけを表しますが、8の場合は右側の中枢なので、自分の自主性や自分の能力が重要で、気が散らない、閉鎖した状態でもあるのです。自分が持っているものを発信することはありますが、しかし外との交流という双方向性はありません。タロット占いでこのカードが出てきた時は、勉強、練習、蓄積となりますが、土、すなわち物質の蓄積という単純な意味を考えてもよいでしょう。

　ウェイト版の絵柄だと脚色された結果、意味が限定されますが、本来は8・土という普遍的なものなのです。溜め込んで圧縮され濃密なものに変わります。

　ペンタクルスは感情が興奮しないという説明をしましたが、気持ちの部分でふらつかずに行為として毎日続けていく状態ですから、働き者ということになるでしょう。ムラのなさが大切です。

　別の言い方をすると、コツコツと真面目に毎日作業することは、自分の心理的な不安感や気持ちの揺れをある程度カバーするために努力し

ている姿でもあるということです。

　いずれにしても、8の数字は閉鎖的になる傾向がありますから、鬱病的な人もいるかもしれません。8の数字はそのように自分を守る、取り囲んで外の影響力に対して閉鎖していることは否定できないのです。

　風と火は、身体から外に拡大する性質なので、そもそもがもっと広い範囲に拡大しないことには、精神が病んできます。実際に人との交流をしなくても情報の行き来ができればよいのです。

　土と水は、その個人の身近な身体性、すなわち「等身大」のところに落ち着いていく性質ですから、8の蓄積は、土の元素ではものや技術、作品、手にできるもの、才能や技能を磨くなどで満足できるものがあります。水の元素では、感情や情緒、集中力、心の奥底、古い記憶などに関係します。

　「ペンタクルスの8」のカードは外に開かれていないので、見たところ閉鎖的ですが、しかし気分が暗いわけではないということもいえます。そのため、鬱病的な人もいるかもしれませんとは書きましたが、外に広がる本性が止められたことに比較すると、自然体でもあります。

　食材で長い期間に溜め込まれ熟成したものというものがあれば、それもこの「ペンタクルスの8」です。

　私はしばしば8と蠍座を「圧力釜」と表現することがありますが、蠍座は水の圧縮で、そしてここでは土の圧縮ですから、押し寿司みたいな圧力をかけたられたものなども想像してみましょう。

PENTACLES
ペンタクルスの9
IX of PENTACLES

　ウェイト版の絵柄の場合、長いドレスを着た女性が立って左手に鳥がとどまっています。

　9の数字は現象を引き寄せる、物質に近いところの濃密な気のエネルギーで、1から9までの総和です。10が卵の殻、9が卵の中身のような関係です。物質そのもので見えるものは10ですが、私達はそれよりも精神の総和としての9に人間性とかその人の気配を感じます。

　つまり個性などは9にあり、身体的に遺伝した物質的なものは10なのです。

　四元素に分かれた小アルカナの9は、それぞれの元素が現実を引き寄せるといったものを表しています。ペンタクルスは土の元素ですから、実際的な面においての贅沢さや豊かさ、あるいは物質的な意味においての向上心を意味しています。物質的なビジョンを持って、そこに向かって人生がグレードアップしていきます。

　9の数字は、西洋占星術でいうと、射手座や9ハウスに当たります。それは学校が進級するかのように、レベルが上がっていくようなイメージがあります。ですから、「ペンタクルスの9」は生活が次第に向上していくのです。

　昔、このカードに関しては愛人のようなものという説明をしていた本がありましたが、それは左手の鳥、すなわち幸運を自分の力でなく、よそからもらうという意味から来ています。物に支配されるのは嫌だというのが火と風だとすると、むしろ「ペンタクルスの9」は物の中に

入っていくことで、物全体の質を上げていきます。

　拒絶感を持っている対象は向上することはありませんが、その中に入っていけばそれ自身の質は上がるのです。

　また、芸術品や贅沢なものも表します。9はものそのものというよりも、ものの背後の気配ですから、そういう空気感を大切にすると、どうしても高級で贅沢なものになります。

　9の数字が進級していく、グレードアップしていく、上空に浮いていくということをイメージすると、生活は当然のことながら、次第にグレードアップして質が上がるし、同じところにじっととどまることは気性的に合いません。

　この場合、セレブな立場になり、モナコで暮らすなどということを目標にするにしても、それを人からもらったお金でということではなく、自力でということも多いはずです。ただテーマとしてははっきりと土の元素なので、精神的な充実や、愛情が満たされたら地味な暮らしでもよいということではありません。

　愛人的な意味というのはウェイト版のカードにのみ含まれたもので、これがマルセイユ版などであれば、その意味はほんの一部の話になってくるでしょう。

　絵柄の右上、マトリクスでは1の位置にいる鳥は、解放する場所、遠いところに向かうビジョンで、いつもこの希望は未来に開かれています。この鳥が現状で満足しないということを表すシンボルでもあります。

　ゆったりした衣服は、大地から吸い上げる。また大地にビジョンを降ろすという作用です。当然、大地からは独立できにくいともいえます。

PENTACLES
ペンタクルスの10
X of PENTACLES

　10の数字は行為の節目としての結論で、それまでの精神的な傾向や願望が形になったことを表します。ペンタクルスはそもそもの土の元素ですから、目に見えるところで豊かさや完結したライフスタイルを表しています。絵柄に描かれている大家族のように家族の輪があることもあるでしょう。

　「カップの10」では心の部分に焦点が当てられ、平和な愛情と豊かな生き方ということからすると、ペンタクルスは物質性に支えられた生き方に焦点が当てられています。土の元素はメリットを引き寄せ、それを占有するので、強い守りが生まれます。

　土は四元素の1つなので、それがいつまでも安定することはありえません。ある段階までは急成長した大きな会社も、その後でダウンします。勢いの強い国もある時期からは衰退します。永久に維持できるものはどこにもありません。

　土の元素での豊かさと安定も、次に風の元素がやってきますから、風化・分散します。

　イスラム社会では、金持ちが死んだ時、それを子孫は引き継いではならず、財産は地域の人に分け与えられるというのが、そもそもコーランの規則でした。

　土は風に風化するのです。永遠性があるわけではないということを踏まえた上で、今「ペンタクルスの10」ではまとまりがあり、豊かさがあり、安定があり、メリットが占有されていることを考えましょう。

老齢な知恵、若い人、動物も集まり、総合化されています。9の数字であれば向上していきますが、10の数字では休みない前進はありません。完成し、そしてやがては衰えていきます。

また絵柄ではたくさんの係累があるように描かれます。10の数字は、次につながります。つまり十進数の数字は9までで完結するのですが、10に行ってしまうと、そのまま次のステップの11以後の二桁につながります。

ある段階まで行くと、そこを節目にして、さらにその先につながってしまい、閉じることのできない輪になるのです。それが犬などもいるという光景として描かれます。この上から下につながる関係性を閉じることができません。親は子供に、さらに孫にというふうに連鎖します。

もし単独で輪を完成させたいのならば、実は9で停止させなくてはならないのです。その結果として地球上には9の種族と10の種族がいて、10の種族は新天地のアメリカに向かい、子孫を作り、都市を作ったということなのです。

企業でもたくさんのつながりを作り、下請けを作り、関係性が多彩になっていきがんじがらめになり、途中でやめることができなくなっていきます。これが10の特質であり、それが嫌ならば9の数字でやめて、世界を放浪する種族になるしかありません。

負担が重く、また自由も奪われていくようなものが「ペンタクルスの10」に表現されています。

PENTACLES

ペンタクルスのペイジ

PAGE of PENTACLES

　ペイジは、本人自体はまだ不安定ですから、人の助けをする、補佐をする、助手的なものといった位置づけにあります。勉強を始めた段階、練習中、修行中、若い人です。

　ペンタクルスは、実際的で具体的な土の元素に関係しますから、そのようなところでのチャンスを運んでくるメッセンジャーということもあるでしょう。

　ペイジの段階では責任を負うことができないので、本人そのものは揺れたり、他の人の影響に振り回されたりしていますが、真面目に努力して成長しようとしています。

　土の元素ですから、身体性ということを考えてもよいかもしれません。とすると、運動や健康などに関して試みていると解釈もできますが、多くの場合、スポーツは火の元素に対応します。土の身体性ということでは管理・実務・医療などの方が近くなります。スポーツは火の元素でワンドですが、食事、ダイエット、体のケアなどはペンタクルスです。

　ペンタクルスは、物質的なまとまりを求めるので、風や火が持つ拡大力は減少し、ありきたりさを持っています。そんなに変わった仕事をしようということではありません。保守的・常識的ということはわかりやすいということでもあります。

　ビジネス分野では、収入、社会適応ということを意識するとペンタクルスで、趣味性だとカップ、創意やチャレンジというとワンドになり

ます。IT産業などはソードになるでしょう。

「カップのペイジ」は自分の心と感情をいつも見ているために、よけい不安定さが増加しますが、「ペンタクルスのペイジ」は心の中をじっと見ているわけではないので、揺れは少なく、また屈折も少ないといえます。

また、「ペンタクルスのペイジ」は具体的な面で何か新しいチャンスが来ることそのものを表す場合もありますが、そんなに大きなものではなく、ちょっとした期待感で終わることもあります。他の力の妨害とか干渉ですぐに曲げられたり消えたりするのがペイジだからです。

人物カードのペイジ⇒ナイト⇒クイーン⇒キングは意識の発達段階を表し、それがそのままその人の社会的な階層を作り出します。

小アルカナの1から10までの段階と、人物の4枚の表す意味は異なります。例えば、「ペンタクルスの8」を、何か職人的な意味で考えていくと、そこに4種類の熟達度を示す人が出てくると考えてもよいでしょう。トランプのようにペイジを11番目と考えるのは難しいでしょう。

ペンタクルスは金銭にも関係するので、このペイジはお金のない、まだ儲けていないような人物とみなすことも可能です。それに学生のような年齢だということを加えると、バイトをしている人という見方もできます。

何かの仕事でこのカードが出たら、まだ収益は上がらないはずです。強い立場ではなく、おそるおそる試みているというようなところです。

ただ、「カップのペイジ」や「ワンドのペイジ」には、その元素なりの不安定さがあります。それに比較すると、ペイジには心の揺れがなく信頼性ということも少し増加します。

土の元素の良い面は、土の上に盛られた山のように動かず、他のことに敏感でなく、風を通さないことです。そのため、決まったことを始めると、目立った妨害がないかぎりは、ある程度続くでしょう。

ただしメリットが明確でなくてはなりません。ギャラもなく友情で出演するというようなことは土の元素にはできないからです。

PENTACLES
ペンタクルスのナイト
KNIGHT of PENTACLES

　ナイトは運営する力があり、しかも馬の上にいますから、遠くまで視野に入っています。運営力というところで、ペンタクルスは土の元素ですから、実際的で、実務的なところでの働く能力や実力、確実に成し遂げていく力を意味します。

　実際的な面においての確実性は、反対にいえば、感受性の鈍い面や感情面での暗さを指摘する人がいます。

　ナイトは四元素に分かれていますから、感情面においての敏感で新鮮な刺激をもたらす力は「カップのナイト」、鋭い知性は「ソードのナイト」、活動力というところでは「ワンドのナイト」です。

　「ペンタクルスのナイト」は、働き者で、退屈で繰り返しが多い暮らしに耐え、チャレンジの要素が少なめということにもなるでしょう。実際性を考慮に入れたところで進めるので余分な情報には振り回されることがありません。

　また、夢の要素が少ないわけですから、想像して遊ぶ部分があまりありません。

　ずっと仕事をしているため、躍動感のないところからだんだんと疲労していくと考える人もいます。

　対人関係という質問において、このカードが出てきた場合は、相手の意見を聞かずに自分の決めたリズムや決まったこと、そのようなものを優先して着々と進めている人と見るケースもあります。反面、会話やコミュニケーション能力は少し弱いということになります。

しかしナイトにしても4枚しかありませんから、特別視もできず、細かく特性を読むことは難しいでしょう。
　実際は、他のカードや組み合わせのカードの要素と結びつけて読んでいくことでよりわかりやすくなります。
　ナイトは馬に乗っているので、「あそこからここ」とか「来るか去るか」といった移動や運営、変化というものを必ず表しています。
　ウェイト版では、黒い馬は他のナイトの馬に比較すると、ちょっだけ鈍重で、私はよく冗談で「ドサンコ」と言うことがあります。
　もともと馬はエーテル体と肉体がまだ癒着していない珍しい動物で、つまり乗る主人の意志が直接伝わり、それを受け取って走る動物だということです。
　乗る人が自身の感情コントロールができない場合、馬と乗っている人に溝ができて、それで馬が挙動不審になるというようなこともあるでしょう。
　その点で、上手に乗りこなしている人は、グルジエフのいう水素24、動作本能センターの作用力、そしてジョン・C・リリーのいう専門家的サトリが必要ということになります。
　馬は実現力であり、グルジエフの象徴的な言い方では「馬だけが為(な)すことができる」というものでした。これは知性とか御者には人生を動かす力はなく、ただ言うだけで、実際に運営するのは馬であるということです。エーテル体とアストラル体を合わせて、馬とみなす場合もあります。
　このペンタクルスの馬は、農作業に適したような、実務的な方向に特化された馬だということです。それを乗りこなすキャラクターがある。対人関係とか、知的な仕事には向かないかもしれないが、しかし実務では安定感があるということです。

PENTACLES
ペンタクルスのクイーン
QUEEN of PENTACLES

　ペンタクルスは土の元素、クイーンは受容性や感情の豊かさ、影響力の強さを表しています。実際的な面において助けになる人ということになりますから、保護する力や物質的な面において他の人に対して親切と考えるとよいでしょう。また、育てる力と考えることもできます。

　主婦や母親をするというのは、衣食住の助けを要求されます。その部分をきちんと運営できるクイーンです。

　絵柄の周辺に自然な植物の多い状態が描かれています。つまり、ナチュラルなものや農業や園芸などに縁があるイメージでもあります。実際、農業といった場合、四元素でどれかと考えた場合、かなりの人が土の元素と考えるかもしれませんが、植物が育つという部分は火の元素です。

　気持ちの揺れは土の元素にはあまりありません。もともと、水と土、火と風がセットで、リスキーで不安定なものは火と風、それに対して生活の安定感が水と土に当たり、それは着地しているとか、等身大の生活と表現するのです。

　絵柄を見ると、クイーンの顔が下向きになっています。この下向きになる状態は、胸の部分に圧迫が来ることになります。胸の部分は感情面の理解力、チャクラでいうアナハタ的なものと考えた時、感情を表に出していないし、過去に向いている面があると読むことができます。多少自分の内にこもる人なのです。猫背の人も未来にはちょっと否定的です。

ジョアン・バニングはこのカードについて、とても明るい、気取ることがなく寛大なムードやポジティブな考え方というふうに解釈していますが、絵柄としてはうつむいているので、そうは見えません。

　以前、このカードを読む時に、愛情がだんだん冷えてきたというような読み方をしたことがありました。愛情面はカップです。それに対してペンタクルスは、実際性が勝っていく一方で、愛情面が退屈な状態になっているので、生活の安定のために維持されている結婚生活ということもあります。

　土の元素はたいてい形骸化するもので、始めたことが続く習慣とか、中身がないままでも運営できる性質を発揮します。そのため、愛情が冷えても、結婚生活というかたちは続けることができるのです。そして土はそうしたすべての生活や意義を安定して支えるという安心感もあります。

　例えば、ソードは行きすぎた警戒心や危機意識、ワンドは希望的未来への妄想、カップは感情に溺れることなどの要素を少しずつ、あるいは場合によっては大量に持っています。こうしたはみ出し要素は、ペンタクルスの場合にはありません。

　土の元素というのは他の３つの要素をコンパクトに、１つの器の中に閉じ込めたことを意味します。つまり、他の３つの元素は、器の外には漏れ出さない。このオールインパックの欠陥は地味さと拡大力のなさです。

　このクイーンも、膝の上に抱え込んだような姿をしています。３つの元素を膝の上に抱え込み、外に逃がさないようにします。いずれにしても人物カードを評価する時に、それぞれタロット読みをする人が自分の経験とか好みという信念体系を押しつけて読み取ります。それを聞くのは面白いです。

PENTACLES

ペンタクルスのキング
KING of PENTACLES

　キングは最終的な中心的支配力という意味で、ペンタクルスが実際の問題を表しますから、実際の事業や仕事、会社、そのようなところにおいての完全に達成する力のある、抜け目のない信頼感のある中心的人物というふうに考えてもよいでしょう。事業を成功させる、支配者や社長としての能力です。

　昔のこのカードの読み方は、土の元素が感情面としてはあまり動かないということでいうと、老獪(ろうかい)な疲れた、あるいは陰険な雰囲気という投影もされてきました。

　ペンタクルスは全般にキングもクイーンもナイトも少し暗めで、人の感情には目を向けないといった部分を強調した読み方です。

　一方で、パメラ・コールマン・スミスは剣のカードを過剰に悪く描きます。このように自分を投影して読むことが多いのです。

　「ペンタクルスのキング」を信頼のおける人と読む人もいれば、逆に心の内が見えない、どう思っているかわからない人ということで信用できないと読む人もいるのです。

　絵柄がかなり複雑で植物のツタが絡まっているように描かれています。これはいろいろなネットワークと密接に結びついていて、なかなか身動きが取れない様子を表しています。

　例えば、会社などでも取引先や依存する人など、たくさんの人とつながっていて、頼られている状態から身動きが取れない感じがあるでしょう。このあたりは「ペンタクルスの10」のカードと似ています。で

すから、立場の重さを表します。それを引き受けているわけです。いろいろなところからの依存心が向けられています。

疲れているという状態も、これらの結びつきによりのびのび自由にできないことから、疲れてしまったという読み方をするのでしょう。

意味を与える側と意味を与えられたカードの両方のセットで成り立つので、その読み方は正しい／正しくないと議論することはできません。

支配する力と、それにぶらさがる負担は、太陽とその周りの惑星の関係ですが、能動的な太陽の側が少しだけ周辺よりも強くなければ、どんなものも推進できず、負担や負荷に埋もれて頭打ちになります。しかし、中心の力が強すぎると、周辺的な負荷の側が今度は秩序を保ちにくくなります。

「ペンタクルスのキング」は、他のスートのキングに比較して、この負担がやや大きいように見えます。抱え込んだものが重すぎます。その中で前進するのは重いのかもしれません。

占星術では土の元素は牡牛座・乙女座・山羊座という3つです。この中で最も活発なのは活動サインとしての山羊座です。牡牛座は維持に、乙女座は受けに回りますから、自発的で積極的に運営する力は山羊座なのです。

土の元素でも、沈滞した、やや暗めの、というイメージが通用しにくいのは山羊座ということでもあります。休みなく働きかけ、怠惰になることがありません。

こうした土の元素の3つのクオリティを参考にして、またこのキングは「ペンタクルスのエース」から「ペンタクルスの10」までのどれかと結びつけて読んでみるとよいのではないでしょうか。例えば、「ペンタクルスのキング」が「ペンタクルスの4」と結合したら銀行家のような、というふうにも読めます。

IV

クラウドスプレッド
リーディング

1 リーディングの注意点

〈1〉クラウドスプレッドでの正逆の考え方

　タロットカード占いは裏側のままシャッフルします。カードを表にする時、カードは正位置になるか、逆位置になるか、あるいはクラウドスプレッドの場合には、斜めになったり、横になったりします。またクラウドスプレッドでは、たいてい裏になったカードを表にする時に、質問者にしてもらいます。すると、表にする方法に、それぞれの人の癖があります。

　私は占いをするクライアントに、カードをそのままにして、「もともとあった場所に置いてください」というのですが、そうすると、人によって横に開いたり、反対に開いたりします。この表にする時の癖も重視します。つまり表にする時の癖も、その人の意図だと考えてのことです。

　タロット占いではカードが正位置になるか、逆位置になるかは、そうとうに問題になります。しかしすべてに共通していえるような決まり事はありません。

　カモワン式に、逆位置は、過剰か不足かを表すということもあれば、私のように、逆位置の場合には出方が遅いか、何らかのブロックがあるか、あるいはカードによっては意味が違うかなど考える場合もあります。

　また、その時の状況によって、読み方を変えたり、またやり方を変えたりします。この状況次第で、やり方を変えるというのが一番やっかいだと思います。統一的なルールが見えてこないからです。しかしその方がより忠実であるとみなす考え方もあります。

〈2〉過剰のケース　〜「女帝」の場合〜

　逆位置において、過剰のケースとは、カードの作用がオーバーフローを起こしてバランスが良くない場合です。

　例えば「女帝」のカードは、3の数字、創造を意味します。するとこの創造の3つの素子とは、能動・受動・結果、すなわち父・母・子の3つの要素の組み合わせになります。

　能動が強すぎると、「意志の反射機能」としての受動の要素は十分に受け止めることができなくなり、行きすぎた生産とか、またいびつなものが量産されます。悪癖が増長するとか、基本的に醜悪さも出てきます。

　反対に、受動が強すぎると、能動の意図が上手く生かされず、同じものばかりを退屈に生産し続けます。それは真の意味では生産とはいえません。もともと母性的な受動原理は、生産性というよりは締めつけの原理で、作り出すことに抵抗する性質です。それが強すぎると、能動の作用は抑圧され、硬直し、同じものの繰り返しとなり、豊かさのないものになります。

　能動はプラス、受動はマイナスとみなすことができますから、これらはプラスが強すぎるか、マイナスが強すぎるかということであり、もちろん過剰なケースとはプラスの要素の行きすぎです。この両方で、結果の子は歪みの多いものになります。能動が強いといびつで、まとまりが良くない、受動が強いと、繰り返しで真の意味では創造性が抑圧されていて貧相です。

　占いでは、この「女帝」の逆位置が、どういう状況なのかを推理しなくてはなりません。

　その時に、原因は何かということを、補足カードで出すこともあります。

　本来は、タロット占いというのは、カードはきっかけというか鍵にすぎず、占った段階で、情報はもう既に入っているとみなすべきです。

いかなるものも既に受け取られています。それがはっきりわからないのは、他の情報に隠蔽されているとみなすので、情報のノイズを取り除くという努力をするべきでしょう。

　例えば、自分の記憶や通念、イメージ、連想などがうるさく主張しているのです。だから実際の情報が見えなくなっています。

〈3〉生命の樹のパスでは「女帝」は「塔」や「力」と似ている

　「女帝」の過剰は、乱調子になり、ブレーキが利かなくなり、欲望が強すぎることになります。これは「女帝」という女性的な要素が強いというよりも、その中にある男性的な要素、父が強すぎる結果です。

　能動は内側から広げる、受動は外側から締めつける性質なので、「女帝」という女性的な要素そのものを取り上げると、生産力は乏しくなります。女性的なものの中に、男性的なものが入った時にのみ、生産性という意義が発生します。

　したがって、過剰とは、女性的な要素である、外から締めつけるものが打ち破られ、破裂するような状態です。

　生命の樹では、「女帝」のパスは、「塔」や「力」のパスなどと共通点がありますが、「女帝」のカードも塔が壊れることと似ています。つまり腹の中にいる子供が、腹を突き破って飛び出してきたというような印象です。これは暴走するので、ある程度は抑えなくてはならないと思います。境界線を越えて、他人の領域にまで自分のやり方を押しつけていくからです。

　生命の樹では、「女帝」のパスは、インドのチャクラでいうアジナチャクラの陰と陽の部分に対応しています。アジナチャクラはあまり物質的、実際的、地上的な段階ではなく、アイデアとかイメージ、頭の中で想像しているような段階の精神作用です。印象作用の中で、イメージが膨らんでいくというような段階で、結局はそういう作用は実現したり、現実を引き寄せたりします。

アジナチャクラにおいての過剰というのは、自分の思い描くイメージが膨らんでしまい、とどまるところなく走り続けるような状態です。

一方で、カードイメージの中に入るパスワークなどで、この「女帝」のカードに入った時、朝の駅で、いつもの日常的なサラリーマンの通勤の風景だけを見ていましたという人がいましたが、これは「女帝」のカードの力の不足を意味します。つまり、タロット占いでは、「女帝」の逆位置が出たということです。日々続く機械的な生活があり、そこに生産性や新しいイメージの増殖が見られないのです。

生産とは男性的な要素と女性的な要素の結合ですから、この生産性の欠如とは、女性的な要素が単独で孤立しているケースです。男性的な要素は孤立すると、むしろ危険性を表し、決しておとなしくしていませんから、不足というイメージにはなりにくいでしょう。

〈4〉不足のケース 〜「吊られた男」の場合〜

不足とはもちろんカードの主張が弱すぎて、それが十分に発揮できないということです。これも逆位置で出てきます。

しばしばカードの絵柄の逆転として、絵そのもので解釈してみてもよい面は多々あります。この場合、カードそれぞれに逆位置の意味があると考えるより、絵柄が反対になるとどういう印象が強調されるか、実際に絵で見て考えてください。

例えば、「吊られた男」は、足が上にあり、頭は下です。これは状況の転倒とみなすこともありますが、そもそも「吊られた男」そのものは、上から吊り下げられている時こそ正常な作用であるとみなされます。

全体からすると、このカードが異常な意味を持つかもしれませんが、このカードそのもので見れば、正位置の時にまともなのです。

それは上、すなわち高次な次元からやってくる精神の側から判断し、大地、すなわち結果とか、現状などから見てはいないという姿勢です。

例えば、統計によって決めるというのは、大地から決めたことで、事

実のデータを集めてそこから推理するのは、大地によって決定するということであり、それは「吊られた男」の側からすると、まともなことではなく、間違った判断法です。なぜなら、「吊られた男」は足場が天にあるのですから。

下からの現状の結果と、上からの精神で決めたことには常にずれがあります。それは宇宙的な法則は地上には正確に反映されていないということから来ています。「吊られた男」はこの宇宙的な法則に忠実なので、地上的な法則に従いません。

「吊られた男」が逆位置で出てきて、頭が上、足が下になってしまったというのは、事実のデータや統計、結果などから考えるという、「吊られた男」からすると、力が弱まった、中途半端な姿勢、迎合、変節、挫折を意味します。

〈5〉 空中配線

「吊られた男」は、上空に横に走る棒に吊られていますが、この木の棒で作られた送電線のようなものとは、地球の地表よりも少し上に張られた惑星グリッドのラインに関係します。

プラトンは、地球には5つの幾何図形の立体があると述べていますが、これは地球の地表よりも上に、地球をすっぽりと取り巻く幾何図形のエネルギーラインの結晶があることを意味していて、この線が地球の気のエネルギー、エーテルラインを表しています。

シュタイナーは、もともと地球は球体ではなく、幾何図形のようなものであり、この図形の辺が膨らむことで、球体になったといいます。つまり中に空気を膨らませていくボールのようなもので、はじめはプラトンのいう立体幾何図形だったという話になります。これは近年ロシアの科学者もそういう説を述べています。

このラインには、時間を超えた記憶が蓄積されています。

例えば、ある土地には、この土地特有の個性を表す神話的な物語が

あり、それを私はアボリジニにちなんで「ソングライン」と呼んでいます。そこには古い時代のものも失われてはいません。

　地球の構造はそのまま人体にも投影されているので、肉体の周囲には、見えない気のエネルギーの膜があり、この中にグリッド状態のものがあります。そしてどこかに意識を振り向けると、そこに種々の情報が詰まっているのを発見します。生命の樹のパスやセフィロトと呼んでもよいですし、「アクシオトーナルライン」と呼んでもよいのかもしれません。これはそれぞれの流派で呼び名は違いますが、基本は同じものでそんなに差異はありません。

　走ることは歩くことに比較して、このラインにつながりやすいのです。それは走る時に中心はへそになり、それは人体を1とした時に、0.618の黄金比率の場所が刺激され、共鳴装置のようなものが働くからです。

　タロットカードの大アルカナのイメージの対比でいえば、大地の電気的な場は「皇帝」ですが、惑星グリッドやレイラインは、そこから少し高いところに浮いていき、高揚感が高まるとさらに浮いていく「法王」のカードの意味です。天国はこの5の数字の「法王」の方につながっています。

　へそを中心にすることで、モノではなく気の身体の方にスイッチが入るのです。また駆け抜けるとは、大地に張りついたような感性とは違うものなので、走りながら考えると、アイデアはいつもとは違ったものになります。

〈6〉不足とは惑星グリッドからの情報が得られない状態

「吊られた男」とは、まさにこの地表の上に張られた情報網に基づいて判断するということなのです。もし、地球に惑星グリッドのようなものが存在するという知識がないのならば、「吊られた男」のカードは、ただの転倒を意味しており、異常な事態を説明するにすぎないものになってしまうでしょう。

吊られた男は大地に接触しておらず、立脚点は空中の配線である惑星グリッドであるということは、ここにつながることは記憶の断絶も少なくなってきます。記憶の断絶とは、数年でまるごと成分の入れ替わる肉体を中心に生きることで起こります。意識としての連続性は失われます。大地や肉体を根拠に生きることで、私達は休みない新陳代謝の奔流の中で前世の記憶などを失います。
　チベットのボン教では、このグリッドや綱を通じて、人は死後天国に行ったといわれていますが、「吊られた男」は、この空中配線に依拠する考え方をするからこそ、次の「死に神」の段階では、この空中から得た法則にそぐわない、地上で独自に発展してきた要素を修正しようとする「死に神」の作用が働くのです。
　「吊られた男」の逆位置、そして不足とは、惑星グリッドからの情報が十分に得られません。また大地の原理に迎合して、自らの回路を上手く接続できなくなったということなのです。
　判断が中途半端になったり、誤情報に振り回されたりするという意味になります。ですが、空中にあるグリッドの情報網が存在するという概念のない人が、そもそも「吊られた男」とは異常なことなのだと考えているとすると、逆位置はまともになったというふうに考える可能性もあります。
　吊られた男は反対側の姿勢でじっとしていますが、髪の毛は大地に向かって垂れ下がっている絵柄のカードもあります。まるで絵筆のようなものです。そもそも髪の毛はアンテナであり、周囲の環境の気配を取り込みますが、細かい毛が集積して下方に何か書くのは、いろいろな思いをまとめて、何かに書き込みする、印をつける、意図を表すなどということになります。
　「吊られた男」は作家の職業なども表しています。

2

9区画における縦・横・斜めの読み方

〈1〉斜めのライン

　クラウドスプレッドの卵は、9区画に分割され、それぞれの場所に意味があります。そのため、カードを表にした時に上下という配置でなく、斜めになった時には、どことどこをつなぐ方向に出てきたか、またどのくらいの比率で傾斜しているかを考えます。

　基本としては、9区画も生命の樹も、左側（図の右側）は外に開く、右側（図の左側）は自分から発信する。また上はより精神性、下は感覚的・物質的という意味ですから、この組み合わせをいつも意識すると、斜めの意味を理解しやすくなります。生命の樹のパスは、みなこの基本構造を考えると、意味を推理しやすいのです。

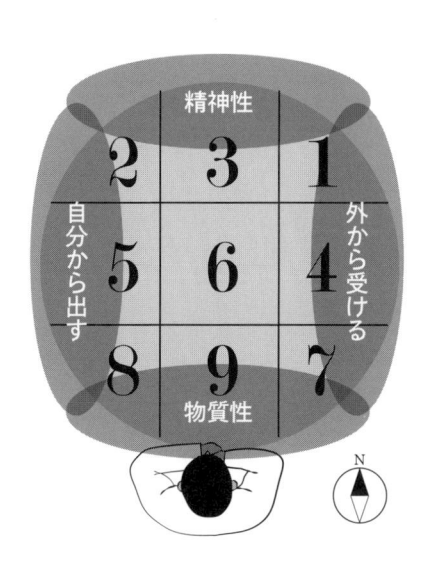

この場合、カードを正位置にした時の上の部分と、下の部分は、精神と物質という対比ができますが、上から降りてくる「創造の流れ」と、下から上に上がる「進化の流れ」があります。
　アイデアを形にするのは創造の流れです。
　いろいろなものを見て、そこから理解をしていくのは進化の流れです。
　ヨガでは、上から降りてくるシヴァ神がいて、下から上がるクンダリニ、シャクティなどがいます。
　上から下、下から上は、両方が交流するのが本来的で、一方的な流れだけを重視すると、それは反対側の流れに対して素直に受け取れない、つまり世の中で生きている時に、何か障害が出てくることにもなります。
　カードを読む時には、この上から下、下から上という意味を混同しないで、はっきりと意識してリーディングした方がよいでしょう。

1−6−8のライン

　はじめに、私がいう「左」は図では「右」、「右」は図では「左」なので、混乱する人は、この数字の記入されたマトリクスで考えてください。

　区画1は無形のところからもたらされる解放の力です。それは区画8に向かう時には凝固した具体的な蓄積ということに向かうので、無からもたらされたものがたくさんの知識に変わります。

　反対に、区画8から区画1は、個別のものに閉じ込められたものが、解放されていく流れです。

　この時に区画6はすべての中心点であり、中和的要素です。つまりその人の器という決まった範囲があり、それよりも小さいと閉塞的で、それよりも大きいと自分を守れません。区画6は中心にありつつ、全体の枠を決めています。

　いずれにしても、図の右上へ、すなわち身体（あるいは生命の樹の読み方として）では左上には、形あるものが形を失って広がっていく、または蒸発していく流れと考えましょう。根拠のない思いつきという時、カードのトップ面は左上に向かっています。区画1−6や区画4−9、区画3−5、区画6−8も、左上に向かった方向です。

　カードの上部がこのように左上に向かう時には、頭は解放され、身体は具体的なものの上に立つということを意味していますから、それは自然なものです。

　もしカードが逆位置のような感じで、上部が右下に向かっている時には、根拠のない無の領域から、より具体的な凝固したものに頭脳的な要素が縛られていくことを意味しますから、それは転落を表し、だんだんと自由が奪われていくことにもなります。

また、漠然としたものを、もっと形あるものにしたいという意味を示していますが、発想に自由性が失われていくことは多いでしょう。これは狭い場所にダイブするという印象です。
　この斜めの流れに、関連づけされたものとして、つまり1つの質問で、カードを2枚以上出した時には、区画1から区画8に向かうものは、無から緻密なものを作り出したので、それをまた壊して作り直すということも可能です。
　イメージとして家があり、この家の外の窓のところに鳥がいる。これは射手座の中にある24度のサビアンシンボルの詩文ですが、家は囲まれた器として区画8で、外にいる鳥は区画1の側です。夢の中で左の肩に鳥がとまるとかは、霊界からのメッセージのようなものです。家はちゃんと固まっているのに、それでもなお新しい可能性、開かれたビジョンに対して無関心ではないというのが、このサビアンシンボルの意味です。
　「塔」のカードは、区画7から区画8へ雷がぶつけられて区画8の家が壊れることですが、区画1は非物質的すぎて、区画7のような物理的な衝撃がありません。そのため、精神的に開かれているが、区画8に対して破壊的には働かないのです。自由な精神、開かれたマインド、いつでも無から考えることができる。こうした姿勢を持って、具体的な知識、具体的な行動、具体的な事柄に当たるのです。
　モンローはある日、モーエンを呼んで、「あそこに見える街灯を、どうして私はここから、触らないまま灯けたり、消したりできないんだろうね」と聞きました。
　地球は高次の法則と、地上の法則が断絶を起こしている場所なので、思いがそのまま物質を動かすことはありません。しかし区画1と区画8のつながりは、こうした柔軟な関連性を持っているのではないでしょうか。

2-6-7のライン

　区画2は地上に向かう形成原理、宇宙の母の場所を表しています。それは下に向かう性質をもともと持っています。次第にだんだんと狭くて小さく濃密なものに固まっていくのです。

　左下にある区画7は、地上においては自由で、外に対する期待感を抱いています。実際に生きる上で楽しみに満ちています。

　その意味では、精神的に狭く、しかし物質的に開かれているというものです。自由に行動し、のびのびと生きているが、しかし考え方はいつも決まっていて、そこにはそんなに新陳代謝がないとか、抽象的なことを理解せず、常に具象的にしか考えられないということかもしれません。

　もちろん、だからこそ実生活においては、いろいろな可能性を極めることができるというケースもあるのです。

　例えば、いろいろな職業を体験するとします。これはある程度精神的には単純で、狭い状態の方がしやすいと思います。精神的に自由な人の場合には、いろいろな職業を転々とすることは、地上的にはバラエティがあるが、内面的には単調であり、可能性の拡大とはならないと思っているのではないでしょうか。

　抑圧されていた時代の童話作家は、作品の内容に多彩さがありましたが、これは地上的に拘束され単調な暮らしをしていたために、作品が多彩になったのです。

　反対に地上的にたくさんの体験をして、忙しい人は、作品が単純で退屈ということもあるのではないでしょうか。

　人間の姿勢としては、どこかが自由な場合、他のところは固定的で単調でなくてはならないのです。すべて変化が多く、流動的だと、個

人としては分裂症状を起こし、何もできなくなってしまいます。その点で、精神と物質の両方が大きく変化に富み多彩であることは少ないです。

　例えば、生命の樹のパスで「恋人」のカードは、区画2と区画6のパスに該当します。区画2は宇宙的な母、洞窟をシンボルにするようなマザーの位置で、これは地上化への衝動です。区画6は人間、個人としての本質です。

　「恋人」のカードは、個人がその人固有の人生や運命、個性を持つことを表していて、それは制限ですが、それはむしろ地上的にはたくさんの人の多彩な生き方を作り出します。母は、個人にそれぞれ特有の人生を与え、個人はそのような個別なものに閉じ込められていくのです。しかし誰もが、他の人と違う個性的な人生を生きたいと願っています。

　左下には多様性があり、右上には制限への衝動、言い換えると、形成化衝動があり、それは開放の意思ではなく、むしろ狭いところに凝固していくような性質です。

　ユングはグレートマザーを、洞窟のようなイメージでも説明しましたが、この区画3の下にあるものは、みな区画3の母の腹の中にあるものです。区画7のデパートみたいにたくさん品物がある外界の光景も、すべて区画3の内部です。そして、この大きなテーマないしはこだわりとしての区画3の目的に沿うような具体的な選択を、この洞窟の中にあるたくさんの品物の中から選ぶことになります。

　1つの好みや目的のために、たくさんの可能性を探す。

　区画1－6－8は1つしかない時も、多様な見方ができます。

　一方で、区画2－6－7は、たくさん品物があっても、趣旨としては1つのこだわりがあるということです。

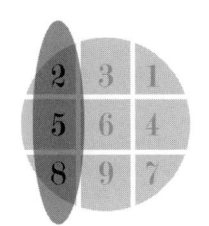

2-5-8のライン

下の次元に向かっての降下となる柱です。

逆位置は、この下に向かってバンジージャンプのように落ちていくイメージですが、下に行くほど、狭い濃密な物質性が高まっています。

また、外に開かれたものではないので、個人的な思いの中に息苦しく集中していきます。

孤立、集中、1つのことに夢中になり、他の可能性を見失うなどがあります。

個人的なエゴが満足できます。戻り道を確保しておけばよいのですが、執着心が強くなるので、なかなか難しいでしょう。

例えば、「ワンドのクイーン」や「ワンドのキング」の絵柄では、この区画2-5-8の位置に長い棒を持っています。区画3は陰のアジナチャクラのようなものなので、具体化したいイメージがあります。それは積極的な主張の区画5を通って、それらの欲求を満たすために必要な知識、具体的な項目を区画8で蓄積します。

通訳になって世界を飛び回るには、英語の知識が必要で、この知識や技能は区画8です。行動するのは区画5です。

この目的からそれに必要な具体的な要素まで、1つの棒で貫くと、その人の人生には筋の通った主張とそれを実現する意志が備わります。

この区画2-5-8は強い主張ですが、もし右隣に人が立っていたら、この隣の人は、左側の身体、区画1-4-7で受け止めることになります。

言いたいことがある人は区画2-5-8に強いカードを出し、それを受容していくのは受容的な区画1-4-7の強い人です。ですが、区画2-5-8の人は、人の言うことは聞きません。自分がしたいことが

あり、言いたいことがあり、狙いがあり、それに他の人は従ってほしいということです。

　一個人の中に陰陽活動があるのが理想ですが、しかし区画2-5-8にこだわった人は、他人とか社会の中で環境との組み合わせで陰陽活動をすることになり、自分自体は変わらないということになります。

　この区画2-5-8は、タロットカードのパスでは、「戦車」と「吊られた男」のセットです。「戦車」は外に対して攻撃的に、そして「吊られた男」は外界との関係を絶って、自分の中から湧き出るアイデアにのみ関心を抱いています。周囲を見る気はないのです。

　仕事で自分の能力を育成して自営的に取り組みたい人は、この区画2-5-8が強くなった方がよいのですが、しかし他の人や組織との交渉とか接点は作れません。接点を作るには区画4が必要です。対人関係においては一方的です。

　結婚などでこの位置が強調されすぎたら、相手の言い分は全く聞かないことになるでしょう。1人でできることであれば、この区画2-5-8の並びは自発的で最強です。

　区画8の位置は象徴的に家や塔などです。西欧的な自我においては石の建物。東洋的には紙や木などの建物です。区画7などからの影響が来るとこの建物は崩れますが、区画2の力はより深く、より強い建物にしていきます。それを作り出す強い欲望を区画2が与え、自我は固まり、次第に硬直していきます。

　このラインは閉鎖的なラインといってもよいのですが、しかし個人の生き方というのは、もちろんこの場所が強いほどしっかりしたものになります。

　弁護士などの職業では、攻略対象を打破しなくてはならないし、主張は明確に言い張り、決して妥協しない力も必要だから、そうなると区画5を中心にしたこの柱は大切かもしれません。

3-6-9のライン

　中央の柱で下の次元に向かって降りていきます。

　自分らしさ、自分の正確な立ち位置を維持したまま降りていくので、それは抽象的な精神性を、そのまま地上に定着させていくというプロセスです。

　節度があり、よけいなことをしません。この余分なことをしないという意味では、潔癖で、他の人に協力的でない場合もあります。

　迷わないことはよいのですが、人生の幅は狭くなります。

　生命の樹のパスでは、区画3-6の間は「女教皇」で、区画6-9の間は「節制」です。

　より上位の高次な意識を受け取り、それを生き方にするのが「女教皇」です。いわば人生のリファレンスに忠実なということです。そしてより具体的な肉体生活において、その意思の通りに自分を形成するのが「節制」のカードです。これは瓶の中の液体をこぼさず、正確に下の器に移すような行為で、脇見をするとこぼれてしまいます。

　いろいろ紆余曲折して最後に自分にフィットしたところにたどり着くのは、陰陽の左右の揺れを伴う人生ですが、「女教皇」という神殿から出てこないカードと、脇見をしない「節制」の組み合わせは決して無駄なことをしません。

　家から出てどこかに出かけても、目的の場所に真っすぐです。

　上から下まで狂わず同期を取るというのは、イメージでいうと同心円のような形です。中心にあるものが正確にいくつかの円と連結され、大なるものがそのまま小なるものの中に反映されます。その人の一番その人らしさが、そのまま具体化して自己実現します。

　世の中で自分探しをする時に、いろいろなものを見たり聞いたり読

んだりしても、それはたいていの場合、自分らしさを発掘することに直接貢献するよりも、むしろ迷いをもたらすことも多いでしょう。

　自分の中心にあるものを、自分の生活に反映させて、正しく本性を地上に引き降ろすには、ある種の孤立的な道の探求が必要なのかもしれません。また、このラインは陰陽にあまり触れていないので、それはチャレンジをするわけでもなく、たくさんのことをすることもなく、ちょっと不活発な感じ、不毛な人生という傾向を持っているケースもありえるでしょう。

　区画6－9は時間がかかります。1カ月は30日くらいに分かれますが、1カ月の範囲での目的は、この30個の中に等しく浸透しなくてはなりません。

　例えば、1カ月の目標を立て、しかしこの30日の日々の中で、何日か、目的を忘れた日があるとします。すると、この1カ月テーマの器の液体は、より具体的な日々の生活の中に正確には移されていないことになります。

　1つひとつ時間の中でじっくりと浸透していく。そのようにして、区画3は区画6に、区画6は区画9に反映されていきます。

　しかしこれは本当の意味で自己を生かした、達成感をもたらします。他の誰かと類似したものでなく、その人のルーツに深く根づいた個性を形成します。

　区画8が家だとすると、この中での室内空間は区画9ということになります。区画8は外壁に着目しているようなものです。

　この区画9の室内にはその人らしくない余分なものは何一つありません。余分なものが置いてあるとしたら、それは気の迷いです。

　「節制」のカードは太陽の目的がそのまま月に反映されていくというものなので、その人らしい、必要なものだけが室内にあり、ゴミ屋敷になることはないでしょう。

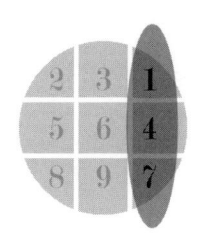

1-4-7のライン

　外に開かれた受容性のみが強調された柱で、個人的な姿勢などをあまり決めておらず、外界の状況次第でいくらでも態度や目標などが変わります。

　利他的ですが、本人の姿勢が曖昧なので、結果的に他の人に対してもメリットをもたらさず、稀に迷惑なこともあります。

　生命の樹のオルフェウスの柱、つまり左側が強調されたものとなるので、外に対する期待感と、自分の方ではその外から来るものに従属しようという姿勢が強まるのは、他人からすると、話を聞いてくれる素直な人ともいえます。この受容性の柱が強くなると、下から上に上がる、つまり解放されていくという性質が強まります。

　反対の区画2-5-8は下に向かうので、集中し凝固する性質が強まるのです。その人のその人らしい立ち位置は区画3-6-9ですから、それが空白なまま、この受容的な区画1-4-7が強まると、人や社会に振り回されるという傾向も強まります。

　職業にしても、自分で何か選ぶというよりも、要請されたものをするとか、また知り合いが勧めた、あるいは人がやっていたから、というような他力本願的なものが強まります。

　ですが、自主性が最も重要というわけでもないので、人格のタイプとして頻繁に区画1-4-7にカードを選ぶ人は、そういう姿勢で人生が展開されていくのです。区画1-4-7が強い人は、左の隣に区画2-5-8の強い人がいて、この2人で並んで歩くと、任せたままで相手が全部決めてくれるということになります。

　区画1は霊的なメッセージを受け取ること。
　区画4は社会に対して受容的。

区画7は身近な感覚的なところで、いろいろなものを楽しむことができること。

対人関係の場合、上から非物質的な相手、社会的な関係の相手、個人的な密接な関係の相手というふうに、下に向かうにつれて具体的で、範囲が狭くなります。そのため、恋愛的なものは区画4というよりも区画7で出やすく、仕事とか昇進とかのチャンスなどは区画4を中心に判断します。

生命の樹のパスでいうと区画1－4は「法王」のカードです。神的な祝福を引き降ろします。

区画4－7は「運命の輪」です。より大きな輪から、今の自分よりも過分なエネルギーが持ち込まれ、それは人生のチャンスを作り出します。つまり「法王」は霊からのギフトで、「運命の輪」は社会からのギフトです。それによって、今自分がいる場所よりも広いところに引き上げられるのです。

引き上げられるには、それを受け入れる性質が必要で、区画4－6のパスの「隠者」のように、開かれたものに本能的に、頭で考えずに「ノー」と言わず分析せず、サレンダーするという姿勢が大切です。

「運命の輪」に対して左右対照で対立したところにあるのは「吊られた男」です。それは周囲に対して無関心になり、自分の内から出てくるものだけに忠実になることです。

「運命の輪」は、外界からさまざまな刺激が来る時に、それを全部飲み込むので、その分、チャンスも増えるのですが、区画2－5－8が強い人からすると、そうした姿勢そのものがいいかげんな感じに見えることもあります。個人の知性の厳密性からすると、外を受け入れるとはアバウトになることに他ならないからです。

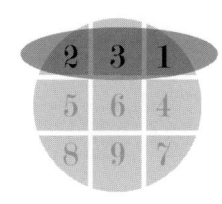

2−3−1のライン

　チャクラでいえば、サハスラララチャクラとアジナチャクラの陰陽の関係で、すべて頭の部分です。

　ここでカードが横になって出てきたら、それはすべて想念上、頭の中での出来事になりやすいでしょう。

　区画2にカードの頭が向かうと、何か具体的なことをしたい。そのために計画している。

　区画3の方向に向かうと、細かいことから解放されたい。そのために具体的なことをあまり考えたくない。リラックスやレジャー、解放、手放すこと、無関心になることなどに向かいます。

　生命の樹の一番上のケテルには陰陽がありません。このケテルはマトリクスの3の中にありますが、しかし区画3は、下の方は隠された生命の樹としてのダアトにも対応します。イメージ的には、上のケテルは冥王星的で、下のダアトは土星的で、これが上の造化三神の力と、世間との関門として働きます。

　区画1は陽のアジナチャクラとコクマーで、区画3は陰のアジナチャクラとビナーです。ケテルの意思が、この陰陽のアジナチャクラに受け渡されることでイメージ化されて、創造に向かうのです。上の3つのセットは、精神的・霊的でもあり、また形になっていないものをだんだんと形あるものに引き降ろしていく最初のプロセスですから、それを誰にも見せるわけにもいきません。まだ触れるものではないのです。

　区画3−1の関係は「魔術師」です。区画2−3の関係は「愚者」です。魔術師はこの世界の家の中に入ってきます。愚者は崖から外に飛び出します。この2つの運動によって、世界の外にあるものが、持ち込まれることになります。マレビトになるのか、それとも出て行った

人がマレビトとして戻ってくるのかという違いです。

　そしてこれが区画３の下の方では、社会的な立場を作り出し、その人の社会において達成の頂点を表します。また、人間は喉の位置から異次元の影響が出入りするというのが昔からいわれていることなので、区画３の位置の下の方に、ある種の危険領域があるとみてもよいのです。溝や割れ目、隙間、不安定なものでもあります。つまり造化三神の区画２－３－１の領域と、下のマトリクスの間の性質の違いが、ここに露呈します。

　区画３の下が社会的な立場というのは、この不安定な場を固めて封印するようなものです。そのため、ダアトというセフィロトは、カバラではその隙間を教典で埋めるのです。宗教の教義や道徳などによってこのダアトの穴を、パテをするように埋めると、人は不安なことを直接考えることをやめて、不安になった時には宗教や道徳、権威の言葉、伝統などによって、それを落ち着かせようとするのです。自分自身で栓をするというイメージかもしれません。

　常に通路は封印でもあるということからすると、道は可能性を封じることでもあり、そのような複雑な要素が区画３の下の方にあるのです。微妙なアイデアやまだ言葉になっていない内奥にあるもの、形而上的なもの、こうしたものはこのラインに強く出てきますから、タロット占いを考えるための材料として利用したい人は、特にこのラインに注意深くなるとよいでしょう。

　とりわけ区画２は形成化衝動ですから、これから未来の計画がある時には、ここにはっきりと現れます。家を建てたい、お店を出したい、何か場を作りたい、まだしたことのない計画があるなどはこの区画２の位置が重要です。

5-6-4のライン

　区画5-6-4のラインは心理的なレベルで、心の中で善悪などを考えています。これは正しいか、正しくないかということです。また個人的に黙っているか、それとも他の人に話して共有するべきか。人に対する思いなどもあります。

　自分の欲求と人との摺り合わせを行い、人が自分を認めるか、それとも拒否されるかを思ったりします。最も感情が強く働く場所です。

　区画4の方向にカードの頭が向くと、公開し、また自分の思いを手放します。

　区画5の方向にカードの頭が向くと、秘密にして個人としてのメリットを考えます。他の人を押しのけても、何か達成したいという状態です。

　横のラインは常に陰陽の関係が成り立ちます。陰陽とは、いろいろな形で出ますから、明暗や善悪、肯定と否定です。

　基本的に区画5は否定を表し、区画4は肯定を表します。そしてこの真ん中のラインは感情面や心理面、心、魂を表しますから、心の中で生じるさまざまな想いは、このラインに最も活発に表現されることになります。

　仏教曼荼羅で最も原始的な時代には、中心に人がいて、その左右に従者的な人が立つ3人の図でした。

　私の古い友人は、インドを旅行していた時に、道で瞑想をするグルを見た瞬間に、その男は友人を招き、友人は抵抗できないまま近づいたそうです。するとグルは、友人を自分の右に座らせました。その後帰国してから、鏡で自分の顔を見た時に、自分の顔が悪魔に見えたそうです。真ん中に中道に立つ者。右に悪魔、左に天使が配置されると考えるとよいでしょう。グルは私の友人を、自分の右腕の悪魔として

使うという関係性が成り立ったのです。

　シュタイナー式にいえば、物質界を支配するのはメフィストフェレスあるいはアーリマンで、精神性に解放しようとするのはルシファーです。これが左右に配置され、真ん中に陰陽化されない霊魂が位置することになります。そしてこの横のラインは揺れたり、また枠が壊れたりしますから、いつも同じパターンで固定されるわけではありません。

　傷つくという作用は、常にこの横ラインで発生します。心理的に傷つくというのは、この中層の区画５－６－４です。物質的に傷つくのは、下の区画８－９－７のラインです。

　タロットカードのたとえであれば、「力」のカードの女性は区画４で、ライオンは区画５です。女性はライオンを懐柔しているかもしれません。が、女性はライオンに染まっているかもしれません。それは読む時のシーンで、さまざまに変わります。ライオンは悪なのか、それとも善なのか。

　いずれにしても、女性の側は自分で行動したり、何かしたりはできず、こうした運営力はライオンしか持っていません。それにもかかわらず、ライオンを悪とみなして押さえこむと、人生はそこで停止するのです。

　このラインには右側に「正義」のパスがあり、左側に「隠者」のパスがあります。その両方に、「力」のカードがまたがっています。冷静に判断し考えること。むしろ考えずに投げ出して任せること。つまりあらゆることを「イエス」か「ノー」か常に考える人と、決して「ノー」を言わないことを決心した人の組み合わせです。良い⇒悪い⇒良い⇒悪いという運動がこのラインに現れるのです。

　区画２－３－１のラインは人、区画５－６－４のラインは哺乳動物、区画８－９－７のラインは虫というふうに３層に分けることも無理ではありませんが、すると区画５－６－４はたくさんの動物が登場するラインとみなしてもよいかもしれません。

　「力」のカードでは、動物をどう扱うかをまだ考えていますが、小アルカナのナイトのカードは動物を積極的に生かしている１つでもあります。

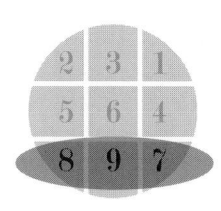

8−9−7のライン

　区画8−9−7のラインは感覚的、個人的なレベルで基本的にはみな目に見える、触れるというものです。個人的な範囲であり、集団性ではないので、何かしでかしても、被害は大きくなく、他の人に影響も与えにくい領域です。

　個人的・私的なことと割り切ると、他の人に伝えなくてもよいような事柄も多くあります。趣味や習い事にも関係するでしょう。その他にはインテリアや食生活などにも関係します。

　区画8の方向にカードの頭が向くと、具体的な習得に備えています。しかしまただんだんと頭も固くなります。

　区画7の方向にカードの頭が向くと、自力で何かするよりも人に依存します。学習も自分で本を読むより人に教えてもらおうとします。

　実生活で区画7はさまざまな楽しみに関係します。それは多彩で華やかです。

　占星術の惑星では7は金星で、それはシュタイナーの言葉では、感覚的な領域へ誘う天体であり、朝目覚めて感覚的・身体的な世界に入る時の導入です。

　つまり感覚で確認できる、目で見て、触り、嗅ぎ、聴くことのできるものへ関心を持つことです。物質的なこの世の楽しみのすべてに対する関心を7は表しています。

　感覚的なものへ入るというのは、感覚的なものの快さを強調している意味でもあるので、その存在そのものが感じが良いとか、快適さを感じさせるものとなります。大アルカナでは、「星」のカードの女性がこれに該当し、それは女性的なものの受容性でもあります。

　そうなると対比としては8は水星で、習得したり、学習したり、知恵

を働かせたりします。シュタイナーの説明によると、金星で感覚的なミクロコスモスへ入る。そこで体験したことを考えて吟味し、自分の中で考えを作り出す。これが水星です。つまりある程度外界の感覚的な刺激から立ち退いて、自分の中で考えるのです。

　金星の７の側が、ただ外界を受け入れるのに対して、８はその影響をせき止めて、自分の中でまとめようとします。この７と８の２つの運動がリズミカルに起これば、受け止め、それに対して考えて、自分の姿勢を決め、また何かを打ち出すというような、感覚的な世界においての新陳代謝が起こります。

　それら全体を維持する輪または器が区画９で、それはその人の活動の「分」を表しています。生活の分というものは誰でもあります。つつましく暮らすのが一番よいとか、あるいはダイナミックに生きる。ですが、ダイナミックに生きている人も、本人としては、いつものようにしているだけです。これが分です。

　ハンバーグを毎度８個食べている人は、他人からすると大食いですが、本人からすると、ほどほどの分をわきまえた習慣を続けているだけです。

　私生活のトータルな特質は区画９に出てきますから、それについて、新しい項目をつけ加えたり、また吟味していくのは区画８となります。

　伊勢丹で何か買いたいものがある。それはまだ外部にあります。これを買って、家に持ち込むのは区画９－７です。ですが、部屋は狭く、それを部屋に入れると、混乱が発生するので今回はやめる。そのような判断をするのは区画８でもあります。

　私は一番上のラインは上下、２番目は左右、下は前後という陰陽を作り、結果として、マルクトの立方体の王国を作るという考えですから、この区画８－９－７は前後で、身体では７を前にある生殖器とすると、区画８が後ろにある肛門になります。水星に関係した乙女座は排泄に関わり、無駄なものを排出します。金星に関係したものは牡牛座で、これは欲張りいろいろなものが欲しいのかもしれません。

〈2〉カードの傾斜角度の読み方

　カードが傾斜した場合、その傾斜の角度を細かく考えてもよいのではないでしょうか。

　これまで紹介したものは、横、斜めの45度くらいの範囲ですが、もっと細かく考える時に、ホロスコープは参考になります。つまり、ホロスコープのハウスやサインなど、またさらに細分化された方向などをそのまま活用してリーディングに役立てます。

　例えば、頭が2ハウスに向いている時には、金銭とか具体的な物品獲得に興味があるとえいます。7ハウスに向かっている時には、人との共同。また少し上に傾斜して、8ハウスに頭が向かっている時には、集団化、先人から受け継ぐ、もらうことなどに関わると考えます。

反対に、カードの下の足場が向かう方向は、「生み落とす」方向です。頭と足場は、それぞれ180度の関係です。これまでの数字のマトリクスと少しばかり合わない場合もあります。
　この場合、まずははじめに取り決めして、方針を明確にしておく必要があります。ホロスコープに慣れた人はこの方がよいかもしれません。
　ただし、10ハウス側の南中は、土・活動サインの山羊座に関係する方向で、これは明らかに生命の樹では、大地のマルクト側です。また4ハウス側の北は、水・活動サインの蟹座に関係する方向で、ここには、見えない上位の次元のものの反映があります。
　そもそも地球の軸が示す北極星は生命の樹のケテルの方向ですが、これはある程度は4ハウスに関係します。日本では先祖、祖霊、山の上のものを意味します。そのため、ホロスコープのアセンダントの1ハウス側は、図の左、すなわち身体の右側に対応させ、日没方向の西、7ハウス側は、図の右、すなわち身体の左側に対応させてよいのですが、上下に関しては、交換可能であることを意識してほしいと思います。
　このあたりは、自分の取り決めがはっきりしていると、タロット占いでは有利です。どちらか決められず揺れながらタロット占いをすると、読みが不安定になります。
　単純に上は空、非物質、広範な精神を表すと考えてもよいでしょう。また下は大地、具体性、着地、ローカルで狭いなどです。

3

補足カードの考え方

〈1〉逆位置になった場合に補足のカードを出すという考え方

　逆位置になった場合、そのカードの力がストレートに発揮されず、何らかの遅延、過剰・不足、ブロック、他に言いたいことがあるなどが想定されます。それは何なのか内容を推理するために、補足のカードを出すというのはリーディングを容易にしてくれるはずです。

　しかし、1枚目のカードを十分に読まないままで、補足カードに依存すると、リーディングは浅いものになります。実は、カードを増やすほど、表面的なものに終始するという傾向があるので、カードそのもの

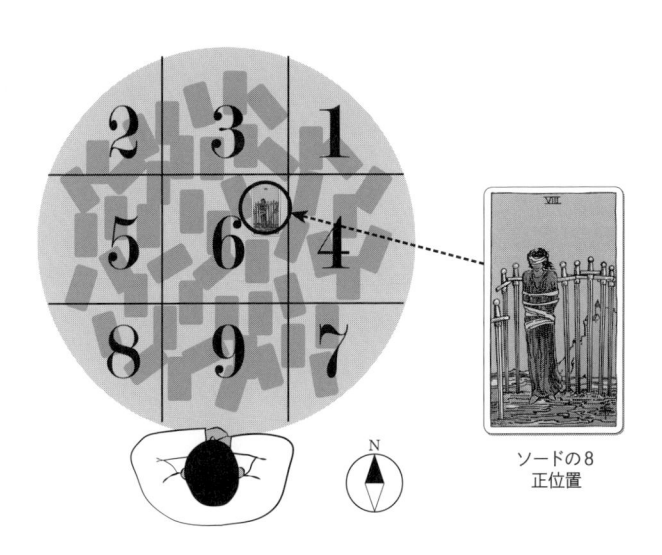

ソードの8
正位置

の数を少なくして練習するのがよいでしょう。

例題で説明してみます。

ある宗教団体に長い期間妨害を受けていて、生活にも仕事にも支障を来しているという質問で、少し区画4寄りの区画6の位置に、正位置の「ソードの8」が出ました。

これは相手が考え方を変えず、また強い信念体系に凝り固まっていると読みました。

宗教団体にはさまざまな形態があると思いますが、海外で始まったその団体は、日本では想像もできないくらいにしつこく異常な働きかけをするようです。

十数年の間、この組織に人生を妨害され続けているという話です。

私はいくつかそういう話を聞きます。それは妨害を受けているという人の妄想と思う人もいるかもしれません。事実そういうケースは非常に多いのですが、すべてを妄想と断言することはできません。

区画6の位置は本人そのものです。そのため、ここに「ソードの8」が出ると、本人が何か特定の考え方に凝り固まっていると読む人もいると思います。つまり、この妨害とか陰謀説は本人の妄想である、と。相手がそうなのか、自分がそうなのかで全く解釈は正反対になってしまいます。

この場合、何度も言うようですが、「頭で考えてしまう」と、もうどちらを選んでよいのかわからなくなります。エーテル体としての察知能力を発揮するには、0.3秒以内で受け取った情報も重要ですし、深層から働きかけてくるものを重視する必要があります。

〈2〉分析的精神は実は正常な判断法ではない

通常、客観的とか冷静な判断というのは、感受したものに対して、批判的に分析し、正しいかどうか判断します。

タロット占いでは、この姿勢を発揮すると、ほとんど何も決められな

くなります。批判的に分析するというのは理解を封じてしまう性質があります。

　私達の知覚意識は、三次元的な生き方において二極化されています。

　認める／否定するという2つの方向性を持つと考えてもよいでしょう。それは自分の立場や自分を中心に見る視点と、その反対に外から見る視点という分裂があるからです。つまり、自分を中心に見る視点が作られることで、それでは見解が部分的すぎて不完全すぎるから、今度は自分を否定する反対の視点を持とうという極端な二極化が起こるのです。

　1人が受け取った時に、もう1人はそれを否定するというのは、1つは情報を内側から見る、もう1つは外側から見るという反対の位相を持つことです。

　この二極化は正しいように見えてきますが、元は1つのものが二極化されたものなので、この2つが合致しないでちぐはぐになる可能性があります。

　一番正しいのは、この右手と左手で手鞠をもて遊ぶような姿勢ではなく、情報を丸ごと受け取ることです。すると真実かそうでないかは、直接感知することが多くなります。飲み込むことのできないものは「虚」で、「実」はそのまま入ってきます。

　これがチャクラでいうアナハタチャクラ、あるいはハートチャクラで読み取るということであり、また生命の樹であればティファレトという中心で見ることです。

　正しいか否かという判断こそ、二極化されたもので、私達は三次元に生きている間は、このように常に陰と陽の間を行ったり来たり動くのです。

　しかも二極化された後に、この2つの組み合わせは、元の2つでなく、1つと、もう1つ似たものを外部から持ち込む（すなわち、男女の二極化の後に、もともとの自分の半身の自分とは違う相手を選ぶ）異なる組み合わせとなり、判断は果てしなく、迷い続けます。

〈3〉タロットで迷ったら、タロットで抜け出す

　一度この二極化の陰陽運動の知性のゲームの姿勢に入り込んでしまうと、抜け出すのは難しくなります。考えから一度手を離して、すなわち「ソードの4」のカードの状態になるべきでしょう。

　こういう場合、タロットで迷ったら、タロットで抜け出すという方法で、例えば、どういう姿勢で読むべきか、1枚ほどカードを抜いてみるのもよいかもしれません。

　いずれにしても、私の読み方としてはこの「ソードの8」は、少しばかり区画4寄りの位置ということで、相手の宗教団体の姿勢であると読みました。また、本人にもその原因があり、つまりは関係性そのものが、この「ソードの8」であり、縛り／縛りあう関係であると考えました。

　この場合、三次元的な物質世界においては、主体と客体の関係、始まりと終わり、責任の所在が明確です。それは二極化されているからです。加害者と被害者は互いに自分の立場を守り、決して交換はしないし、縁があると思っていません。

　しかし、四次元以上の世界では、発信と受信、加害者と被害者は、同じコインの裏表です。宇宙戦争や分裂を作り出したものは、それを融合させることもできるのです。これは時間が一方的に動かず、反対方向に時間が動くこともあるということも関係します。被害を与えるものは治療できるのです。

　その点で、この宗教団体から妨害を受けている人は、受けているし、またその原因を自分が作り、また妄想的な要素も持っているということです。本当か嘘か、明確な線引きをすることで、私達は再び三次元的な、閉じられた物質世界に戻ります。明確な輪郭を作り出すことが、私達が個にこだわり、そこに閉じ込められる理由なのです。

　さて、この団体の嫌がらせに対して、自分の側はどういう対処をすればよいのか、ということで2枚目を出しました。これは補足カードというよりは、問題解決カードです。

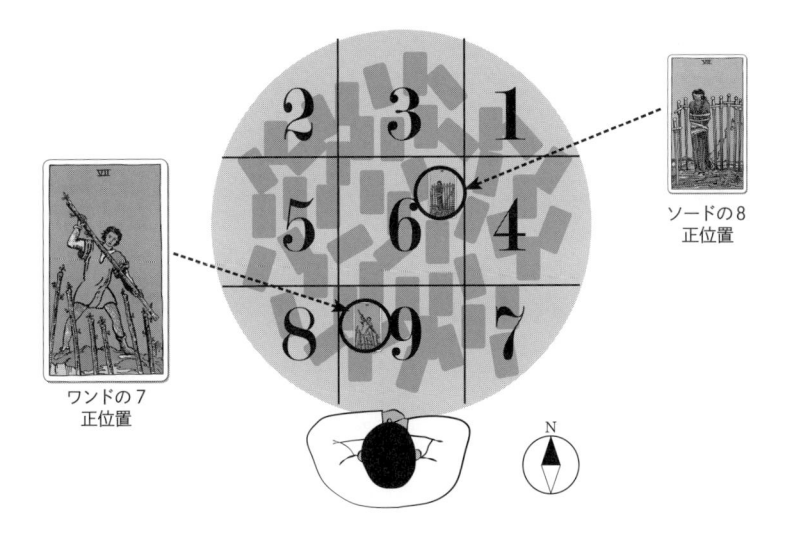

その2枚目のカードは、区画9の上の方に、「ワンドの7」が正位置で出ました。
　これは積極的で強気な状況をキープすれば、ある程度優位な立場に立てるというもので、問題の解決というよりは、今後も継続しなくてはならない姿勢です。
　もし弱気になれば、相手と自分の力関係が即座に崩れて、飲み込まれます。おそらく社会的には完全に破綻します。事実そのような状況で、時に挫折しそうになり、また持ち直すことを10年以上続けているそうです。もちろんその間に多大なことを学習しました。
　「ワンドの7」は実際的な面では、活動的な人ということになりますが、精神的な意味で、余裕を持つということもあります。この場合には、実際の活動において積極的というよりは、心を広く持つということです。そのため行動面では何もしないかもしれませんが、絶望的になることは回避できます。

〈4〉次元の横移動は解決にならない

　例えば、人間の人格は7つあり、これらを統合化したより大きな自己、エルダーセルフがあるというのは、私が『本当のあなたを知るための前世療法　インテグラル・ヒプノ独習マニュアル』（説話社）で説明していることです。

　大きな自己に到達すると、それはこの「ワンドの7」のように、優位に立つということと似てきます。それに、横では何も変化させることができないのに、統合的な場所からあらためて降りると、物理的にも、状況を変えることができる、すなわち「下では横に移動することはできないが、上から降りるとどのような音にも変わることができる」という法則です。θヒーリングなどでも活用されている技法です。

　このエルダーセルフに到達するには、相手と横並びになってはならないというのがあり、やったらやり返すということでは、自分の位置が決して変化せず、この因果応報の関係性から逃れることができません。やったらやり返すというのは、加害者・被害者の二極化の関係が明確で、なおかつ自分は被害者であるというアイデンティティを捨てない時に成立します。すると、この因果の関係は死ぬまで続く場合だってありえます。

　私は占星術を使いますから、このような時に、タロット占いで状況を見た後は、時間の流れでは占星術を使います。この質問者が問題を解決するのにあと5年かかるということを説明しました。

　カードは絵柄そのものにも、能動と受動、する側とされる側というセットが含まれています。

　例えば、「法王」とか「悪魔」のカードならば、自分は上にある法王や悪魔なのか、それとも下にいる枢機卿や手下なのか。その関係性から自由になりたい場合は、この能動と受動という関係の中で役割交代しても同じことで、何も変わりません。変えるには、統合的な上の位置に移動しなくてはなりません。

4 ツーポイント

〈1〉2点間でエネルギーを作り出す

　2番目の補足カードを出す場合、カードを隣から出すのでなく、もっと離れたところから出すのは、エネルギーの2点を生み出すことになり、ここに落差や活動、行動などが発生します。

　落差があると、そこには必ず動きがあります。この落差をリーディングするとよいでしょう。

　「ツーポイント」は、物事に動きを作り出すことで、もちろん9区画の2点というケースでは、その位置を読むことが大切です。先の例では、区画3－6－9ですから、立ち位置や姿勢が重要で、相手にどう働きかけるかの問題ではありません。

〈2〉占星術の四元素と小アルカナの関連づけ

　タロット占いは、占星術を併用するともっと使いやすくなります。

　ある程度は占星術の天体の四元素と、小アルカナの共通点を考えてもよいと思います。前の例では、「ワンドの7」で、有利な立場に立つことで、影響を緩和できるというものでした。この場合、ワンドは火の元素です。

　質問者は、太陽が射手座で火星が獅子座にありトラインです。このトラインを発揮することで、力を強めることができます。

　このように占星術の四元素と小アルカナの元素を結びつけるとわかりやすいのですが、しかしタロットカードは極めて象徴的なので、占星

術の四元素と常にぴったりとかみ合わない時もあるので注意してください。タロットと占星術を比較して考えてみるということがよいのではないでしょうか。

〈3〉元素の中の元素

　ツーポイントや補足カードを出すと、2枚のカードの比較をしなくてはなりませんが、この時に、元素の組み合わせが出てきます。

　例えば、宗教団体の妨害の事例では、はじめに「ソードの8」が出ましたがこれは風の元素です。2番目のカードは「ワンドの7」で火の元素です。1番目に出したカードがメインであるとみなすので、ここでは2番目のワンドの火は、この風の中に入っているとみなします。風の中の火と解釈します。ところが解決カードということになると、解決とは「この関係性からいかに自由になるか、超越するか」というテーマですから、風の中の火では、風の手の内にある、より小さな火のカードとなりますから、「ソードの8」、凝り固まった信念から抜け出すことなんてできません。それは解決ではないからです。

　つまり、立場を逆転させなくてはならないのです。火の上を行く風というふうに、火の側から風の範囲よりも大きくならないといけないことになります。

　それでは、あらためて「ソードの8」と「ワンドの7」を比較してみましょう。

　　　　ソードの8　　　　ワンドの7

ソードの女性の周囲にあるのは剣です。これが「ワンドの7」では、突き上げられる棒と考えてもよいのです。つまり、「ワンドの7」の若者は、縛られた女性から高いところに移動して、拘束から抜け出し、それまで取り囲んでいた剣に対して優位な立場にあります。
　剣の関係性にこだわっている間は、「剣に対して自分が価値を与えている」ことになり、その関係性に自らはまります。すると「ソードの8」のまま、どこにも動けません。
　この場合、ソードに自己同一化しないことが重要です。
　それは自分がしがみつくメリットや価値、意義などを捨ててかかることです。すると、まず精神的に優位性が生まれ、エルダーセルフという統合性に近づきます。θヒーリングと似ているかもしれませんが、このレベルに入ると、四次元的な広い範囲の意識から、三次元に働きかけることができます。事態は実際に変化します。
　結果として変化しますが、しかしはじめからそれをあてこんで四次元意識を利用すると、それは邪道・魔道となってしまいます。なぜなら、三次元的な個人のメリット意識のために、より上位の次元を利用するという歪み構造が成り立つからです。
　ここではソードの中のワンド、すなわち拘束の中で、あれこれと細かくあがくわけです。反対に、ワンドを超えるソードではより広い積極的な姿勢に立ち、この中でソードの信念体系の拘束から自由になるという違いがあります。

〈4〉2枚がどのように組み合わさっているか

　2枚のカードないしツーポイントを出した時に、両方の元素を均等に並べると、それは強調の場合もあり、また対立・葛藤の場合もあります。
　カップが2枚出たらもちろん強調です。
　気の合わない元素、すなわち風や火に対して、水や土がある場合に

は、これは明らかに方向転換や変化、改善、姿勢を変えることに関係します。

例えば、「ソードの5」は、冷淡な自己主張で、これでは物別れになります。次の補足カードとして「カップの3」が出たとしたら、相手の感情とか気持ちも重視して、もっと相手の立場を考えながら、主張してみるということになります。

　　　　　ソードの5　　　　カップの3

「ソードの5」の意志に対して、相手が合意したら、そこで問題解決です。「ソードの5」の中の「カップの3」、すなわち風の中の水は、結果的に、平和的であれ、別れたりするでしょう。それぞれ違う道を歩くのです。

水の中の風、すなわち「カップの3」が「ソードの5」を凌駕すると分かれるということを主張したが、結果として、しばらくは一緒に取り組んでみるという話になります。

ソードは必ずカップを傷つけます。傷つけない解決などありません。柔らかい粘膜に剃刀が入ったようなものです。しかしその話の進展は極端な場合もあれば、仕方ないと認める場合もあります。

2枚のどちらが優位か知的に判断できません。知的な判断をしようとすると、いつまでも決められず迷います。

一度「ソードの4」の状態に入り、5分程度バイノーラルビートをしてみるのもよいかもしれません。

ツーポイントは、補足のために2枚目のカードを出すというよりも、はじめから2枚で動きを考えようという目的です。

　元素のセット、すなわち

```
水の中の火    火の中の火    風の中の火    土の中の火
水の中の風    火の中の風    風の中の風    土の中の風
水の中の水    火の中の水    風の中の水    土の中の水
水の中の土    火の中の土    風の中の土    土の中の土
```

　などを考えつつ、それぞれのカードが出てきた9区画の意味を組み合わせてリーディングします。

　ただしここで、2枚のうち1枚が、あるいは2枚とも、大アルカナが出てくる場合があります。

　この場合、小アルカナのカードと大アルカナでは、大アルカナの方が、小アルカナの元素を4つとも統合化したものであるという点で、明らかに強力で、カップの中の大アルカナというような読み方はしにくいと思います。ですから、大アルカナをメインに考えてみるとよいでしょう。

　また、大アルカナが2枚の場合には、どちらが強いということもなく組み合わせで読んでほしいのですが、経験的には、数字が多い方が成熟していると考えましょう。

　「愚者」から「隠者」までは、時間経験や具体的な環境の中での行為には関わりません。それは人間の基礎的で、普遍的な意識を表しています。つまり状況に関係なしに、いつでもチャンスがあれば飛び出してきます。

　「運命の輪」以後は、人間は時間と空間の中での体験をするために、より二極化され、少しだけ具体的になってきます。この二極化はあらためて「太陽」のカードで統合化されます。

本書では、クラウドスプレッドをする際はタロットを2セット、つまり156枚で行うことを勧めています。この時、同じカードが出るケースは珍しいのですが、もしそうであれば、それは二重に強調されていると考えるべきです。
　以下に、ツーポイントで注意したい組み合わせを説明しておきます。

大アルカナ2枚

　同じカードが大アルカナで出た場合、そこに最も重要なポイントがあることを強調しています。そのため、他のあらゆる条件を凌駕したものであることを認識しましょう。
　大アルカナは、四元素に分割されていません。ですから四元素のすべてに、その大アルカナの性質が浸透します。これはあまり具体的ではないということです。強すぎる力は具体性を失い、より普遍的になるということです。具体的なものとは力が弱いことを表していて、小アルカナで1枚のみ出てきたものが、やはり一番具体的です。その正反対に大アルカナ2枚の出方は極めて象徴的で、普遍的、継続的、はみ出して拡大するパワーなどがあります。

小アルカナ2枚

　このカードの元素が強まります。
　物質の四元素は、エーテル界の同じ部類の元素の影響を受けると、物質面、その背後にある非物質のサイキックな力の共鳴が生じて、あたかも魔力のようなものを持ちます。
　例えば、多くの人は、お金は働いて儲けて手に入れるものだし、計算通りに動くものだと思っています。ですが、それはたんに地上

原理です。その背後には、土の精霊のようなものがあると考えてもよいかもしれません。限度を超えたお金持ちは、この精霊と縁が作られています。

エーテル界の力が共鳴すると計算通りにならず、大きく動くことに驚きます。計算原理というのは、物質世界でしか通用しないローカルなものです。

2枚同じ元素が続くと、物質界とエーテル界両方で共鳴するので、計算に従いません。その元素の精霊のような働きが関与するのは、ペイジが馬を手に入れて、ナイトになったようなものでもあります。

同じカードの正位置と逆位置

大アルカナ同士でも、また小アルカナ同士でも、同じカードが正位置と逆位置で出た場合には、1つの特質の表の面と裏の面が両方出てきます。

例えば、占星術であれば1つのサインは、前半15度でそのサインの表の面が現れ、後半の15度でそのサインの裏の面がより強く現れ、多くの人は、前半でサインに希望を抱き、後半でサインから離反したくなる否定的なものを見ます。

蠍座の場合であれば、深く入り込むこと、同化や執着、個人的自我の破壊と、共同的な自我の構築に対して、前半は夢と期待を抱きます。それが未来の希望を作り出すかのようです。

サインは15度という真ん中が山の頂点です。後半は下山するコースですから、サインから離反する力が働く必要があり、それは蠍座のうっとうしさや面倒くささ、他と深く結びつくということは、個体としてはバランスが失われたことにより、人間性としての劣悪さ、醜さというものを意識します。

いよいよ最後の度数になると、蠍座を嘔吐しなくてはなりません。

嘔吐するには嘔吐する理由づけが必要です。

　カードの表と裏両方を手に入れることは、このように、1つの駒の表と裏を見るので、より完全であるといえるでしょう。なぜなら、特定の元素に対する自己同一化はその人の自由を奪い、その人を地上の何らかの事象に捕獲して、眠らせ、判断力を奪い、逃げられなくさせるからです。

　正位置と逆位置のセットは、その元素ならびに、そのカードの特質に対して余裕を持つことを意味します。

同じカードの逆位置と逆位置

　ゲームのようですが、同じカードの逆位置と逆位置は、あたかも正位置であるかのようです。

　逆位置は過剰か不足かですが、これが二重に強調されることで、いわばそのカードが居直り、もし逆位置が否定的なものならば、その否定的なものを積極的に押し出すことで、正道に変わります。つまり、おとなしい1枚の正位置よりもより強い主張を持ち、正当性を言い張るものとなるのです。

　否定的なものとか逆のものは、正位置というものがあることを想定した上で、相対的に、反対側の意味を持ちますが、逆位置が2枚だと、この自分が相対的に、補足的な、裏の位置にあるということをかなぐり捨てることができるのです。

　そこで新しい意義が生まれていることをここで認識する必要があります。それは特別な「個性的なありきたりでないその人特有のやり方」が発生したことを表します。

　私は、よく電車が倒れたら、元に直すのでなく、さらに倒して、1回転させようという言い方をします。

　いずれにしても、逆位置と逆位置はとても面白いもので、通り一

遍の解釈に陥ることを避けて、もっと真の意義を掘り出しましょう。

　疲れた場合には、さらに働くことで大きな生命バッテリーにスイッチが入ります。それは緊急時だからです。底力を発揮するということです。

　明治の時代には、ホッケはまずい魚で、人が食べるものではありませんでした。しかし、ふと思いついて、大量のホッケをある日食べることにしたら、むしろこれは素晴らしい魚であることに多くの人が気がついたのです。気がついたというよりも、それに対する態度を変えてしまったら、味も違って感じたのです。これは逆位置と逆位置のセットに似ています。

　新しい価値を発見してしまえば、それまで否定的に見えていたものが、新しい意義を生み出します。是正するのではなく、むしろその可能性を見極めるべきであると解釈するのです。

Ⅳ　クラウドスプレッドリーディング

5 カードをもっと自分のものにするために

〈1〉エーテル体と連動すること

　タロットカードは、感覚ではキャッチできない未知の情報をとらえることができます。

　クラウドスプレッドでは、人体の周囲にあるオーラ、またエーテル体に刻まれた情報をカードで引き出します。人生のすべての要素は、この釣り鐘のようなオーラに刻印されています。私達の感覚は非常に狭い範囲にしか働かないのですが、タロットカードで出てくる情報は空間的に、また時間的な面でも今の感覚よりも広範囲であり、だから未来のことも、また今ここではないものも、ある程度キャッチすることができるのです。

　ただし、タロットカードは決まりきった絵柄ですから、この決まりきった絵柄に対して固定的な知識によって読むと、この真実の情報のほとんどを取りこぼすことになります。

　タロットカードを上手く使うには、エーテル体と連動できるようにする必要があり、それなりに工夫が必要です。つまり外面的な知識に依存することよりも、自分とタロットカードを深層の部分で上手く結びつけてなじむとよいのです。

　タロットカードに関しての知識は、本で読んだり、これまで習慣的にいわれているような意味を学んだりすることが多いと思いますが、それだともともとのタロットの本質から逸脱する可能性もあります。

　タロット占いにおいて、タロットカードの役割は「感覚ではとらえきれないものをつかまえるためのセンサーとして活用される」ということ

です。決まりきった意味を覚えていて、出てきたカードにそれを適用したら、それは感覚ではつかまえきれないものを捕獲することにはならず、既知の知識の堂々巡りになるのは当然です。

　ありきたりのカードの意味に当てはまらない情報もたくさんあるはずです。それをどれかのカードに強引に語らせてしまうおそれがあるのです。この場合、さまざまな角度からカードを見直すことが有効なはずです。

　例えば、カードの絵柄を分解して、その部分を取り上げ、それを拡大して、違う意味のものに組み立て直すということもよいのではないでしょうか。これは歪曲・編集という意味です。歪曲・編集することで初めて正確なものになる場合もあります。

〈2〉感覚とエーテル体は映像に違いがある

　タロットカードがキャッチする超自然的な知覚というのは、エーテル体の知覚です。私達はマルセイユ版の「太陽」のカードのように、肉体とエーテル体という2種類のボディがあります。これが2人の子供として描かれます。

　感覚で見ている場合には1人目の子供が語る内容です。これは私達のいつもの日常の意識です。もう1人の子供は、不可視の存在で、それが語ることは、超自然的なもので、タロットカードはこの情報を受信します。

　このエーテル体の上に、より上位の次元の意識が接続されています。私達の感覚には、この上位の次元の意識はつながりません。2人の子供のうち、1つはエーテル体→アストラル体⇒自我というふうに連なっています。しかし物質的な肉体の子供は、感覚は働くがこの上に何も乗らないのです。

　タロット占いは、この2人目の子供というエーテル体の知覚を引き出すことで、強い力を発揮します。

私達は素直に正直に生きていれば、自然にこのような超感覚的なものとつながるのかというと、そうでもありません。
　例えば、エーテル体で見る情報というのは、現実の事物や写真などを、分解して編集し直したようになることがあります。
　リモートビューイングの創始者インゴ・スワンが幽体離脱でアメリカの星条旗を見た時、部品は同じでも、まるで統合失調症の人が描いた絵のようにばらばらな配置になってしまったといいます。
　私も写真をエーテル体で見たりすると、一部が変わったりします。そもそも幽体離脱すると、いつもの部屋とは違う光景を見てしまいます。幽体離脱して、すなわちエーテル体の身体で誰かに会おうとしても、肉体を持つ相手に会うことはできませんが、相手のエーテル体に会うことはできます。
　幽体離脱しても、実際の誰かに会ったり会話したりできないし、また物質的な世界と合致しない世界を旅することになるので、幽体離脱はたんに夢の世界を歩いていて、それではあまり有用ではないと思う人はいるかもしれませんが、それはこの物質的な世界を偏重しすぎている姿勢です。
　私達はこの物質世界を数十年しか体験できず、あっというまに去っていきます。それに比較して、幽体離脱などで見る世界は、もっとずっと長く続くものなので、この物質的な世界こそ一時的な夢のようなもので、それに幽体離脱が同調しないからといって、幽体離脱が正しくないというのはずいぶんと本末転倒の考え方です。
　インゴ・スワンの見た、歪曲された図柄の星条旗に関しては、

① エーテル体は、私達の感覚的な身体よりもはるかに高速なので、意識がそれをコントロールできず、つまりその領域においては、私達はまだ幼児的で、統合化されていない。

❷ 感覚的な事物、すなわち多くの人が現実と考えるこの目に見える世界の法則と、エーテル体の法則にはずれがあるので、感覚的に作られた事物とエーテル体情報は合致していない。しかし一部の部品は共通する。

❸ アメリカの星条旗に関わる集団意識の状態をインゴ・スワンは見ていた。アメリカは実はばらばらだ。物質的にはまとめられているように見えるだけで、エーテル体という「より真実の意識に近い」領域では、アメリカは分裂している。つまり中身は分裂していても形で取り繕っている。そのため、このばらばらな星条旗の光景は事実ではないが、より真実なものを語っている。

このようにさまざまな理由が考えられます。

タロットカードの絵柄は、感覚的に作られています。しかし未知の情報をキャッチするセンサーとして使う場合には、それはエーテル体をつかまえる道具なので、この感覚的な事物として描かれたカードのままでは鈍重すぎて実用にはできないと考えてもよいのかもしれません。

〈3〉タロットをエーテル体のセンサーにする

購入してきたタロットカードを、エーテル体のセンサー用に作り直しましょう。以前は、私は何か買ってくると、その品物を夢に見たりすることがありました。この時、いつも夢の中のそれは、現実のそれよりもサイズが少しばかり小さいのです。

なじんでくると、私達は事物とその事物の「複製」としてのエーテル体を両方持つことになります。しかし事物には両方まだ備わっていないものもあります。

新品の品物は、エーテル体をまだ明確に持っていないといえるでしょう。というのも、それらはいろいろな素材を組み合わせて新しく作られたのですが、この新しく作られた形の意味に、まだそれぞれの部品が従属しておらず、つまりばらばらなままで、深層の部分ではまだ製品としてまとまりが作られていないのです。

　紙とインクでカードを作った時、紙もまたインクも、タロットカードという役割の中に浸透していないのです。しかし長く使い、慣れてくると、その事物にはエーテル体が備わります。

　タロットカードはエーテル体のセンサーとなるべきなので、そのように身体とエーテル体のダブルができないことにはまだタロットとしては成り立っていないと考えるべきです。

　私は、電気製品はふたを開いて中を見ると、その段階でなじんでいき、その電気製品のエーテル体を作りやすいと感じます。なじめない場合には、まだ接近できないのです。

　生命の樹であれば、マルクトという物体に対して、その上のイエソドができると、それはやがてヤコブの梯子を持ち始めます。

　ヤコブの梯子とは、より上位の次元まで連鎖する階段です。しかしそれは１段目がエーテル体（イエソド）からで、決してマルクト（物質体、すなわち感覚）から作られていないのです。

　ヤコブの梯子の構築は、所有している人間の関与を通じて可能となります。事物そのものが単独でヤコブの梯子を持つことはないのです。部品はその階段を持っていますが、それらを組み合わせて作られた工業製品は、まだ単独では梯子がないのです。

　例えば、カリモクのソファがあるとすると、その素材の木にも皮にもエーテル体と梯子はあります。しかしそれらを組み合わせたソファという合成品には、まだエーテル体がまだ作られていないということです。合成された製品は、それ自身が元型的な意味を持たない場合もあり、それはまだ霊界に参入できないのです。

　人間がこのソファを深層の部分でソファの意味と結びつけ、ヤコブの

梯子が備わるように仕向けるには、使う人がこのソファになじまないといけないということです。購入してきたら半年くらいはそれを机の上や目に入るところに置いておくとか、ときどき絵を見るなどを繰り返すことです。

〈4〉短期間でなじむためにパスワークを行う

　タロットがなじんできて、持ち主のエーテル体の一部がそれに浸透していくと、タロットカードは夢の中に出てくることもあります。

　この感覚的に目に見えるものをエーテル体と連動させるには、パスワークをするのが一番早いでしょう。カードはその人の無意識と絡めあうことになり、自然的には、心理的になじむまで半年から1年近くかかるかもしれませんが、おそらく短期間で、そのカードはその人と連動するものとなります。

　タロットカードがエーテル体と連動すれば、つまりカードそのものの中に、ダブルの身体ができれば、それはセンサーとなり情報を拾うことができるようになります。スプレッドで取り出したカードを見て、以下のように考えて見ましょう。

　このカードの中で自分はどこにいるか。

　どの角度から見ているか。

　この絵柄の中に自分が存在するか。

　その自分はどこに潜んでいるか。

　実際の写真とエーテル体で、あるいは幽体離脱で見た写真は、何かが入れ替わったり、消えたり、加わったりしています。タロットカードの場合も、目で見ているカードはこういう絵柄。しかし実際にはそれを言いたかったのではないということです。

　エーテル体というもう1つのボディ、もう1人の子供は、この絵の中の墓石を提示したかったが、しかしカードには墓石以外にたくさんのことが描かれていて、それを言いたいわけではなかった、ということもあるのです。

6
絵を描き、メモを取る

〈1〉カードを表にする前にメモを取る

　さて、そこで、出てきたカードを見ながら、あらためて簡単に絵を描いてみましょう。これは簡単なメモです。
　何をつけ加えたかったか。
　何を消したいか。
　どこに視点を置きたいか。これらをメモします。

1　質問をします。
2　カードをクラウドスプレッドの中から選びます。
3　裏側のまま、それについてのメモを取ります。

学校作りの計画がある。それはどのような展開をするか。大規模か小規模かはあまり問題にならない。

右上が重要ポイント。ここに視点の中心がある

カードの下が赤く燃えている

裏側のまま選び、メモを取りました。これは思い浮かんだことを瞬間的にメモしたものなので、数秒しかかかっていません。

―――――――――――――――――――――――
　　4　カードを表に出します。
―――――――――――――――――――――――

「ワンドのエース」の逆位置でした。

これはスタートするという意味のカードなので、確かに質問に答えようとしていることがわかります。しかし逆位置です。

この場合、読み方はストレートではありません。時には流産という意味で、計画を断念するという場合もあります。創造力を表す棒は、大地に向かっていますから、具体的な場に力をねじ込むと読むこともできます。つまり上昇するのではなく、大地に向かって棒が立てられているからです。

メモを参考にすると、大地は赤く燃えていて、赤は接近色。つまり個人的な欲求に走ることを表します。そのため、公共に貢献するというような姿勢ではありません。そもそも棒の先が大地に向かっているので、下の側がずいぶんと力が入っています。

右上が重要ポイントということでは、右上、すなわち身体の左上は、無形のものへ解放されることを表します。これが視点の中心点とすると、大地が赤く燃え、棒の先が大地にめり込むように刺さっているというのは、何かしら趣旨が合わないといえるのです。物欲のない人が、物欲に没入しなくてはならないというような意味です。

質問者とは別に、学校作りの計画を立てた人がいるのですが、しかし質問者は具体的なことには漠然とした姿勢や、また曖昧なコンセプト、ノーアイデアなので、まだよくわかっていません。

それに計画を立てた人は、好みがはっきりしていて、気に入らない

人は排除します。自分のメリット指向が強い。しかし本人は、自分は個人的な主張を押し通す欲求が強くなく、利他的であると信じています。

右上の強調ポイント、そして大地の赤、棒の逆位置というギャップを調整しないことには、この計画はスムーズには運ばないといえます。

私は、調整が無理なら計画を断念すべきである、と読むことにしました。

〈2〉「太陽」のカードの子供Aと子供B

私達の視野は中心がよく見えて、周囲はぼかしが入ります。目線を動かすと、この曖昧なぼかしの部分がくっきりと見えてきます。私達の感覚は、ごく狭い範囲を強調し、それ以外をオフにします。

エーテル体は、実は、こういう「個人的で感覚的な集中」というものをしていません。

「太陽」のカードの子供Aが見落とすものを、子供Bは見落としません。

私達の感覚は0.3秒で目覚めるので、その時に、情報の歪曲が起こります。見たいものを見て、見たくないものを消し去ります。その0.3秒の前には、まだこの編集が起きておらず、反対に、エーテル体の持つ資質がそのまま反映されます。この2つの落差があるのです。

身体は兵隊として訓練された人、しかし物心ついてからは、保育士として成長してきた人を想像すると、考える間もなく接近してきた相手に対しては兵士として反撃し、ゆっくり近づいてきた人には優しく保護的に振る舞うという違いが出てきます。

私達の身体（感覚）・感情・思考がみな違うために、このような時間差による反応パターンの違いが出てくるのです。さらにもっと時間をかけて見ていると、違う知覚が働き、また解釈が変わります。

「太陽」のカードについては、拙著『インテグラル・ヒプノ独習マニュアル』でも書いたのですが、「星」のカードとともに、タマフリに関係しています。

マルセイユ版では、感覚の子供とエーテル的な不可視の子供の２人が描いてあります。ウェイト版では、太陽の矢が射出されてできた分身的な子供のみが描かれています。ウェイト版が描くように、「太陽」のカードで、自分のエーテル体の一部を外に取り出すのです。
　このへその位置から外に飛び出したエーテル物質の紐（「シルバーコード」とも呼ばれます）は、太陽の矢、白い馬、ヒマワリなどのシンボルで表現されます。
　次に外に取り出してタマフリしてエネルギーが増殖したものを、また体内に取り入れるのが「星」のカードです。それは星から受け取るという絵柄で描かれています。勾玉や釣り針などがそのシンボルです。
　「太陽」のカードの、不可視の子供Bは、達磨大師が面壁九年で作っていた体内の気の子供、月の子供と同じ意味ですが、この子供がクラウドの卵の輪郭まで拡大し、また星のカードで体内に戻るのです。それがカードを操作します。

〈3〉子供Bが見るものをもっと明確にする

　子供Bに名前をつけ、そしてこの名前を呼び、そこから伝わってくるものを聞き取るということは既に説明しました。
　「太陽」のカードは、生命の樹では、腰のイエソドとへその右側のホドとのパスで、これはチャクラでいえば、スワディスタナチャクラとへそのマニプラチャクラの間の通路で、実際には、へそから外に飛び出す「太陽の矢の１本」です。
　子供Bはへそに住んでいると考えてもよいのです。するとそれはハワイのカフナの低自我と同じになります。ロングはこの低自我を、薄暗い夕方などにリラックスして、へそから呼び出すというメソッドを考案しています。「ジョージ」という名前をつけたりして、それを呼ぶのです。
　レオナルド・ダ・ヴィンチの「ウィトウィウス的人体図」に基づくと、人体を１の長さの単位とするとへその位置は0.618で、これは黄金比で

す。このへそを中心にした場合、図像で描かれたような人体がすっぽりと入る円が重要になってきます。これは惑星グリッドの力にそのまま同調します。

また四角形に囲まれた人体は、直立して静止している姿で、これは感覚の子供Aに根拠を置き、見る、聞こえる、匂う、触るなどの実際的な感覚に根拠を置いた視点です。

ダ・ヴィンチは「太陽」のカードの1人の子供を四角形の中に、もう1人の子供を円の中に描いたのです。

〈4〉バイノーラルビートでイメージをつかまえてから選ぶ

タロットカードの意味を探索するのに、パスワークをするとよいのですが、この簡略版として、クラウドスプレッドで選び、表に開かれたカードを見て目に焼きつけ、その後目をつぶり、脳内にこのイメージを復元してこの中に飛び込んでみるイメージ遊びをするとよいでしょう。すると、より正確なかたちで、このカードが示したい内容が伝わってきます。

たいてい、こうしたイメージ遊戯は、はじめに自分が人工的に作り出したいつもあるようなイメージが出ます。その後、自分のコントロールできない予想外の展開に移り変わるというものになります。

前者は準備段階です。後者はファンタジーからイマジネーションに切り替わった段階で、ここで真実の情報がやってきます。

この予想できないイメージどころか意識がトランス状態に入ってしまい、エーテル体の知覚に移動して、異質な情報が入ってくることもあります。これはかなりショッキングな印象がありますが、ここまでくるとその情報は極めて貴重なものです。しかしそこまでいかなくても、イマジネーションの段階で、それは重要な内容を含んでいます。

この時に、これまで知っていたカードの意味と違うものが出てくることもあります。この手続きを1分くらい試してみます。これは占いをさ

れる側がしてみるのもよいと思います。

　あるいは面倒な話かもしれませんが、ヘッドホンでθ波に入る信号を聞いて、3分程度、このカードの中に入り込んでみるというのもよいでしょう。

　変性意識に入るには、やはり時間が必要だという人も多いと思いますが、しかし慣れてくれば短い時間でもできます。また慣れていなくても、θ波が混じるような精神状態の中では、いつもの日常的な状態よりも、メッセージを受け取るのははるかに有利になります。

　カードを裏側のままにしてメモを取る際にも、バイノーラルビートを聞きながらしてもよいでしょう。

　太陽の子供Bは感覚的なものではないので、カードが裏側になっていても、それを問題にしません。リモートビューイングで、封筒の中の写真がくっきりと見えるということと同じです。つまり、子供Aには見えないが子供Bには見えるというのが重要です。というのも、子供Aは自分の知識を押しつけようとして、解釈を間違うこともあるからです。

　この場合、子供Bにのみカードの絵柄がわかるという状況は、そうとうに有利です。そのため、まずは練習として裏側にしたままで出てきたイメージを読むとよいでしょう。その後、表にして確認するのです。

　何度も繰り返しているうちに、裏側のままでもどのようなカードかわかってしまう人が多いようです。私の知っているあるタロット占い師は、裏側にしても、それが何のカードなのか直接わかるので困るといっていました。

　このエーテル的な知覚を強めるには、スプレッドは北を頭にすることです。北極星への出入り口をそのまま脊髄に合わせて、生命の樹の中央の柱を真っすぐに立てるのです。他にも、エーテル的な力をより強くするために、水晶のポイントなどを北の位置に置くなどもよいのではないでしょうか。

7 前世リーディング

〈1〉ヒプノセラピーとの組合せ

多少難しいテーマですが、タロットカードを使って、自分で行うヒプノセラピーのようなものをしてみます。

ステップ1 深くリラックスした状態になります。

ステップ2 「私は7つのうちの1つ。今の人生に関係した前世を選びます」と宣言します。

ステップ3 意識を頭頂部に持っていきます。

ステップ4 そこに回転ドアがあるとイメージします。

ステップ5 回転ドアから今の人生とは違う扉を選び、その中に入ります。

ステップ6 身体に戻ってきます。

この流れと並行してタロット占いを行うのです。

頭のてっぺんは、クラウドの一番上の区画3のてっぺんです。卵の1番上に向かい、そこから降りて、腰の位置に近い場所からカードを選びます。

この場合、複数の前世の記憶は、すべてビナーの位置である区画2に

蓄積されています。そこで、頭のてっぺん、クラウドの頂上から、左（身体では右）意識をずらします。

7回の前世があると想定すると、ビナーに7回行き来します。

「1、2、3、4、5、6、7」と番号を数え、気になった番号を言います。例えば、「3番目の扉を選びます」というふうにです。

中央の柱は陰陽のない中心の立脚点ですが、ビナーの中で特定の前世を選んだ後は、この特定の前世の中に降りるので、それは中央の柱を降りることを意味します。

外部から見ると特定のカラーのある生き方ですが、その中に入ってみるとそれは中央の柱の、無色透明のものとなるのです。

生きる目的はティファレトにあり、実生活はイエソドにあります。また肉体的な形、ものとしての映像はマルクトにあります。

左右の柱はそれぞれ人生の中で応用的な体験などを表します。自分がしたいことや外に打ち出したものは右の柱（図では左）です。外からの働きかけや集団との関係は左の柱（図では右）となります。

つまりいったん前世の意識に入ると、生命の樹のさまざまなセフィロトやパスは、情報を引き出す辞書に変わります。

人間の意識の階層は、肉体⇒エーテル体⇒アストラル体⇒自我の4つといわれています。

死ぬと肉体からエーテル体が離れ、その人はエーテル体の中に書き込まれた体験内容を解読し、反芻し、エッセンスを取り出します。すると残ったエーテル体は自然界に戻されます。次にアストラル体を同じように解読し、エッセンスを取り出したらアストラル体を脱ぎ捨て、自我に戻ります。

この構造は、生命の樹では、ケテルからマルクトまでの中央の柱にあると考えるのです。マルクトは肉体でエーテル体はイエソド、アスト

Ⅳ　クラウドスプレッドリーディング

ラル体はティファレト、自我はケテルです。

　新しい人生に入る時には、自我は新しいアストラル体をまとい、また新しいエーテル体、次に新しい肉体を得るのです。

　クラウドスプレッドで、前世を見る時には、この中央の柱から降りていき、より具体的なものを探査します。ヒプノでは「靴を見ましょう」というのがありますが、これはマルクトまで降りていくことです。

　イエソドは、サンダルや裸の男性をシンボルにしています。靴ではなくサンダルというのがイエソドの印象です。あるいは衣服のない姿です。すると、マルクトは靴を履き、厳重な洋服を着ている姿ということになります。

　ここでは、1つの質問につき3枚選んでみましょう。ツーポイントではなく、3枚です。3枚は有機化です。つまり意識の射出です。ターゲットへ反射した結果、これによって動きが出るということになります。質問に対しての動きを説明することになります。

　古い時代から、タロットカードの3枚引きは、過去・現在・未来という流れでした。これは始まりと終わりがあり、その間のどこかに、今があるという概念です。

〈2〉卵の中にすべての情報がある

　クラウドスプレッド（卵のスプレッド）の形は、生命の樹そのものの形を含んでいます。

　生命の樹のパスは22あり、それが大アルカナのカード22枚に直接結びついています。つまり、大アルカナは生命の樹に均等にちりばめられていることになります。大アルカナのカードは、それぞれ四元素に分かれたものは小アルカナに分解されていきます。

　この大アルカナカードは、3×7という数字の構成に従っています。私達の意識の法則は3の法則と4の法則を基本にしており、足すと7で、かけると12、さらに3×7＝21となります。

占星術は12の法則に従い組み立てられます。もちろんその背後に、四元素と三区分という3と4の法則が下敷きに使われます。
　法則というのは、3⇒4⇒7⇒12⇒21という連鎖を運動原理の基本として持っていて、大アルカナのカードはそのようなトータルな法則に基づき設計されています。
　前世や人間の生まれるサイクルは7つの人生が統合化されて1つになり、それがまたさらに7種類あるというような構造をしていますが、この7種類は先ほど説明した3と4を足したものを意味します。
　したがって、この卵のスプレッドの中にそのようなトータルな情報すべてが含まれているとみなすとよいのではないでしょうか。1つの人生のあらゆる要素がクラウドないし卵、生命の樹に含まれているが、それは1つの人生の内部構造だけでなく、7つの前世すべてを統合化したエルダーセルフの縮図として、前世の印象なども、この1つの人生の内部に縮図的に複写されます。

〈3〉特定とは全体の一部をクローズアップしたにすぎない

　タロット占いは、このような全体的な建物のような構造体の中から、一部の情報を部分的にひっぱり出します。なぜなら、特定の質問というのは、特定の時間の中の、特定の空間の中にある部分的な要素を表しています。
　人生のいろいろな局面の中で何か質問があり、何か問題が発生した場合には、どれかの部分に関してのクローズアップ、それからまたそこを経験する時のさまざまな陰影というものを表していますから、特定の質問や特定のテーマが単独で成立することはありません。それは、全体の中の一部をクローズアップしたものであると考えられます。
　そもそもが、この一部的な質問とか、また人生の中の一局面などは、それらを解釈する、意味を与えるものは統合化されたエルダーセルフの部分であり、印象に対してどういう意義を与えているかということを

考慮に入れずに、部分的な質問だけを取り出しても、そこに意味のある回答などは得られないのです。つまり、部分を知るためには、それと全体の関係性を明らかにしなくてはなりません。どのようなものも、意味を与えるものと与えられるものとセットです。

いかなる質問も、どのような局面も、クラウドスプレッドという全体の構造の中のどれかにそれが埋め込まれていると考えればよいことになりますし、今の人生もより大きい7つのうちの1つとして、考えることができるので、これらを全部総合的にとらえて、そこから特定の質問というように降ろしていくとよいのです。

そうすることで、タロット占いとしてはより優れた意味のあるものになっていくということになります。

クラウドスプレッドの全体構造になじむのに、22枚の大アルカナカードのパスワークは非常に役立ち貢献することになります。

小アルカナのパスワークは、生命の樹のセフィロトそれぞれの作用を深めることです。もちろん、1つのセフィロトになじむには、4つのスートをすべて使います。つまり、1つのセフィロトのパスワークは4回にわけて行うとよいのです。

〈4〉過去の記憶はビナーで未来の記憶はコクマー

前世という過去の記憶はビナーの中に記憶されています。また未来の記憶はコクマーにあります。それぞれインドのチャクラでいえば、アジナチャクラ、額の右、そして左です。いったん右に入り、前世のどれかを選び、その中に入り、そのレイヤーの生命の樹の中に降りていきます。

7つの音は、それらを統合化した1つ上の次元では1つの音です。この上にある1つの音に入って、そこから下に降りると、7つの音の異なるものに降りることができるのです。ですが、今の人生という特定の音にしつこくこだわるかぎり、他の音に入ることはできません。

プリズムでいうと、元の白い光になれば、そこから7つの色の中の赤にも、また青にも自己分割できるのです。
　もともと、ヒプノセラピーは自分の実感でイメージを確認するということが重要です。また誰かヒプノセラピストに依頼してヒプノをする場合には、そのカウンセラーの世界観や考え方、信念体系に従わなくてはならないので、自分で行うのが一番理想的です。
　タロット占いで前世探索をした場合、本人の実感がなくてもカードは出てきますから、手抜きで行うと、実感のないまま、リアリティもなく、半信半疑で情報を引き出すという好ましくない状況も出てきます。
　カードは情報をより正確に引き出すための鍵でしかないと考えて、イメージでもっとカードの1枚1枚に入り込むとよいのです。
　ヒプノをする際は312ページにある質問表に記入しましょう。
　前世と今の人生に共通の意味を与え、関連の糸を作っているのは、7つの音を統合化した1つの音、エルダーセルフ、あるいはクラスターの卵です。地球の体験が終わると、やがては自分がそこに吸収されていくことを何度も何度も反芻し、確認してください。

質問表

どこから来たのか

___

どういう世界に入ったか

___

目的は何か

___

多くの仲間と交流したか

___

どのような願望を持ったか

___

この人生の価値はどのようなものか

___

楽しい思い出

___

手に入れたもの

___

人生全体の具体的な風景の中で特徴的なもの

___

今の人生に何が引き継がれているか

V
リーディング
ケーススタディ

1 遠隔でのリーディング

　遠隔でタロット占いをする方法としては、まず、質問者のイメージを思い浮かべて、次にイメージでその質問者に自分のへそから筒を出していきます。

　相手のオーラを思い浮かべて、そこにへそからの筒が接続するような状態を思い浮かべてください。相手の身体ではなく、相手のオーラという卵にこの筒を突き刺します。牛乳の紙パックにストローを突き刺すような印象です。

　相手に接続すると相手の気配や雰囲気、そのようなものがじわじわと伝わってくるでしょう。無理にイメージを追求しないでも、1分か2分、あるいは3分くらいじっと放置していると、この相手の印象が何らかの熱感や違和感、匂いを伴って入り込んできます。

　そのような感覚が実感として出てきたら、質問に答えていきます。

　この場合、リラックスをして呼吸を整える、あるいはバイノーラルビートやヘミシンクを持っている人は5分ぐらい聞いておくと落ち着き、エーテル体が活性化して占いやすくなります。落ち着いていない状態でいきなりドタバタ始めない方がよいでしょう。のんびり十分リラックスしてから相手に接続した状態で質問に答えることが重要です。

　相手を対象として見ていく姿勢だと遠隔のタロット占いはできません。

　私がいて、相手がターゲットとして存在する。

　このように考えることは、自分を固執し、相手を退けていることです。その場合、自分の見方で相手を料理する、すなわち結局のところ受けつけていないということになります。

三次元的には、自分がここにいて、相手は違うところにいるという、こことあそこという区別が存在します。しかし、四次元以上の上位の次元においては、こことあそこはなく、また過去と未来もなく、相手と自分の区別もありません。相手と同調して、タロット占いは自分のことのように考えるとよいのです。

　相手と接続した後、伝わってくる気配。また、今までの自分とは違うという違和感。それで確認しましょう。

　実際には、相手を想像するだけで、相手は自分に貫通してきますが、感覚はそれに気がつかないので、深くリラックスした状態で非感覚的なところで実感するものを確認するのです。

　その後はたくさんカードを出しても、比較的正確に情報を取り出すことができます。

2
Reading Case Study
ケース1

| Q1 | 出雲にはいつ行ったらよいですか？ |

　卵型にスプレッドされたカードの裏側が並んでいる状態の中でしばらくじっとして、目線をカードに合わせずに全体をぼぉっと見ていると、訴えかけてくる、気になるカードが出てきます。それを選んでみるとよいでしょう。

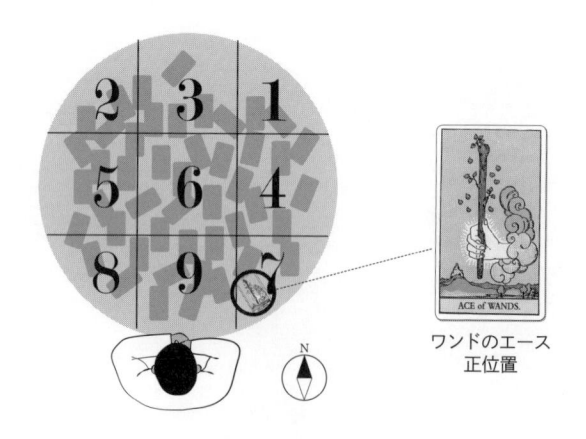

ワンドのエース
正位置

　区画7で「ワンドのエース」の正位置が出ました。
　ワンドは火の元素ですから、火の元素の始まり、創造的な意欲、そのようなもののスタートというかたちで出てきましたから、出雲に行った場合は、そこで新しい活力や質問者がこれからしてみたいことや創

造的な欲求が出てくることになります。

　ちなみに私の個人的な印象ですが、出雲とは雲の中から出てくるものという点で、占星術では雲、すなわち魚座の薄い水の集まった雲の中から、火が出てくることを意味しています。

「ワンドのエース」とは、出雲そのものの意味です。混沌の中から創造的な意志が生まれ、それが世界の中で新しい民族が生まれ、行為を始めていくのです。

　このタロット占いで「ワンドのエース」が出てきたのは、質問に対して正しく答えているとともに、ありきたりの、特につけ加えることもないという傾向も出てきます。

　時期に関していくつかの見方がありますが、四元素を１年間に分割した場合、春分の３月20日頃から６月20日頃の夏至までが火の元素に対応します。それは始まりが牡羊座ということもあります。その年の新しい火、創造が始まり、それがその後育成されます。

　ワンドが出たということで３月20日頃から６月20日頃の期間に出雲に行くとよいでしょう。そうすることで新しい意欲やこれからスタートさせることに対しての刺激が出てくることになります。出雲に行くことは、常に新しいことを始める意味なのです。

　この出雲そのものを意味する「ワンドのエース」のカードを出した場所が区画７ですから、わりに感覚的で、具体的な意味においての始まりです。精神上の問題ではないのです。

　区画７の場所は生命の樹ではネツァクに当たり金星に対応しますから、趣味的にクリエイティビティを発揮するようなもの、作っていくこと、そのための楽しみがここで出てくることになります。また金星は、金銭的なものにも関係し、豊かさを表します。

　生命の樹では、ケセドとネツァクのパス、すなわち区画４－７へのつながりは「運命の輪」に対応し、金銭的な豊かさや成功、贅沢などを表します。区画４とのつながりを求めると、豊かさは強まるということです。

Ⅴ　リーディングケーススタディ

Q2　株に興味が出てきたのですが、向いていますか？

　2番目の質問は、株に興味が出てきたというものです。

　私は占星術を長くやっていますから、占星術のことをすぐに思い出します。

　株をする人は獅子座のはじめの方に天体がある人がわりと向いています。それはリスクを伴う冒険心です。

　よく5ハウスはギャンブルといいますが、すると元は獅子座の意味ということになります。競馬が大好きなマドモアゼル・愛さんと話した時、「競馬とかギャンブルは、儲けようと思ってするのが第一義ではないんだよ。松村さん、一番重要なのはね、これで人生が変わるかもしれないというドキドキ感、興奮なんだよ。そのためにはお金をすったりという犠牲が伴っても構わない」と言っていました。マドモアゼル・愛さんはギャンブルをしなかったら、それでビルが1つ建っていたと言います。私には理解できないことです。

　もし、獅子座の初期の10度くらいまでに天体があれば、あるいはアセンダント、MCなどがそれであれば、理解できるのではないでしょうか。

　獅子座のギャンブルを好む要素は、後半の度数になるにつれて薄まります。自分の実力などでもっと安定したかたちで創造意欲を満たしたいと思うのです。偶然を期待する心はどんどん減っていきます。

　そのため、5ハウス全体がギャンブル的とは考えない方がよいでしょう。質問者のホロスコープを作成してみると参考になります。事実、質問者は獅子座の3分の1の部分に天体がありました。

　この情報がわかれば、トランジットや進行天体などがこの獅子座をどのように刺激しているか、それを考えてみるとよいのです。

　さらにタロット占いでは、火の元素としてワンドのカードが重要になってきます。

クラウドスプレッドでは、前の質問のカードを出したまま次から次に別のカードを出していきます。今までのカードは片づけないままで続けましょう。しかもどの質問も、どのカードも、関係があるとみなします。
　実際、全く違う質問のつもりでも、本人がしている質問であり、オーラの雲間から引き出しているので、分離して回答することはできません。

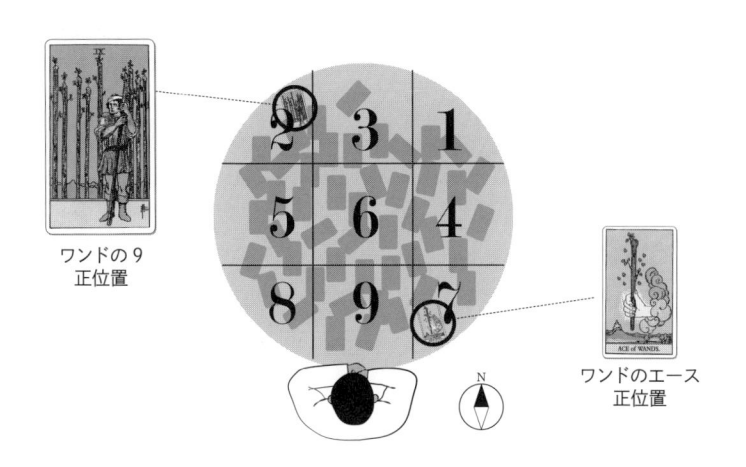

ワンドの9
正位置

ワンドのエース
正位置

　この質問に対する回答は、区画2の位置から、「ワンドの9」の正位置を出しました。
　予想通り、火の元素で出てきました。
　冒険的で挑戦的、疲弊しているが受けて立つという感じのカードです。
　9の数字のカードは、その人の生き方そのもの、エーテル体の特質が、そのままその人にふさわしい具体的な人生や運命を引き寄せるというものです。お勤めをする生活は、安全を求めて、冒険心を捨てることです。とはいえ、今日では企業も安泰ではありませんが。
「ワンドの9」の人生ならチャレンジであり、不測の事態がやってきても、それを受けて立つ必要があります。そしてこの人物が傷だらけであるように、しばしば痛い目を見ます。しかし良い面もたくさんあり、悪いカードではありません。

このカードは忍耐強さに欠けている面もあります。いつでも調子が良いわけではありませんから、そのような調子が悪い時にイライラして、我慢できないといったかたちになりやすいのです。だらだらと過ごしているものを見ると怒り始めるのです。
　区画2のビナーである母親を意味する場所から選んでいます。ここは形成原理の場所で、地上の生活をする上で、当初の計画です。つまり、アジナチャクラの右側、下に向かって降りていく傾向、地上生活を企画する領域です。
　起業や何か仕事をこれから自分で作り出そうとする人は、しばしば区画2の位置からカードを出してきます。
　株で暮らす。ギャンブルで暮らす。
　いかにも区画2にふさわしい「ワンドの9」です。ここでは、3枚目のカードを、補足として出してみました。

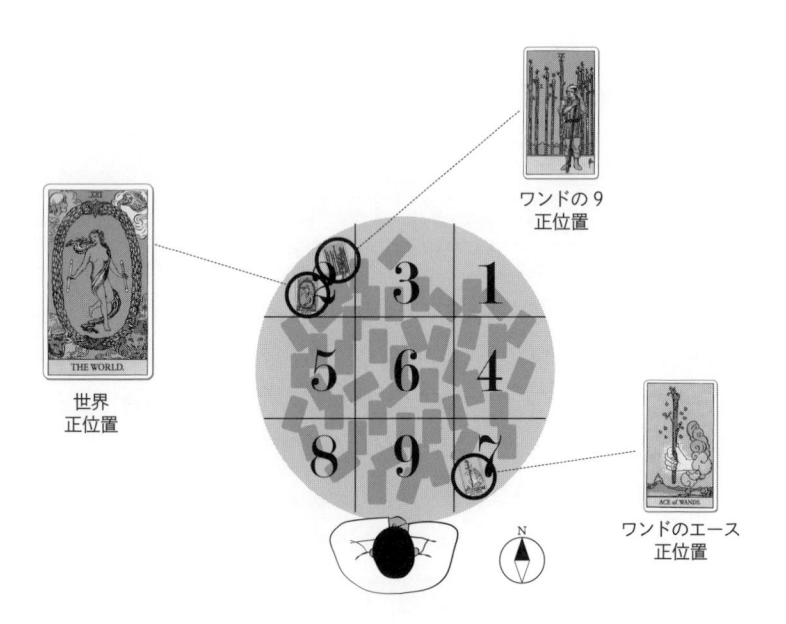

ワンドの9
正位置

世界
正位置

ワンドのエース
正位置

区画2に大アルカナである「世界」の正位置を出しました。

区画2から出したということは、区画2の位置で出てきたことの意味をもっと深く理解しようということです。

「ワンドの9」はあまり冷静な準備をしないカードで、ある意味、行き当たりばったりです。そのため、必要な情報をもっと揃えていくことで、気分だけが焦るような事態をもっと改善するべきであるということです。

その後の「世界」のカードは、四元素のどれかに偏らない姿勢を意味します。つまり、偏った欲というのは四元素のうちの1つの部分の強調ですから、そのような姿勢でやるとまず失敗します。

火は強い水によって、あるいは土によって衰弱させられます。水や土のいずれが来ても、そもそも株とかギャンブル的なものに関心を失います。

株やギャンブルを継続的に行い、なおかつ、そこから重要な意義を得るには、四元素のうちの火の元素という狭い領域でのみ行う行為ではなく、株やギャンブルを第五元素の位置に昇格させることです。それは水・火・風・土のすべての元素に株やギャンブルの意義を認めさせ、それぞれの中で役割を与え、その後、元型的な第五元素の領域において株やギャンブルを神話的に意味づけることです。すると四元素の栄枯盛衰に過剰に振り回されずに、継続的に株やギャンブルを続け、なおかつそこから充実したものを手に入れることになります。

これは占星術的に言い換えると、惑星レベルで追求するのではなく、その行為を、恒星レベルにシフトするということです。

惑星的体験は相対的に、他の惑星との和合や対立などを繰り返すことで、消耗します。恒星は動かないもの、回転しないもの、自立するものであり、そこには永遠性という価値があります。

株やギャンブルに、ありきたりの収益追求以上の哲学的価値を獲得することに貢献したのは、ウィリアム・デルバート・ギャンです。ギャンについては「株・個人投資家の喫茶店」というサイト (http://www.kabudream.com/gann/gann.html) より引用して紹介したいと思います。

【ギャン（GANN）】

　1878年米国テキサス州ラフキンで生まれる。24歳で綿花の先物取引を始める。その相場接近法はギャン理論と呼ばれ、1929年の大恐慌を予言するなど、相場予測に関して数々のエピソードを持つ伝説的トレーダー。スウィングチャート、ジオメトリックチャートなど、独自に考えた多種・複雑なチャートを使っていた。また、ギャンはマーケットを支配している基本原理が自然の理法にあるなど、占星術や聖書から得た独特の相場観を持ていた。（1955年没）
　ギャンが常に念頭に置いてトレードしていた一文がある。
「かつてあったことは、これからもあり、かつて起ったことは、これからも起きる。太陽の下、新しいものは何一つない。見よ、これこそ新しい、と言ってみても、それもまた永遠の昔からあり、この前の時代にもあった」

　また、このサイトでは、「ギャンの決して失敗しない24のルール」を紹介しています。

　　ギャンの有名な基本ルールです。ルールに従うことが出来ない人は、投機や投資をやらない方がいい、失敗に終わるのが確実だからと言っている。

1　資金を10等分し、1回の取引に資金の10分の1以上のリスクを決して取らない。
2　ストップ・ロス・オーダーを使うこと。
3　過剰な売買は決してしない。これをすることは資金運用の原則に反することになる。
4　儲けを損失に変えない。含みが出来れば、利益を失わないようにストップ・ロス・オーダーを近づける。
5　トレンドに逆らわない。自分のチャートに従って、相場のトレンドに確信が持てないときは売買しない。

6 疑わしいときは手仕舞い、取引をしないこと。

7 活発な銘柄のみを取引する。動きが鈍く、活気のない銘柄には手を出さない。

8 リスクの均等分散。4～5銘柄を取引する。全資金を1銘柄に集中させることは避ける。

9 指値をしてはならない。成り行きで売買する。

10 充分な理由なしで手仕舞わない。利益を守るにはストップ・ロス・オーダーを使う。

11 実現益は蓄積せよ。連続して成功したら、一部は温存し銀行口座にいれ、緊急時やパニック時にだけ使うこと。

12 配当目当てで株を買わない。

13 難平をしない。

14 我慢できないというだけで相場から逃げない。また待ちきれなくなったと言うだけで手を出さない。

15 小さな儲けと大きな損は避ける。

16 建玉と同時にストップ・ロス・オーダーを出し、これをキャンセルしない。

17 あまり頻繁に売買しない。

18 買いを厭わないのと同様、空売りを厭わないこと。

19 安いというだけで買ってはならないし、高いというだけで売ってはならない。

20 ピラミッディングのタイミングに注意する。取引が活発になり抵抗線を抜けるのを待ってから買い増しし、支持水準を割るまで待ってから売り増しする。

21 買い場でピラミッディングするときは発行済株数の少ない銘柄を選び、空売りのときは発行済株数の多い銘柄を選ぶこと。

22 ヘッジは決してしない。ある銘柄を買い建てしていてその価格が下がり始めた時、これをヘッジしようとして別の銘柄を空売りしてはならない。この場合は相場から手を引いて損を確定し、次の機会を待つこと。

23 充分な理由なしにポジションを変えないこと。取引をする場合は充分な理由に基づくか、または明確な計画によること。またトレンドが変わる明白な徴候なしには手を引かない。

24 長期間成功し儲けた後で取引量を増やすことは避けること。

これらを考えると、「ワンドの9」の人物には最も難しい課題にも見えます。しかし獅子座の初期に天体の多い人は、みな忍耐強さはありませんから、これはもう修行みたいなものです。四元素全部を均等に考え、特定の元素に対する執着心からある程度自由になっていくことが重要です。

　四元素は4つの精霊のようなところがあり、4つの精霊は執着心があると、必ず裏切りに遭い、また、ひどい目に遭わせるようなものだと考えましょう。自分の落ち度がそこにそのまま反映されます。すなわち、四元素というエレメントは極めて純粋で忠実なので、自分の側に少しでも落ち度があると、それが拡大されて現象化します。欲をかいた人は、その欲によって破滅します。

　しかし、四元素に対する執着心から離れ、さらに四元素を均等に扱うことができれば、そしてそれらを統合化して第五元素に持ち込めば、すなわち「世界」のカードの境地になれば、あらゆることは上手くいくのです。「世界」のカードは教訓として出してきたのではなく、むしろ、株やギャンブルに関しては、可能性があることを指摘しています。また、補足カードですが、最初に出した「ワンドの9」よりも強いので、立場をひっくり返します。「世界」のカードが可能性があることを示唆し、しかしとりあえず、問題となるのは「ワンドの9」だといっているのです。忍耐強さや研究、調査、リスクを避ける方法をもっと考えること、傷だらけにならない姿勢を考えることです。

　お金がないから株をする。他にしたい仕事がないので株をする。これでは「世界」のカードではありません。

　先ほどの出雲の質問の「ワンドのエース」もこの株に取り組むことに関連づけてもよいでしょう。なぜなら同じワンドだからです。何か始めてみるといった時に、株の分野でスタートしてみるということもあるでしょう。

　いずれにしても、「世界」のカードというのは、このテーマが向いていて完成度が高いという結果をいっているわけではなく、第五元素的

バランスを手に入れる姿勢を要求しています。

Q3 最近水晶をもらったがすごく気になっています。
この水晶との関係は何かありますか？　また、どう使えばよいのでしょうか？

　遠隔のためどのような水晶かは私にはわかりませんが、1枚カードを引きます。

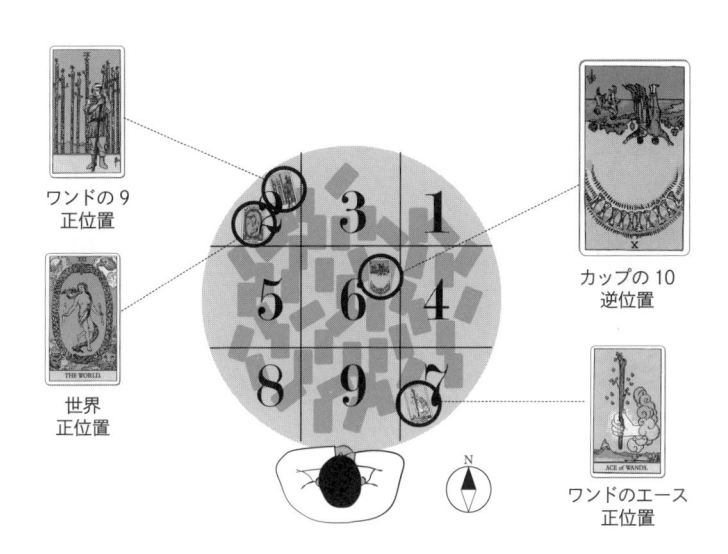

ワンドの9　正位置
世界　正位置
カップの10　逆位置
ワンドのエース　正位置

　区画6に「カップの10」の逆位置が出ました。
　「カップの10」は、水の元素の行き着く果て、完結した状態を表しています。そもそも水晶は凍った水という意味もあり、水の元素に適しています。ここでは、逆位置は、なじむのに時間がかかっている、上手くなじんでいけばこの状態になりますよという意味に読みました。
　区画6ですから、心理的な場所や心の満足、全体的なその人の目的

意識に関係していて、そこに「カップの10」という保護する力が働いています。

自分がやっていることに関して守る作用がこの水晶にはあるということになります。水の元素はオーラのようなものですから、水晶と自分をまるで家族のようにもっと結びつけていくことです。そのようなやり方をすると、この水晶はなじんでくるということです。実用的な目的というよりは、そのような満足感や充足感、豊かさなどを運んでくると考えるとよいでしょう。10の数字は輪を意味しており、そこにおのずと閉鎖的なエリアが出来上がります。

それでは実用的にもっと他に作用はないか？　ということで、もう1枚カードを引きます。区画1から「カップの3」の正位置が出ました。「カップの3」は女性3人カップを手で持ち上げて、3人で関わっているような絵柄です。この補足のカードもカップでした。「カップの10」の逆位置と「カップの3」というところで、水の元素やサイキックなエ

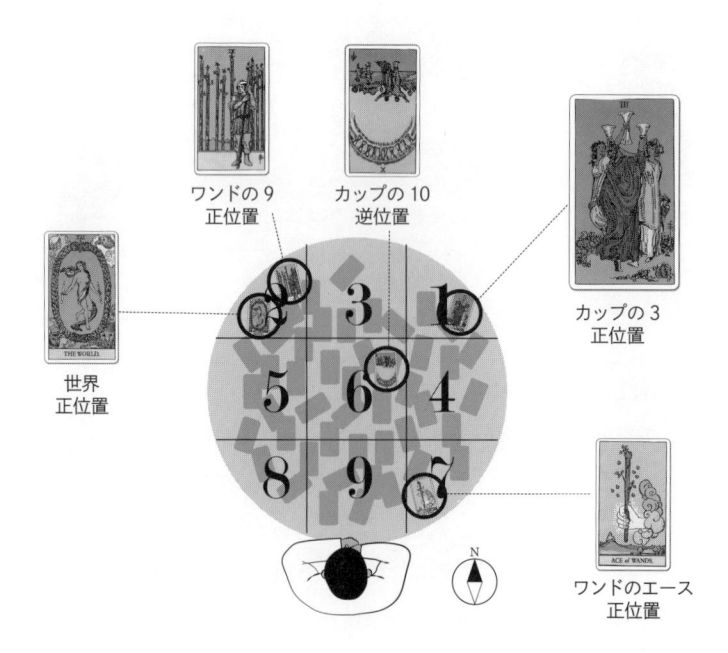

ネルギーが充満しています。区画1というのは、超越的なガイドのようなものとの関係と考えられます。生命の樹では、ケテルとコクマーの間は「愚者」のパスです。左の柱（図では右）は、解放の場所なので、この生命の樹ないし世界の卵の上の次元と結びつこうとしています。

　その高い場所から降り注いでくるもの。3人の女性の「カップの3」はそこでの連携や協力関係を指していますから、はじめの「カップの10」と似ているのは、一緒にやる、または一緒の輪ということです。より高次なガイドと親密に仲良く関わり、その話を聞くという意味になります。

Q4 これから1年間のテーマを教えてください。
どのように過ごすことが大事なのでしょうか？

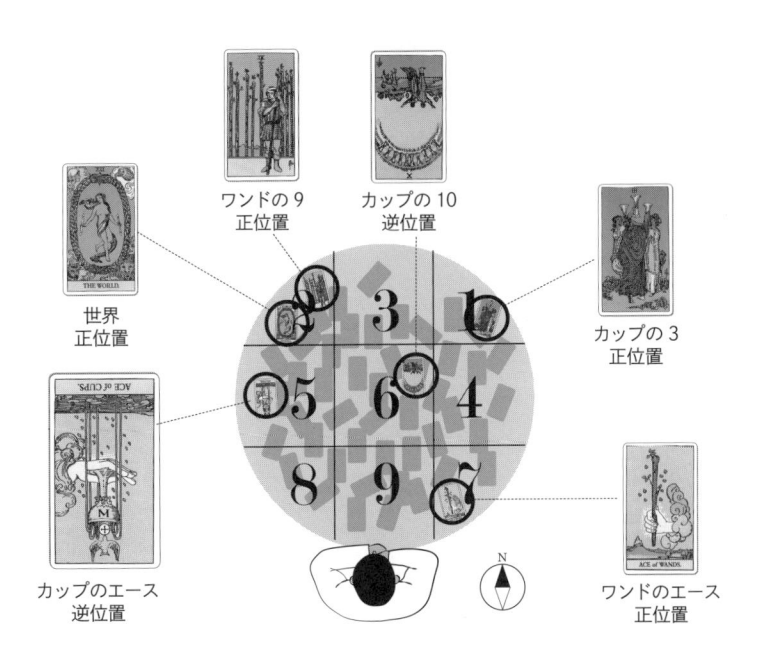

ワンドの9 正位置
カップの10 逆位置
世界 正位置
カップの3 正位置
カップのエース 逆位置
ワンドのエース 正位置

区画5から「カップのエース」の逆位置が出ました。
　区画5は、目的や欲求をはっきりさせて、その欲求を満たすことです。「カップのエース」は満足感のある心の充足や気持ちが刺激されること、それらがエースでスタートすることを意味します。
　エースですから、主に1人でできることを指しています。カップが2つか3つあればそれは連携を表しますが、カップは1つですから、単独でできることを表しています。
　最初の質問で「ワンドのエース」も出てきていますから、エースが二重ということでは、何か新しく始まる人生です。ここしばらくは新鮮さに満ちています。
　「ワンドのエース」がクリエイティビティ、「カップのエース」が満足できるものを表しています。
　「カップのエース」は逆位置ですが、逆位置というのは、そこに集中するのに邪魔が入りやすい、まだ整っていない状態を表します。放っておくと水がこぼれてしまうという意味もあるでしょう。水の元素はしっかり器に入れておかないとばらばらになるのです。器は分野または特定性です。
　この逆位置が出てきたことそのものは、奪われないこと、漏らさないことを指摘しています。自分一人で楽しめるもの、そのようなものを1つ作ってそこに集中して入っていくとよいという意味になります。
　続けて、補足カードを出します。
　区画8から「ペンタクルスの3」の逆位置が出ました。
　区画8は具体的な技能に関係します。「ペンタクルスの3」ですから、土の元素で何か作っていくことに関係しますが、そこで具体的な技術を発揮するわけです。今はまだかなり未熟です。
　また、「カップのエース」が連動していますから、人との協力を必要とせず、楽しく自分で作っていくという意味になるでしょう。つまり、ここではペンタクルスよりも、はじめに出たカップの方が優先されます。水の中の土です。愛着があり、この愛着を基にして何か具体的に作る

のです。

　もし反対に、土の中の水であれば、利潤追求とか仕事があり、この中で愛着があるものを見出すということになります。

　意味の違いとしては、水の中の土だと、愛着が失われるとその仕事を辞めてしまいます。しかし土の中の水ならば、愛着が失われても仕事は続きます。愛着が動機ではないからです。

　この質問の次に、「小説を書きたいが何から始めたらよいのかわからない」という質問が出てきていますが、これからの１年のテーマやどのように過ごすかというところに、今出したカードを関連づけてもよいでしょう。作るというのは、小説と考えてもよいと思います。

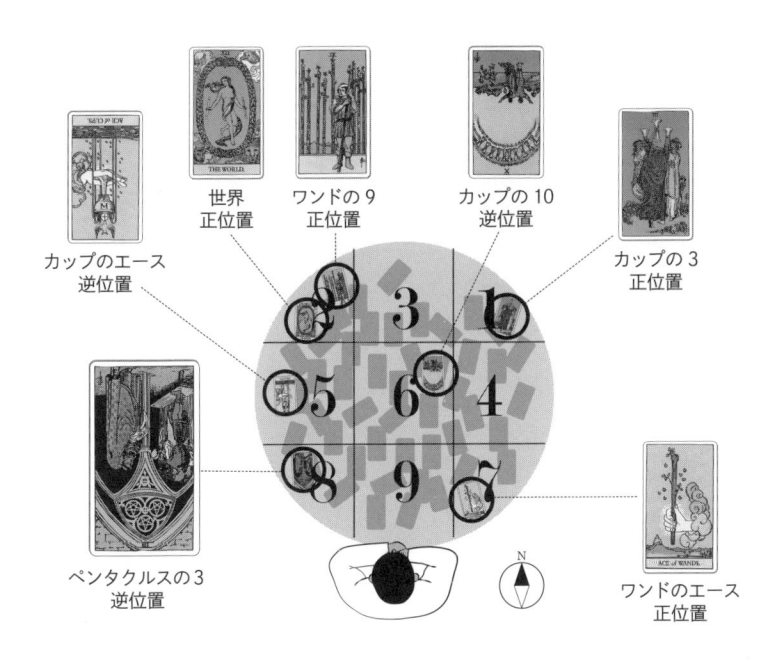

カップのエース
逆位置

世界
正位置

ワンドの9
正位置

カップの10
逆位置

カップの3
正位置

ペンタクルスの3
逆位置

ワンドのエース
正位置

Q5 小説を書きたいのですが、何から始めたらよいのかわからないので、アドバイスをください。

「カップのエース」が集中して楽しめるもの。しかし逆位置なので、エネルギーを確保しないとそれは漏れて霧散してしまいます。

それに加えて「ペンタクルスの3」が創造的・生産的な技を磨きます。この「ペンタクルスの3」は逆位置ですから、まだ十分に技が磨かれていない状態です。しかし、潜在的な資質を伸ばすことができるという意味です。

区画8から出してきたということで、これは「具体的な技術習得をしなさい」と言っています。まずは習いに行くのもよいでしょう。なぜならペンタクルスは、継承が多く、1人で勝手に生み出すような姿勢ではないからです。

例えば、カルチャーセンターのような場所に勉強しに行き、刺激を受けるのもよいでしょう。それは優れた人からいろいろ教えてもらう意味を持ちます。カルチャーセンターであれば、能力のある先生が教えているからです。

小説を書くに当たって何から始めたらよいかといった時、「ペンタクルスの3」の逆位置から考えて、まず技を磨いていくことです。文章の基礎を学習するとよいでしょう。そして、「カップのエース」の逆位置が区画5に出たということで、一番自分が満足感のあることや好きなものを掘り出すことで、カップが正位置になるわけです。

この質問の前に、区画1に「カップの3」が出たことが参考になります。つまり、ガイドとの連携プレーです。ヘミシンクなどでガイドに聞いて、そこから情報を引っ張り出してくる。小説のアイデアはそのようなところから持ってきてもよいでしょう。

無意識のところからアイデアを引き出すには、ヘミシンクやタロットを使うなどが有効です。実際、タロットカードを使って本を作るというワークショップは以前からありました。

この小説を書くという質問で補足カードを出ししてみます。

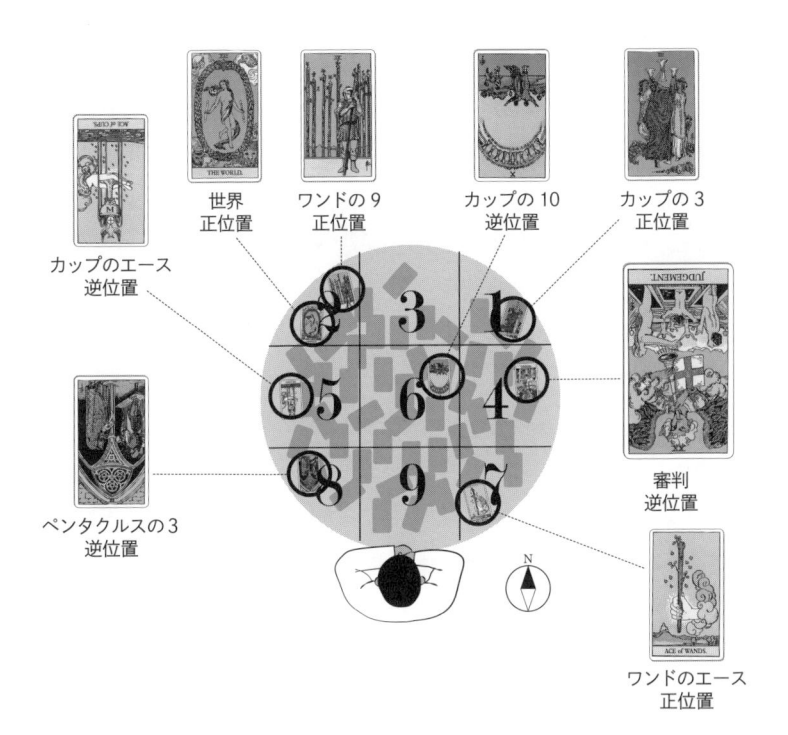

カップのエース　逆位置
世界　正位置
ワンドの9　正位置
カップの10　逆位置
カップの3　正位置
ペンタクルスの3　逆位置
審判　逆位置
ワンドのエース　正位置

区画4から「審判」の逆位置が出ました。

区画4は社会との関係を表します。「審判」の逆位置というのは、審判が可能性をこじ開けることを指していますが、逆位置で時間がかかるという意味です。

例えば、新人賞に応募したりしても、わりと時間がかかりそうだということです。とりあえず小説を書くことについては、「ペンタクルスの3」で技を磨こうということになるでしょうが、たいていは、このテーマは諦めなさいということになりやすいはずです。

クラウドスプレッドタロットリーディングのコツ

　ヘミシンクやバイノーラルビートを用いてビジョンを見る時、質問に対して出てきたビジョンについては核心のないただのイメージが出てきたというより、「これだ！」というふうにはっきりと実感がつかめる種類のものが時折登場します。そのようなものが出てきた時は、それに関して自信を持って回答してよいでしょう。

　タロットカードの場合も同様に、ターゲットに自分のへそから筒を出して、相手のオーラに突き刺します。そして相手の気配的な匂いや雰囲気、熱感のようなものがはっきりと実感できるような状態にしておくことです。

　その次に、カードを出す時の実感も大切です。はっきりとした感触がない状態で、漫然とカードを出して想像しているだけではむなしいばかりです。「これは接触している」という実感が大事になります。

　特に、クラウドスプレッドはオーラそのものを意味しますから、それを共感するとよいでしょう。あらゆるものは現象の前に意図があり、意図は現象より先行します。

　ある日の夕方に誰かと会うことになっているとします。

　こういう時に、肉体的・物質的には４時に待ち合わせて、４時に遭遇するのです。ですが、物質としての輪郭ではないエーテル体という物質よりもはるかに範囲の大きな「物質の外のにじみ」においては、この４時よりも前に接触しています。

　なだらかなカーブが盛り上がるように４時に向けてリアルになっていき、

Tips for Cloud Spread Tarot Reading

そしてその後、なだらかに特性が落ちていきます。エーテル体には鋭いエッジはないのです。

4時に会うことになっているが、朝にその人の夢を見たということもあるでしょう。そういう時に不思議な思いをする人もいるかもしれませんが、夢はエーテル体の体験です。

物質の輪郭をはみ出して、空間と時間の中ににじみ出るエーテル体は、夕方の4時前に既に意図の交流があることを表現しています。

会うことになっていた。しかし実際には直前でやめた。こういう時には、物質的な輪郭としては遭遇していないのですが、エーテル体または意図としての交流はしたわけです。だから実際に会う必要なんかないという場合もありえます。

誰かが話す時、実際に発声する前に、まずは意図の衝撃波がやってきます。目の見えない人や耳の聞こえない人の中には、この意図の衝撃波を読み取って、理解する人もいます。タロット占いはそのようなものです。

エーテル体、意図、「太陽」のカードの2番目の子供。

そのメッセージを読み取ることで、感覚に縛られて視野狭窄症に陥った私達に、もう少し広い視野を与えるのです。

そのため、タロット占いの習熟のトレーニングとして、この気配や匂い、雰囲気、見えない意図を感じ取るということが大切なのです。それはミンデルの「クァンタム・コンパス」という言い方をしてもよいでしょう。

3
Reading Case Study
ケース2

> **Q1** 今から環境を一新したいという思いがありますが、自分のエネルギーが不足しています。落ち着いて様子を見ていれば、エネルギーは自分の中から湧いてくるでしょうか？ それとも自分の力を過信しないで頼りになる人や機関を見つけた方がよいでしょうか？ 今までの仕事が大体終わって、そろそろ切り替えなくてはいけないと感じていますが、どうしたらよいでしょうか？

　まずスプレッド全体を眺め、カードの感触を感じ、興味が向いたところのカードを表に出してみます。
　1枚目のカードは区画3から「カップの9」として出ました。
　「カップの9」は心の満足感や自分の快感原理、楽しい、親しい人と共に楽しむ、そういったものが温和で幸運な未来を運んでくることです。
　9の数字は性格がそれにふさわしい人生を引き寄せることです。「カップの9」の場合、想念内容や心の中にあるイメージ、それを楽しい喜びを持った状態に維持する必要があります。そして、それによって満足感のあるものを引き寄せてくることになります。心配事の多い人は心配事のおおい人生になり、楽しい感情の強い人はやがて楽しい人生に、ということです。
　質問にはエネルギー不足とありますが、「カップの9」は9の数字ですから、生命の樹ではイエソドの腰に対応しています。生命エネルギーとしてのエーテル物質はまさにここに蓄積されるのです。
　溜め込むためには、好きなことをすること、ある程度自分の生活を保護することが重要です。食べ物や趣味、人から見たものではなく自

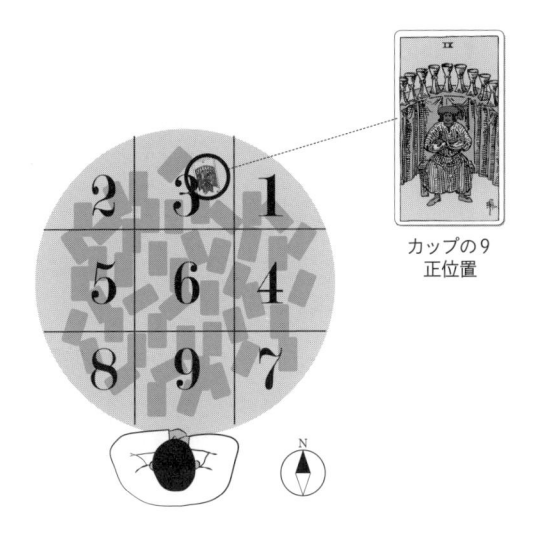

分の満足のできるもの、そのようなものをもっと広げていく。そういうことでエネルギーをチャージしていけば、それが本人の望む人生を引き寄せるといったことになってきます。

　腰のイエソドの濃密な気のエネルギーは、減少するにつれて、生きることそのものが色褪せて、楽しくなくなってきます。そして感情が乏しくなり、憂鬱な感情が押し寄せてきます。

　また力不足の場合、定番的なチャージは区画7のネツァク、金星に対応するところから、月に対応するイエソドにチャージする、すなわち「星」のカードということになります。これはタマフリの場所です。

　「カップの9」は区画3から出しました。3番目の場所はその人の社会の中での立ち位置、また上位の次元との接点を表し、上位の次元から与えられたその人の印のようなものです。つまり、何か専門的な仕事とかが重要なのではなく、充足、幸せ感、それを充満させることで、エネルギーを作り出すことが必要だということです。

　質問に含まれているような、頼りになる人や機関を見つけるという前に、エネルギーが充満するようなことを見つけ出すのが重要です。頼りになる人や機関を見つけても、それには何か不完全さが残ります。

「カップの9」の絵柄は9つの杯が並んでいて、私は酒屋とかバー、カフェなどを想像します。前に座る男は、胸の前で腕を交差させて組んでおり、「ソードの2」の胸の前での腕の交差と似ていますが、「ソードの2」が考え方のブロックであれば、この「カップの9」は自分の楽しみやメリットのための閉鎖でもあります。

仲間と共にと書きましたが、それはカップの場合には、そもそも融合・一体化という意味があるために、親しい人とは親密です。しかしある範囲で閉じるのは、気のエネルギー、水の元素は解放しすぎると失われるからです。水の元素はカップの絵柄に描かれるように、常に適切な器で保護され、漏れ出ないようにされています。

Q2 神経質でストレスが原因の体調不良になりやすく、疲労を数日間引きずってしまうことがあるため、会社に行くと具合が悪くなります。共同作業や大勢の人と密着すると疲れやすいため、今は1人でいます。ストレスに強くなる方法を教えてください。

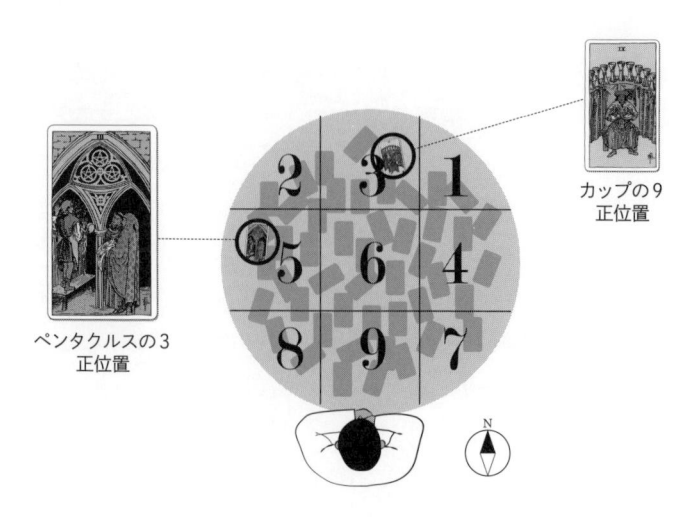

ペンタクルスの3
正位置

カップの9
正位置

区画5から「ペンタクルスの3」の正位置が出ました。

区画5は個人的な野心、欲望の場所です。そこに「ペンタクルスの3」があり、3は作り出す能力や創造力を表していますが、ペンタクルスということで、無から生み出すようなものではなく、継承や習う、受け継ぐことを表しています。なぜなら土の元素だからです。

火の元素が死んで、やがて土の元素に変わります。それは創意工夫や創造的な精神の形骸化した継続性であると考えるとよいのです。火は消えた。その形が残っています。昔、木炭を多くの人が使っていました。木炭が燃えている間は、火の方に目が行きますが、やがて火が消えると、熾き火に目が行きます。それは火の名残を残した土の元素です。土の元素は継続性を手に入れる代わりに、火そのものを犠牲にして作られたのです。

そこで「ペンタクルスの3」は、創造的な何かではあるが、それは伝統で長く続いてきたものから受け取って行われるものです。ワンドであれば何もないように見えるところから創造することができますが、ペンタクルスの場合は誰かから受け取ります。その作業に集中することによって、ストレスに強くなり、自分の集中力とパワーを維持することになります。

区画3は回転や活動力で、それはストレスや弱気を跳ね除けます。1人で考えたものではなく、誰かに習ってきたもの、そういったものを発展させるわけです。しかしこれは何か専門家になることではありません。なぜなら質問者は、この質問の前に「ペンタクルスの9」を、社会的な立ち位置の区画3から出してきたからです。すべてが楽しい遊び人的な姿勢でなくてはならないのです。

なお、ここで追加しておくと、質問者は蟹座の太陽が5ハウスにあるホロスコープの持ち主です。蟹座は水、そして5ハウスは遊び、楽しみ、一方的で、どこかに所属することが重要ではないことを表しています。何か技能があっても、この仕事が遊びよりも大きな範囲になってはならないのです。つまり、遊びの中の仕事であり、仕事の中での

遊びではありません。

　遠隔で相手の情報が少ない場合、しかも質問が短いと答えにくい部分もあるでしょう。実際はスカイプや電話などで話をしながら、質問者とのやりとりの中でだんだんと続けていくと、「ペンタクルスの3」の正位置について、質問者が今まで取り組んできたものが何かわかってくるでしょう。

　長く続いた歴史的なものや文化的なもの、そういったところで続いている創造的なもの。それをすることで、意欲が生まれます。

　5番目のゲブラーの位置は、外から来たストレスを跳ね飛ばす力があります。そのため、ここでは集中する作業によってストレスを緩和できるということです。もともとリラックスや癒しは、ストレスに対しては強くなりません。何もしないでのんびりするのはときどき大切です。しかし受動的な人生はストレス耐性が衰弱し、どんどん弱気な人になっていきます。

　くぼみに水が流れ込んで来やすいように、弱気で受動的だと、さまざまな世間からの被害を受けやすくなります。ある程度エンジンをかけて積極的に進む、燃やす、そのような状態の時にストレスは緩和されます。

　例えば、運動する場合、はじめは苦しいかもしれませんが、その後、深いリラックスが得られます。癒しやリラックスはむしろ活動の方が得られやすいのです。

　小アルカナのカードではペイジからナイトに移ることを意味します。

　私達の生活はさまざまな機械化によって便利になりました。これは1つひとつの労力を減らすことです。水1つ手に入れるのに、大変な距離を歩かなくてはならないのは不便です。今ではコンビニで水が簡単に手に入ります。しかしこの快適さを求め、労力を使うことを惜しむと、それにつれて精神も不活発になり、生きることの充実感が減少し、そして世の中で鬱病になる人が激増します。

　ある時代に、ゆとりや癒し、リラックスが重視されていましたが、そ

の結果として、ストレスがさらに増えてしまったという面もあります。労力のかかる面倒くさい生活は、そこに大きなメリットもあるのです。

この質問者の場合は、コツコツと作っていくこと、集中力を発揮して生み出すこと、ある程度それは古い伝統に沿ったものや習得したものという意味です。そういう種類のものを1つ持ち、エンジンをかけ続けることで、ストレスが緩和されるはずです。それは「カップの9」の幸せ感を維持するのにとても重要です。

Q3 恋愛がスムーズにいかないことが多いのですが、どうしたらよいでしょうか？ また、相手は私のことをどう思っていますか？

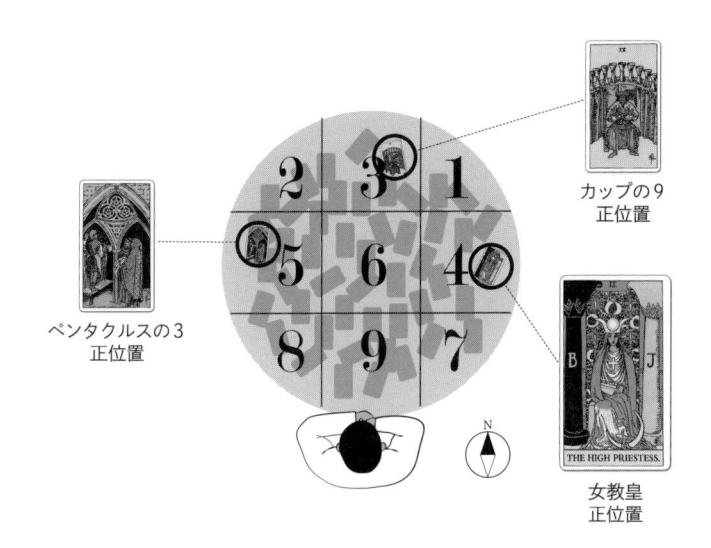

カップの9 正位置

ペンタクルスの3 正位置

女教皇 正位置

区画4に「女教皇」の正位置が出ました。

区画4は、社会や人との関係、他者性を表しています。恋愛ということでいえば、やはり区画4あるいは区画7からカードが出てくるのは正しい出方をしているといえます。

例えば、区画5で出してきた場合、一方的な予定でしかなく、相手

の意志はないがしろにされます。本心を表すティファレトの区画5－6のパスは、マルセイユ版の場合、「正義」のカードです。それは基本的には本人が意志決定をするものであり、恋愛のように相手の意志と自分の意志の交流ではありません。

　他者を重視するのは、区画4とか区画7です。ただし、区画1までいくと、相手は非物質のガイドになってしまいます。

「女教皇」のカードは左右の陰陽には接触しておらず、真ん中に立っているような状態です。ですが、恋愛は男女という陰陽の関係ですから、生命の樹の右の柱と左の柱を重視します。

　右の柱と左の柱に接触している「女帝」のカードは恋愛が進むことを表しています。恋愛が進み、結婚し、子供が産まれることまで想定できるかもしれません。が、そこから見ると、不毛さを表す女教皇は右にも左にも接触しておらず、真ん中に静かに座っています。つまり、女教皇は男女という陰陽活動に深入りしておらず、相手と触れていないという状態を表します。閉じて交流が起きにくいのです。

　恋愛というテーマにおいては、「女教皇」は閉鎖的です。恋愛が上手くいかないのは、本人が心を開いていないからです。「女教皇」は生命の樹では、ケテルとティファレトのパス、つまり区画3－6のラインです。この自分の本性を守りたい人は、恋愛という左右に割れていく行為を避けようとします。そのつもりはないと本人が言ったとしても、結果的に恋愛が停止するのは、本人の表の自我が深層の本性に無自覚で、真意について自分でもわかっていないということでしょう。

「女教皇」からすると、恋愛が上手くいかず途中で別れたのは、よかったと思っていることになります。相手との関係に飲み込まれる前に、引いてしまうのは、中央の柱から、ちょっとだけ左右の陰陽に揺れ、また直立した潅木に戻ることです。この直立した潅木というのは、生命の樹の中央の柱でもあり、また折口信夫が「水の女」で説明した住吉神の暗喩です。神とつながる人、巫女でもあります。

　また区画3の位置には、前の質問で出した「カップの9」があります

から、自分の楽しみの場を作り、腕を組んで、外部をシャットアウトして、そこで、「ペンタクルスの3」の伝統的な技術に基づく創造的な行為をするのが理想的な暮らしであるということになります。

クラウドスプレッドは1つひとつの質問が分離していません。

たくさん質問をしても、それはその人の存在状態としてのオーラの卵そのものから取り出すのですから、互いに関連しており、先に進んだり、元に戻ったりしながら説明する方がよいでしょう。

人間は生まれて、世間の中に自分の一部（太陽の矢）をあちこちに伸ばし、生活の中に自己を分散させてさまざまな新しい体験をしますが、やがて死期が近づくと、この触手をゆっくりと1つずつ引っ込めていきます。そして卵に戻ります。

クラウドスプレッドも同じ構造で、質問の都度、スプレッドの中からどれかのカードを出しますが、それらは雲の中から種々の印象を取り出したもので、何枚出しても、それらはみなカード全部という全体の中から、またクラウドという全体的なオーラから取り出した部分なのです。

やがてそれらがまた吸収されると、無に戻り、統合的な卵に回帰します。卵に回帰した時には、実際に体験したことから得たエッセンスが残り、それらを反芻して、より上位の自分に転送します。

多くの人は、自分が世界の中にばらばらに引き裂かれていることを思います。体験し、十分に慣れてくると、この引き裂かれた状況から自分を回収できます。

仏教では元の卵に戻ることが至上命令ですが、それは仏教が生まれてきた時代と場所は、生きるのに過酷な場所だったからです。日本は恵まれた場所で生きるのは楽しいということもあったので、そもそも現世に否定的ではありません。そのため、卵に戻り、体験のエッセンスをより上位の自己（クラスター）に転送した後、また新しいテーマとか興味が生じれば、新しい人生へ自分を引き裂くという決断をします。

大きな意味では、「魔術師」としてどこかの家に入る。そして「世界」のカードでまとめに入る。小さな行為においては、「悪魔」のカード

Ⅴ　リーディングケーススタディ

と「星」のカードという、自分を割って環境の中に没入させ、また増殖した活力をへそからまた引き戻す。

　こうした上昇と下降、分裂と統合化という蠕動(ぜんどう)運動をしていることを、クライアントに伝えるのがよいでしょう。

　恋愛が上手くいかないという質問者に対しても、恋愛を上手くいくようにしたいと実は望んでいないかもしれません。それは、この関係性の中に自分を引き裂かれたくないからです。恋愛が上手くいくというのは、自分を相手に合わせることになるので、不本意なことをたくさんしなくてはならないでしょう。

「女教皇」からすると、それは時間と労力の無駄なのです。

　ただし、中央の柱の完全な自己実現のライン、すなわち「女教皇」⇒「節制」⇒「世界」のカードという3つのパスの川の流れのような連鎖は、そのままではストレートに降りることができません。通路をスムーズに通すには、左右に揺れながら降りなくてはならないので、こういう世間や外界との関わり、投機などを繰り返しながら、成功したり失敗したりしながら、やがて「世界」のカードに到達するのです。

「女教皇」の書物だけ持って神殿の奥に引きこもりじっとしている場合には、物質的な生活においての「世界」のカードに到達しにくいのです。多少はリスクはあっても、経験に、すなわち陰陽に自分を割っていくというのは、必要なことです。

　相手を受け入れているつもりでも、実は全くそうではなかった。それを本人が唐突に自覚することはないので、気づくためには、実体験が必要です。

4

具体的な情報と象徴的なイメージ

〈1〉あらゆる世界の事象に自分自身が投影されている

　タロット占いで、具体的な回答を追及したいという人も多くいるはずです。

　具体的で鮮明なイメージ。未来予知をする時にも、あたかも実際の光景のように観察したいということです。しかし具体的な情報、映像、印象は、それ自身で単独して成立しているものではありません。この世界のあらゆる事象は、私達の精神の投影です。

　例えば、目の前の椅子を見た時、それはまず、私達の心の中に、椅子という意味があり、その記憶で見ているからこそ、そこに椅子があるのです。椅子は独立して存在しておらず、私達の椅子という意味が張りつけられて、初めて椅子として成立しています。

　この椅子という記憶がない場合には、私達は目の前に妙な物体を見るが、それが何か認識できないために、記憶に残らず、いつのまにかその印象は消え去ってしまいます。私達の意識が、それを記憶することが不可能になってきます。記憶どころか認識もできないかもしれません。まるで統合失調症のように、その部分のみ視覚に入らないこともあります。

　印象はすべて、まずは私達の意識の中に、ものの意味というものが受け取られ、それがより具体的なイメージへと降りていくプロセスをたどります。

　タロット占いをする時にも、具体的なことを予知する前に、象徴的な意味や精神的な姿勢、意義の方が先にやってきて、その後、それら

の意味が「固まって凝固したもの」として物質的で、具体的なイメージというものに到達します。

椅子にはいろいろな椅子があります。

有名デザイナーの作った椅子。古い椅子。実用的であまり飾り気のない椅子。壊れかけた椅子。小学校の時の椅子。ピアノの椅子……。

それは椅子という意義と、今度は椅子とはあまり関係のなさそうな違う意味のものが結びついて、これまでにない新しい椅子が成立して、椅子の変種が登場するのです。

例えば、新鮮さを感じさせる鮮やかな緑色の植物の葉があるとします。このイメージを椅子と結合して、緑色の不思議な椅子を作ったとすると、そこに私達は椅子の意義と植物の葉の意義がブレンドしたものを感じ、その意味の結合による創造的な気分を刺激されます。

創造というのは全く新しいものを作り出すことを表しません。というのも、ほとんどのものは既に作られているからです。しかし、複数のものを結合して、新しい意義のものを創造することはできます。それを私達は「創造」というのです。

〈2〉物質と精神は切り離せない

タロット占いは、大アルカナも小アルカナもまずは意味があり、占いをすると、そこで具体的な事象のイメージ、例えば、なくした財布は部屋のタンスの裏にあるというようなイメージよりも、象徴的に質問者が今置かれた状況などについて読み取る方が先になります。

時には、そういうカウンセリング的なものよりも、「具体的なものを見たい」とか「明日の競馬はどの馬が勝つかを見てほしい」という要求をする人がいます。

占星術も、象徴的なことをリーディングするのではなく、「株はどこがよいかなど具体的に見たい」、そういうことができないのなら占星術をする興味がわかないという人もいます。

物質とかイメージ、具体的な映像や事象は、精神活動の沈着したものです。自我は繰り返され形骸化すると、感情になり、感情は繰り返され形骸化するとエーテル体になり、エーテル体は繰り返されて形骸化して死ぬと物質に変わります。物質が単独で切り離されて成立することはありません。
　切り離されて、単独で成立しているように思う人は、自分の生き方がそのようになっているにすぎないのです。つまり、自分の感情とか精神とか意義、そういうものと無関係に、日常の生活や肉体、物質が「偶然性と無意味さ」を持って立ちはだかる生活をしています。
　そこにどういう意味があるのかわからない。意味があろうがなかろうが、物質や生活は存在すると考えるのです。それが現実なのだと。
　こういう人は深層の精神と物質の生活が切り離されているので、何をしようとしても、そこに物質的な妨害が入ります。そのため集中力や目的意識を失った暮らしをしています。そして、たまたまの宝くじとか株などで儲けようと考えています。意味のない偶然の幸運を引き寄せたいと願っています。
　このように物質が単独で独立して成立し、その経過は存在しないと考えると、生きるための深い意味が失われるので、その場かぎりで何でもするし、責任を持つこともなくなります。その人の人間性そのものが否定されます。
　例えば、アメリカは銃社会ですが、これは自分の意見が通らないのなら、最後は相手を殺すのがよいと考えていることと同義語です。殺す／殺されるということを気楽に考えるのは、人間をその場で成立し、源流のない、どこにもつながりのないものと見ているからですが、そのように見ると自分もそのように見られてしまうのを避けられません。自分だけを重視することは不可能です。
　タロット占いで、このような精神と物質の分離したことを考える人、つまり意義とか意味とかそういうものではなく、明日の競馬を当ててほしいというような要求に乗ると、それは自分がそのような生き方を許容

Ｖ　リーディングケーススタディ

することにもなりますから、あまり乗らない方がよいと思います。

　私達の活動はまず自我があり、それが情動となり、イメージを形成し、このイメージは時間と空間の中においての一時的な存在性へと変わり、すなわち動きとなり、異なる元型イメージと交流し結合することで事物としての複雑なかたちが形成されていきます。

　意味なく何かが目の前に存在するということはないし、またそういうものを私達は視覚化さえできないのです。

〈3〉私達の個体は暗闇の穴とみなされるのか

　高次な次元から降りてきたものが物質世界を形成するのだという、上から下の考え方は、タロットでは「吊られた男」の考え方です。その考えに基づき、地上で勝手に間違って発展してきたものを粛清・軌道修正するのが、次の「死に神」です。そして粛清した後に、あらためて上から下に降ろしてくるのが「節制」です。

　エーテル体が生命の卵だとして、肉体物質は、このエーテル体の活動が繰り返された挙句、形骸化して、死骸となったものを意味します。もうエーテル体としては新鮮味がなく、何も感じなくなったものです。これが肉体を形成します。ということはエーテル体からすると、この肉体物質はある種の無機的な残骸、異物、重たい影のようなものということです。

　その結果として、肉体が元気な時には、エーテル体は衰弱していることが多くなります。反対に、肉体が衰えていくにつれて、エーテル体は元気を取り戻します。人は若い時には肉体が元気でエーテル体が虚弱で、老いてくるにつれて、エーテル体という生命力は強まり、肉体という身体性は衰弱します。エーテル体は肉体が弱まることを待っている面もあります。

　それは極端な見方をすると、エーテル体を衰弱させるもとになった、エーテル体の卵の中に作られた人の形をした影が減少して、病気が癒

えてきたという状態なのかもしれません。この肉体とエーテル体は「太陽」のカードの２人の子供であると説明しましたが、この２人の時間の流れは正反対です。１人は過去から未来へ。もう１人は未来から過去へと時間が流れています。

　この構造はそのまま続きます。

　肉体の中にがん細胞が出てきたり、何か病気の疾患が出てきたりした時、それはその部位が、肉体組織全体に属していることを拒否して、独立権を主張していることです。

　自分はこの身体の中の一部であるという小さな範囲に収まりたくない。身体全体に依存しているにもかかわらず、役割の分担と従属を拒否するのです。やがて肉体の中に黒い影としてそこが拡大します。そして肉体は滅ぼされる場合もあります。エーテル体の中で肉体が演じていることと全く同じです。

　肉体はエーテル体からすると、影であり、汚点です。それは肉体が、「私」という個人性を主張することで、エーテル体の広い時間と空間に拡大できる性質に制限を与えてしまったからです。

　私達は個人意識としての要素を休みなく強調し、日々心の中でそれを強める対話をすることで、それが消え去ったり弱まったりすることを防ぎ、常に「身体的、感覚的な私」という意識を思い出しています。そうすると、肉体はエーテル体からすると黒い影であるという視点ではなく、反対に肉体は光の存在であり、エーテル体は暗い夜の中にある不可視の存在であるという視点の逆転が置きるのです。

〈４〉最終的には宇宙の元に戻る

　人間が死ぬと、エーテル体からすると、重い負担がなくなることを表しますが、しかし「消化されていない食物」がなくなることでもありますから、やがてはエーテル体も消えていく原因ともなります。というのも、エーテル体は、その上にあるアストラル体からすると、エーテ

ル体にとっての肉体と同じ扱いになり、つまりアストラル体の中にある影となるからです。

　エーテル体が肉体を否定的な影とみなすと、その連鎖でエーテル体はアストラル体からすると影であり、そしてアストラル体は自我からすると影とみなされます。最終的に宇宙の元の無に戻ることになります。それは神の元に戻るという意味にも受け取られます。

　この世界においての経験は、自我の縮小としてのアストラル体に自我とは違う歪み成分があり、それが新しい体験を生み出すこと。そういう意味では、エーテル体にアストラル体の純粋な縮小と違うものがあり、また肉体にエーテル体の純粋な縮小とは違うものがあることからもたらされます。それが食料になるのです。

　となると、肉体がより小さな範囲において、肉体に従属しない孤立要素を持つことは避けられません。つまりは、私達は何らかの病気とか疾患にかかりやすいということにもなります。

　身体に無理をしないで、健康に一番良い暮らしをすることは、源流に忠実で、何も新しい試みをしないことを示します。完全に健康という概念は、到達しえない空中楼閣的な理想ともいえます。何かすると計算に合わないものが生まれ、それは上と下の同調のずれを引き起こします。しかしそれは新しい食料と刺激でもあるということです。

　エーテル体からすると死体として、黒い影として凝固した、私達の「個人」という存在性を中心にして、そこに閉じこもると、未来の可能性はすべて失われます。そして目も耳も聞こえない、孤立したさまよう影として生きることになりますが、この地上では、むしろそれこそ自主的で、明確な生き方なのだと勘違いします。ですがそれが勘違いだということに気がつくことができない場合もあります。

　三次元的な枠というのは、主体と客体、原因と結果、加害者と被害者、男性と女性、時間の過去から未来への流れという一方性、これらの二極化のうちの１つだけを自分とみなすことです。そのことで、私達は狭い範囲の中に閉じ込められます。それらを打開して本来の人間に戻る

のが、「太陽」のカード以後の流れだといえます。

〈5〉トレーニングとしてクラウドスプレッドには1日1回触れること

　タロットカードは、エーテル体としてのオーラにあるものを情報として拾います。物質的なレベルのものをタロットカードが拾うことはありません。

　エーテル体にあるものは、やがては物質的なレベルに、雪が降り積もるように降りてきます。そのため、結果としてタロットカードで出てきた情報は、具体的になってきますが、いずれにしても、ダイレクトに物質的、感覚的、目に見える世界のことをタロットカードがそのまま透視するのは理屈として不可能だということです。

　エーテル体にあり、しかし感覚面でまだ形になっていないものは、潜在的な可能性として、その人は欲求・衝動として持ちながら、形にできていないのですが、やがては形になったものとして受け取ります。タロットカードはそれを先取りします。そして言語化し、認識化された段階で、より形になりやすくなります。クラウドスプレッドは、雲間の中から降りてきて、この世界で形になるというものを読み取ることになります。

　何度も試みて、このクラウドスプレッドに慣れてきたら、このエーテル体と物質体の連絡がスムーズになります。つまり「太陽」のカードの2人の子供の親密度が高まることです。

　ヘミシンクなどではこの2人の子供同士の会話として、不可視のガイドとのコミュニケーションがあります。そして常に、ハイヤーセルフなどとの接点も、この2人目の不可視の子供を通じてしかつながることはありません。この子供との接点がなくなると、ハイヤーセルフとの接点も失われます。そこの通信は、クラウドスプレッドで行うことができるということなのです。

　私達は感覚的な生き方に埋もれているので、いわば感性も思考も

枠にとらわれて、時間と空間の幅の狭い小さな範囲で生きているので、本質的な自分からの意図や信号、意志などになかなか気がつきません。それを引き出すことにタロットカードは貢献します。

　トレーニングとして、クラウドスプレッドに毎日一度は触れてみましょう。

　例えば、毎日1枚カードを出したとします。このカードはエーテル体として現れてきたものなので、それをそのまま物質的、感覚的、肉体的な領域で現れてくるものだと考えないでください。

　ここで、「カップのナイト」が出たとします。すると、誰かわくわくする人に出会うと思う人もいるかもしれません。ですが、これはエーテル体としてやってきているので、それは感情を刺激するが、しかし実際的な面では何も起こらないということもあります。しかし体験としては明確です。体験として明確でありつつ、物質的には何も起こらない。つまり印象には浮かぶが、モノとしては来ないのです。

　私達にとってこの物質的で目に見えるものは因果の結果の方で、それが体験のすべてではありません。

　タロットカードは現象化するものと、印象の段階でとどまるものの両方が出てきます。ですがいずれにしても、何度もやっているうちに、タロットカードの露骨さということが実感できるようになると思います。

　それは私達の日常の思考では見落としてしまったものを拾い上げ、私達をより統合的で、広い視点のものに戻すことに貢献します。

5
アーノルド・ミンデルの方向性のドリームワーク

2013年にある主催者の招きで、東北で対談とワークショップをしました。その時に、私は近所の神社で、ミンデルが『大地の心理学』で紹介している方向性のドリームワークをしました。

その時、参加者に渡したメモを以下に掲載します。

❶ 神社の中、あるいはその周辺で気に入った場所を探してください。のんびり時間をかけて、ここが自分にとって良い場所だと思うところを見つけます。

❷ 日常の自分のことを端的に表す言葉を考えてください。例えば、「親切すぎる駅員」という具合に。これが＃1です。

❸ 最近の夢、夢の断片、あるいは気にかかる古い夢などについて1つ思い出してください。たくさんある人は、この中で一番今の自分に関連し重要だと感じるものを選びます。印象的なシーンに、＃2の番号をつけます。そして短い言葉を当てはめます。「北の地の斜面」などというような名前でもよいでしょう。

❹ ＃1に一番関係のありそうな方向に歩いてみます。方向を見つけるのに、しばらく自分をゆらゆらと揺すぶってもよいでしょう。あるいはゆっくりとその場で回転してもよいです。歩数は短くても、少し長く

てもよいです。歩いている間、感じたことや思い出したことなどに注意してください。

❺ 終点に立ったら、今度は＃２について思い出します。それに適した方向を見つけましょう。見つかるまで、身体を揺らしたり、ゆっくり回転させてもよいです。見つかったらその方向に歩きます。歩いている間、何を感じたかを記憶します。この終点を覚えておいてください。

❻ ＃１の方向に歩いていく前の、はじめの出発点に戻ります。そして、そこから、＃２の終点を結ぶ方向を見て、このラインを歩きます。これは、そもそもの出発点をＡとすると、＃１の終点がＢ。次に＃２の終点がＣとして、ＡとＣを結ぶ直線です。直線が無理ならば曲線でもよいです。このラインを歩く時に何を思い、何を感じたか、意識してください。

【ドリームワークに関する補足説明】

　ボディは肉体とエーテル体に二極化するが、これはアステカでは「双頭の蛇」といわれる。日常の私と夢の私は鏡のように反射しあい、これが世界の陰陽の極、蛇行を作り出す。
　蛇行を横波とすると、それに対して全体を前進させる縦波方向がパイロット波と考えられ、これはカドケウスの杖の直進する部分を表す。それは「大きな自己」といわれる。
　ミンデルはそれをファインマンの言葉を借りて「最小作用」とか「量子波」とか「クァンタム・マインドの知性」と呼んだりもする。
　この四次元波は、いつもの日常の意識の陰陽作用からは隠されている虚の力線でもあるが、横波に没入しなければ、いつでも気がつく。

この方向性のドリームワークを、クラウドスプレッドの中で再現してみましょう。名前は方向性のドリームワークですが、タロットカードの大アルカナ19番の「太陽」のカードのスプレッドと名づけることもできます。

　古典版としてのマルセイユ版では、「太陽」のカードは2人の子供が描かれています。上空には太陽があります。これは太陽を二分割すると、2人の子供になるという意味です。

　この2人の子供は、肉体を持つ合意的現実に従う人格と、もう1つは目に見えないエーテル体の人格です。この2人は時間が逆行します。肉体を持つ私は、過去から未来へ老いていきます。エーテル体の私は、未来から過去へ向かい、幼児として生まれた時に一番老いています。それから若くなっていくのです。それはまるでF・スコット・フィッツジェラルドの『ベンジャミン・バトン』に似ています。

　ミンデルは、物理学とユング心理学の結合を目指した人ですが、量子論の分野で、ファインマンは、自由な電子は陰陽の因果律から逃れて、未来から現在へと飛んでくる。その時に「最小の道」をたどるという理論を発表しており、この未来から過去への流れは、エーテル体と似た性質になるのです。

　放映の終わった2013年のテレビドラマ「安堂ロイド」では、この未来から過去へと最小の道をたどって飛んでくる信号を「思い」というふうに表現しています。

　この「太陽」のカードの仕組みは、もっと大きな真実を語ります。

　ギリシャ時代以後、私達は今の肉体的な私を私自身とみなし、判断の基準とかあらゆる価値観を、この肉体的な私というところに置き、そこを存在の重心とみなします。これはミンデル式にいえば、「小さな自己」なのですが、これは太陽という大きな自己の二極化なので、結果的に、見えないエーテル体としてのもう1人の私は、対立した性質になります。

　私達が、大きな自己としての太陽を重心に考えた場合には、肉体的

な私とエーテル体の私は兄弟で仲が良いのですが、肉体的な私を重心にした瞬間から、エーテル体の私は敵対するのです。

　つまり、肉体的な私という重心で生きている時には、いかなるものも不可視の人格に妨害を受けます。仲間になるには、太陽という大きな自己の私に重心を置き替えなくてはならないのです。

　補足で説明しますが、ここでいう太陽は1年で循環する太陽ではありません。1年で循環する太陽は、私達が住む地球の写し絵ですから、それは「太陽を偽装した地球」です。

　「太陽」のカードで描かれる太陽は、太陽系の中心の太陽であり、それは太陽系の中では静止した中心軸であり、無です。占星術ではこれを表現することは不可能です。

　ヒンドゥーの古典であり、『バガヴァッド・ギーター』も含まれる『マハーバーラタ』では、神であるクリシュナさえもが、「この世に生まれたからにはこの世の定めに従う」と語り、戦争で死にます。

　小さな自己が作り出すこの世界は、二極化されている以上は不完全で、最終的にはいかなる幸福も満足も手に入れることはできません。得たものは失います。

　小さな自己を本質的な私とみなす考え方は誤った思想ですが、この誤った土台の上で、幸せや成功という夢を追いかける夢想的な人生は、最終的に裏切られます。

　『バガヴァット・ギーター』では、次のように書かれています。

> 「両軍の間に私の戦車を止めてくれ、不滅の人よ。私がこの戦おうとして布陣した人々を見て、この合戦の企てにおいて、誰と戦うべきかを見るまで。私は彼らが戦おうとしているのを見る。戦争において、愚かなドリタラーシトラの息子を喜ばせようと、ここに集まった人々が。」（『バガヴァッド・ギーター』岩波文庫、上村勝彦訳）

例えば、現代は経済社会ですから、ビジネスでの成功とか、大きく稼ぐということを多くの人が夢想します。あたかもそこに何か価値があるかのように思い込みます。しかし二極化の片方の上にのみ立つ価値観ですから、それは一時的で、最終的には必ず失敗することがわかりきっているものであり、エーテル体はそれを消耗させようと企みます。しかし流行ですから、多くの人がそこに期待します。つまり「愚かなドリタラーシトラの息子を喜ばせようと、ここに集まった人々が」いるのです。

インドや中国は、今では経済成長を目指して、劣悪なディーゼルエンジンのトラックが走り、PM2.5（微小粒子状物質）の被害で、1年間に100万人以上の人々が死んでいます。これも戦争に参加しているとみてもよいのです。

二極化された世界では、よかれと思ってしたことが、多くの人を殺したりする結果にもなるのは、キリスト教の歴史を見ればわかるでしょう。

戦争をなくし、もっと幸福な世界をこの世にもたらそうとして活動する人々はたくさんいます。ですが、二極化された世界では継続する幸福も成功もないのです。

「太陽」のカードはこのような真実を含んでいます。そして人類は、未来にはこの子供のうちの1人に重心を置かず、太陽に置く時代がやってきます。それこそが正しい思想です。

説明が長くなりましたが、方向性のドリームワークでは、双頭の蛇の2つの方向をカードで展開します。#1の流れは、日常的な私の行き着く果てですが、あまり良くないように見える結果が出ても、それは気にしない方がよいでしょう。

既に説明したように、二極化された片面の私に成功はないのです。成功はないし、例えば普通の人、まともな人、普通の家庭などというものを虚像イメージとして抱いていても、現実には存在しないことを考えると、気が楽です。

大阪でタロット講座をした時に、参加者全員に方向性のドリームワークをクラウドスプレッドでしてもらいました。この参加者の1人の例を見てみましょう。

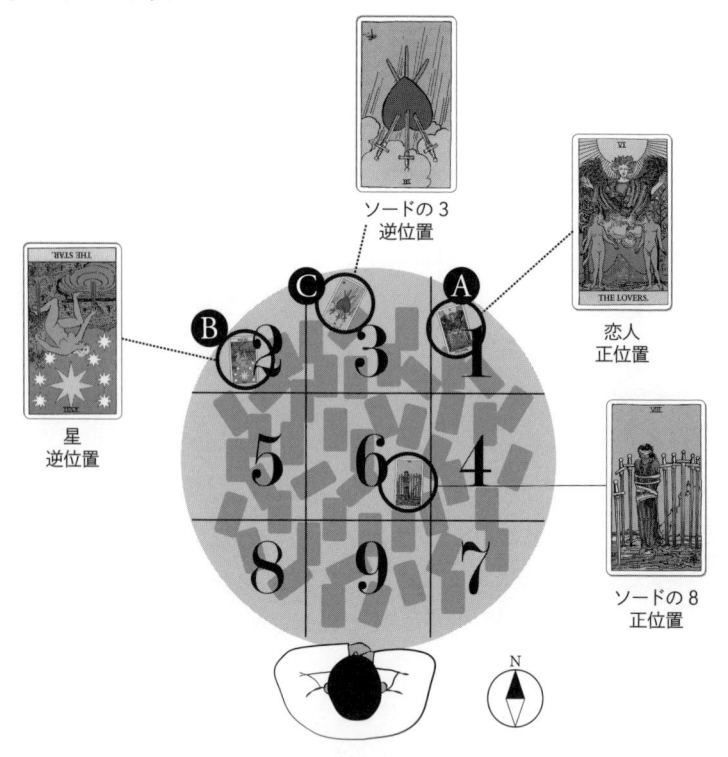

ソードの3
逆位置

恋人
正位置

星
逆位置

ソードの8
正位置

　居心地の良い出発点をAとします。クラウドスプレッドの中で、この地点を選びます。
　しかしまだ裏面のまま、開かないようにします。ここから次に向かう方向性を選びます。この行き着く先は、日常的な私が行き着く結果です。これをBとします。
　夢の私＃2はBから出発します。次にどこに行くか、静かな気持ちで選び、そこをCとします。
　最後に、この＃1と＃2が統合化された大きな自己の「最小の道」をAとCを結ぶ直線コースにします。このAとCの間のどこかで、

キーワードになるカードを選びます。これが大きな自己からのメッセージです。

> 参加者の#1の名前は「東向の時計」、#2の名前は
> 「お湯のたくさんある鍋に入ったまま延びたラーメン」
> Aは区画1の上で「恋人」のカードの正位置

区画1は無意識との接触で、そこに上空から矢を射る天使が描かれた「恋人」のカードがあります。つまり無意識の上空からやってくる天使がいて、それが人生の方向性を選ぶという恋人のカードに落としこまれます。

　この事例の人は職業が占い師です。ここで使用したカードはウェイト版ではなく、「マカロンタロット」というものです。絵柄では、下にいる人物はアダムとイヴです。通説の聖書では、アダムの一部からイヴが作られました。しかし『ナグ・ハマディ文書』などでは、話が複雑で、イヴはゾーエー・ソフィの分身のようなもので、アダムは木の人形のように愚かな存在です。7人の天使長を欺くために、ゾーエー・ソフィは、ある虚構のシーンを作り出したのです。

　いずれにしても、「恋人」のカードの上空にいる天使は、個人の個性にふさわしい方向に矢を射るわけです。この「恋人」のカードのパスは、運命の道で選ぶように見えて、選ぶことができないことを表しています。その人の本性に従い、予定調和的に選択がなされます。タロット占いをしている仕事では、毎日矢を射るようなことをしています。

> Bは区画2の上で「星」のカードの逆位置

この日常的な私が行き着く先がB地点です。「星」のカードは、裸の女性が星の光を受けています。しかしウェイト版と違うのは、ウェイト版では片足が水に浸かり、片足は大地の上にあります。片足のついた池は蟹座のシンボルで、この支配星の月は腰の気のエネルギーの蓄積場です。あるいは蟹座であれば共同体であり、星の力を受信して、チャージされたものは定期的に池に流されます。つまりコンデンサです。
　ところがマカロンタロットでは両足が水に浸かっており、大地は存在しません。「恋人」のカードでは上空に天使。「星」のカードでは上空に星（北斗七星）で、しかも登場する人物は裸で、共通したものが多い絵柄です。
　上から受け止めたものは、水の中に流れ込みますから、力を確保することはなく、それに基準となる考え方である大地もありません。これはとても流動的な人生です。
　よくオーラ練習会で、足場が水のようなオーラを持つ人は、サイキッカー、心理学者などに多いというのがあったのですが、受け止めたものがすべて他者に流れていくということもあります。つまり日常的な私は蓄積できず、また消耗しやすいのです。そもそも「星」のカードは守られていないカードなので、長く続けることはできません。
　逆位置は過剰か不足かですが、星の力を受信して、多くの人に流すということに対しての満足感が得られないということもあると思います。
　区画2は形成力で、これからお店を作りたいとか、下に向かって、つまり物質的な方向に向かっていく性質です。しかし「星」のカード、特に逆位置は、固められません。
　これはずっと占いショップで、毎日たくさんの人を占いしていく継続の生活を意味しているのではないかと思います。

Cは区画3の上で「ソードの3」の逆位置

夢の人格＃２は、「お湯のたくさんある鍋に入ったまま延びたラーメン」で、どろどろの固形物です。区画３は社会的な立ち位置を作り出します。

　夢の人格の行き着く先は、小アルカナの３で、常に３は運動性・生産性です。ただし、ソードは生み出す力がないので、内部分割します。つまり３つに切って、どれかを諦め、どれかを選びます。諦めないことには進めないのです。

　そのため、決断とか推進には、同時に痛みもあります。しかし逆位置はまだそれが選びきれていません。可能性の３つのうち、どれか１つを選ぶ。１つのものにスイッチを入れることは、同時に他の可能性を切ることです。社会的な立場として、それができていないということです。決めないうちに、鍋の中の麺はどろどろになっていきます。食べないで、鍋の中に入ったままです。

> **最小の道の上のカードは区画６の上で「ソードの８」の正位置**

　この最小の道の上のカードの選び方は間違っているようです。つまりＡとＣの間で選ばなくてはならないのですが、ここではそのまま読みましょう。

　大きな自己、太陽としての私、人格＃１と人格＃２が統合化された私からのメッセージは、「ソードの８」になろうということです。

　占いをした本人は、「『ソードの８』は自分にとって理想のカード」という発言がありました。

　８は蓄積で、ソードは風の元素。学習も知識の蓄積です。

　私達は教育を受けて、どんどん「ソードの８」になっていきます。これは「星」のカードの守られない不安定な状況と比較して、反対のよ

うな性質です。社会的な立場の選択が中途半端で決められないというのは、日常的な自我の性質そのものから来ています。形成力の区画2が、水に沈没していますから、そうなれば、選びにくいのです。

　ですが、最終的に大きな自己は「ソードの8」の道を勧めています。「ソードの8」とは、剣で作り出した城壁に囲まれることであり、それは「塔」を再現することです。「星」のカードは塔が壊れることで現れました。ですから、反対に向かうべきであると考えるのです。

　例えば、知識で防衛した仕事として教師的なもの。本人は「自閉症のような暮らしをしたい」と発言しています。ただし、8は外部からの影響に対しては防衛的で自閉的ですが、発信はします。

　発信もしないで守りに入るのは、陰陽に関わらない中央の柱に関係したカードでなくてはならないので、「節制」のカードになります。それならば、外部に無駄な力は漏らさないのです。受信することを減らす。そして自分が蓄積したものを発信する。このために、社会的な立場として3つのうちの2つを諦めなくてはならない。なぜなら、人格＃1を続けると、それは流産し続けることに似て、「ソードの8」の溜め込みができないのです。

　なおこの事例の人物は40代です。

　8ハウスの太陽は海王星とスクエア。

　月は土星と合で、2ハウス。

　太陽の時代から土星の時代に少しずつ近づいていきます。すると、防衛的2ハウス、多くの人にアピールする2ハウスの月が強まっていき、太陽と海王星のスクエアという、しかも8ハウスで受信する性質の比率が減っていきます。

　問題は、選べないままの時間が続くことで、ラーメンの麺がどんどん水を吸って膨張していくことでしょう。健康には良くありません。

おわりに

説話社では、たくさんのタロットの本を書きました。

今回は分厚くなったようです。タロットカードのカードの意味に関しては、いろいろな読み方があり、どれが正しいと考える必要はないと思います。

タロットカードの起源に関しても、資料で見つかった過去の一番古い部分を起点とするという考え方は、突飛かもしれませんが、さほど重要ではないと思うようになりました。

最近電子出版で、私が描いたタロットカードについての本（『松村タロット解説書』おかめ尼フク・周藤縁・まついなつき・ラクシュミー共著、説話社）が出たようで、そのあとがきに、情報は過去からのものと、未来からのものが混じり合うということを書きました。タロットカードは、一番その影響が強く現れるものだと最近は考えるようになりました。

大阪でタロット占いを仕事にしているラクシュミーという人がいて、変形ケルト十字のみを使って占いをしていて、私もときどきしてもらいます。カードに関する解釈が大阪的で面白いと思いました。

カードの読みはカードそのものの知識というよりは、カードを読む人の生き方や世界観、信念体系が投影され、それらを通さずに読むというのは人間には不可能なことです。そして個人の読み方の個性とか特色を抜きにして、読もうとすると反対に、リーディングは表面的で、本質に届かないものになります。

つまり個性的なものは普遍性に通じており、多くの人に訴えかけることのできるものになるという法則があ

り、カードを読む時に、いかにも癖のある読み方をしても、そこに強く訴えるものがあるのです。自分の深いエーテル体の意識とタロットカードを結びつけて、カードが手足のように動いてくれるようになるためにはなじむことが大切で、なじんでいくうちに、カードに多くの意味が与えられるようになります。

　自分の特有の読み方にはまってしまうことを恐れる人は、結果的に、タロットを普遍的に読めなくなるので、それらを解決するには、ともかくなじんでいくことが大切です。

　私は今これをインドのチェンナイのホテルで早朝に書いていますが、インドにはいろいろな看板に「ラクシュミ」という名前が見受けられます。また、私は、インドは日本地図と世界地図を雛型的に対応させた時に、世界地図の中での大阪近辺だと思っているので、ラクシュミ式タロットの読み方を思い出したのだと思うのですが、ナイトを見て、「とりあえず婚活に行ってきましたというおばちゃん達は、よくナイトを出す」というような説明はわりに面白かったです。カードを毎日見て、そこに自分の深層のものが浮上して張りつくと、読み方が生き生きとしてきます。

　占星術のロジックとタロットの意味は、根底では共通のデータベースから引き出したと考え、占星術では計算で割り出される天体位置は誰にもいじれない。しかしタロットはその欠陥を補うために、自由に動くものとして活用できるという分業があるのだと思います。

　かつて何度か会ったことのあるマドモアゼル朱鷺さん

というタロット占いのシャーマンは、タロットカードは世界共通通貨だといい、カードだけを持って世界中を放浪したようです。どこの国でもカードがなじまれるそうです。
　この間、和泉龍一氏に九州で会った時、移動ばかりしていると聞きました。タロットに深入りした人は旅をする人が多いのではないかと思います。
　そして、私はいろいろなタロット占いの人の読み方を見てみたいです。

　　　　　　　　　2013/11/20　5am58 チェンナイにて

松村潔の本

魂をもっと自由にする
タロットリーディング

A5判・上製・224頁　定価（本体2,800円＋税）

実践的な使い方に絞って、占いの仕組みと78枚すべてのカードの意味を豊富に解説。枠にはまらない展開法や、直観で読み解くコツも紹介しています。思考の枠を広げ、自由に柔軟に行動する指針が見つかります。

※本書で使用されるカードは、『Tarots of Marseille』（イタリアのロスカラベオ社）のものです。

大アルカナで展開する
タロットリーディング 実践編

Ａ５判・上製・208頁　定価（本体2,800円＋税）

「タロットリーディング」第２弾。大アルカナ22枚の数字や絵の意味を丁寧に読み解くことで、すべてのカードがひと連なりの物語として理解できます。実践を重ねる度に、人生の視野が広がります。

※本書で使用されるカードは、『Tarots of Marseille』
　（イタリアのロスカラベオ社）のものです。

松村潔の本

タロット解釈大事典

A5判・並製・536頁　定価（本体 3,800 円＋税）

本書はタロットカードの中で、2枚一組でのリーディングに主眼を置き、大アルカナ 462 パターンを詳しく解説した 2 枚セットで読み解くための事典です。タテ、ヨコ斜め同士の組み合わせでの意味の違いも説明しているので、どのようなスプレッドにも対応可。タロット占いをさらに勉強したい人のための必読書！

※本書で使用されるカードは、『Tarots of Marseille』
　（イタリアのロスカラベオ社）のものです。

あなたの人生を変える
タロットパスワーク実践マニュアル

A5判・並製・288頁　定価（本体2,400円＋税）

「タロットパスワーク」とは、タロットカードの一つひとつにイメージで入り込んでいく瞑想法をいいます。本書はケーススタディや具体的なテーマ別のパスワークの仕方を解説しており、この1冊でパスワークができる実践書仕様となっています。また、著者作成のオリジナル「パスワーク専用タロットカード」と「バイノーラルビートCD」が付いているので、本書があれば今日からタロットパスワークを始めることができます。

著者紹介

松村　潔（まつむら・きよし）

1953年生まれ。占星術、タロットカード、絵画分析、禅の十牛図、スーフィのエニアグラム図形などの研究家。タロットカードについては、現代的な応用を考えており、タロットの専門書も多い。参加者がタロットカードをお絵かきするという講座もこれまで30年以上展開してきた。タロットカードは、人の意識を発達させる性質があり、仏教の十牛図の西欧版という姿勢から、活動を展開している。著書に『完全マスター西洋占星術』『魂をもっと自由にするタロットリーディング』『大アルカナで展開するタロットリーディング実践編』『タロット解釈大事典』『みんなで！　アカシックリーディング』『あなたの人生を変えるタロットパスワーク実践マニュアル』『トランシット占星術』『ヘリオセントリック占星術』『ディグリー占星術』『本当のあなたを知るための前世療法　インテグラル・ヒプノ独習マニュアル』（いずれも説話社）、『決定版!!　サビアン占星術』（学習研究社）ほか多数。
http://www.tora.ne.jp/

クラウドスプレッドタロットリーディング

発行日	2014年4月10日　初版発行
著　者	松村　潔
発行者	酒井文人
発行所	株式会社 説話社
	〒169-8077　東京都新宿区西早稲田1-1-6
	電話／03-3204-8288（販売）03-3204-5185（編集）
	振替口座／00160-8-69378
	URL http://www.setsuwasha.com/
デザイン	染谷千秋（8th Wonder）
編集担当	高木利幸
印刷・製本	株式会社平河工業社

© Kiyoshi Matsumura Printed in Japan 2014
ISBN 978-4-906828-06-7 C 2011

落丁本・乱丁本は、お取り替えいたします。
購入者以外の　第三者による本書のいかなる電子複製も一切認められていません。